【제4판】

사회보장론

【제4판】

사회보장론

노 병 일

KNOWLEDGE COMMUNITY 공동체

일·러·두·기

이 책의 독자분께 참고가 될까 해서, 몇 가지를 미리 일러두고자 한다.

1. 이 책에서 자주 사용하는 용어가 '급여'와 '기여금'이다. '급여'는 사회보장제도를 통해 제공하는 현금이나 물품이나 서비스라고 이해하면 되고, '기여금'은 사회보장제도에 납부하는 보험료라고 이해하면 될 것이다.

2. 이 책의 경우, 우리나라에서 실시하고 있는 사회보장 프로그램에 관해서는 구체적으로 설명하지 않았다. 왜냐하면 사회보장과 관련된 법과 제도가 자주 변하고 있기 때문이다. 따라서 최근의 현황을 알고 싶은 독자분께서는 해당되는 사회보장기관의 홈페이지를 방문해 보시기를 부탁드린다.

3. 이 책에서 제시한 모든 한글 문헌과 외국 문헌(영어 문헌과 프랑스어 문헌)은 본인이 원본을 직접 읽고 정리한 것이다. 본인이 직접 보지 않고 인용한 것은 '재인용'이라고 표시하였다. 독자분께서 이 책의 일부를 인용할 경우, 이 책을 출처로 제시해 주시기를 바란다. 특히 독자분께서 이 책에서 제시한 외국 학자의 주장 내용을 인용할 경우, 이 책에서 '재인용'하였음을 표시해 주시기를 부탁드린다.

4. 독자분께서 본문에 편하게 주목하게 하기 위해, 이 책에서는 인용한 문헌의 페이지를 제시하지 않았다. 그리고 이 책에서 참고한 문헌의 저자가 2~3명일 경우에는 저자 이름을 모두 표시하였다.

Preface

현대에 들어서 '사회보장'이나 '사회안전망'이라는 용어가 자주 얼굴을 내밀고 있다. 이것은 인간이 겪을 수 있는 위험에 대비하기 위해 만든 커다란 사회적 장치를 가리킨다. 사회복지사나 일반인에게는 구체적 기법도 중요하지만, 사회복지의 흐름이나 전망을 뚫어보는 폭넓은 시각도 똑같이 중요하다. 이런 시각을 갖추기 위해서는 사회보장을 이해할 필요가 있다. 특히 사회복지정책을 이해하기 위해서는 사회보장에 관한 지식을 기본적으로 가지고 있어야 한다.

이 책은 사회보장을 이해하는 데 조금이나마 도움을 주기 위해서 세상에 모습을 드러냈다. 이 책에서는 사회보장의 흐름을 이론적 토대 위에서 파악하고, 사회보장이 가는 길을 멀리 바라보는 데 초점을 두었다. 왜냐하면 우리나라의 특정한 사회보장제도(예컨대, 연금제도)에 관한 실제 통계를 아는 것도 중요하지만, 장기적으로는 이런 사회보장제도가 펼쳐나갈 큰 물줄기를 파악하는 것도 중요하기 때문이다.

이번 개정판에서는 크게 4부로 나누어서 사회보장에 대해 논의하고 있다.

제1부에서는 사회보장의 일반적 측면을 다루고 있다. 구체적으로 제1부에서는 사회보장의 정의와 목적, 사회보장의 형태와 사회적 위험, 사회보장이 발달한 역사, 사회보장의 기능에 대해 자세히 살펴보고 있다.

제2부에서는 사회보험과 사회수당 프로그램을 다루고 있다. 구체적으로 제2부에서는 사회보험에 대해 일반적으로 살펴보고, 이어서 연금과 관련된 사회보장, 의료와 관련된 사회보장, 산업재해와 관련된 사회보장, 실업과 관련된 사회보장, 장기요양보호와 관련된 사회보장에 대해 자세히 살펴보고 있다. 그리고 나서 사회수당 프로그램인 아동급여(아동수당 · 가족수당)에 대해 자세히 살펴보고 있다.

제3부에서는 빈곤과 관련된 사회보장을 다루고 있다. 구체적으로 제3부에서는 빈곤, 공공부조, 워크페어(workfare, 근로연계 복지)에 대해 자세히 살펴보고 있다.

제4부에서는 사회보장의 문제점과 방향을 다루고 있다. 구체적으로 제4부에서는 사회보장의 문제점, 사회보장이 나아갈 길에 대해 자세히 살펴보고 있다.

이번 개정판에서는 내용을 전체적으로 보완하였고, 장(chapter)의 수를 13장으로 조정하였다. 그리고 이번 개정판에서는 문장을 쉬운 표현으로 바꾸었고, 내용이 어려운 부분은 잘라냈다.

하지만 이번 개정판에서도 부족한 부분이 눈에 많이 들어온다. 부족한 점은 나중에 기회가 있을 때에 보완하겠다는 속보이는 변명을 하면서, 부끄러움을 살그머니 가려본다.

마지막으로, 이 책이 새 모습으로 세상에 나오게 해주신 김동훈 공동체 사장님과 여러 가지로 애쓰신 공동체 가족 여러분께 감사드린다. 또한 본인을 사랑으로 키워주신 부모님, 본인에게 항상 힘을 북돋워 주는 아내 전영신, 본인에게 격려를 아끼지 않는 아들 대겸에게 사랑의 풍선을 듬뿍 날린다. 그리고 사회보장제도가 잘 갖추어져서, 세계의 모든 사람이 인간다운 삶을 누리는 그날이 빨리 오기를 진심으로 기원한다.

2020년 8월에

유섭(儒燮) 노병일

Contents

■ 일러두기 / 3

■ 머리말 / 4

PART 01 사회보장의 일반적 측면

제1장 사회보장의 중요성과 정의 및 목적 / 13

1. 사회보장의 중요성 ······ 13
2. 사회보장의 정의 ······ 16
3. 사회보장의 목적 ······ 24

제2장 사회보장의 형태와 사회적 위험 / 30

1. 사회보장의 형태 ······ 30
2. 사회적 위험 ······ 37
3. 사회보장 급여 ······ 45
4. 사회보장 프로그램의 분류와 경향 ······ 51

제3장 사회보장의 역사와 기능 / 54

1. 사회보장의 역사적 발달에 대한 관심의 필요성 ······ 54
2. 산업사회 이전과 산업사회의 사회보장 ······ 55
3. 사회보장과 관련된 주요한 사건들 ······ 61
4. 우리나라의 사회보장의 역사 ······ 76
5. 사회보장의 기능 ······ 77
6. 사회보장의 경제적 기능 ······ 78
7. 사회보장의 사회적 기능 ······ 85
8. 사회보장의 정치적 기능 ······ 88

PART 02 사회보험과 사회수당 프로그램

제4장 사회보험 / 93

1. 사회보험의 정의와 목적 ······ 93
2. 사회보험의 특징 ······ 96
3. 사회보험의 원칙 ······ 105
4. 사회보험의 대상과 급여와 운영 및 재정 ······ 108

제5장 연금과 관련된 사회보장 / 111

1. 연금의 정의와 목적 ······ 111
2. 연금제도의 특징과 필요성 및 의의 ······ 113
3. 연금과 연금제도의 형태 ······ 117
4. 연금제도의 대상과 급여 ······ 119
5. 연금제도의 운영과 재정 ······ 126
6. 경향과 과제 ······ 129

제6장 의료와 관련된 사회보장 / 133

1. 의료보장의 정의와 특징 ······ 133
2. 의료보장의 필요성과 역사 ······ 134
3. 의료제도의 형태 ······ 137
4. 의료비의 범위와 처리 방식 ······ 141
5. 의료제도의 대상과 급여와 운영 및 재정 ······ 143
6. 경향과 과제 ······ 147

Contents

제7장 산업재해와 관련된 사회보장 / 150

1. 산업재해보상보험과 관련된 용어 ······ 150
2. 산업재해보상보험의 목적과 의의 및 역사 ······ 155
3. 산업재해보상보험과 관련된 이론과 특징 ······ 158
4. 산업재해보상보험의 대상과 급여와 운영 및 재정 ······ 162
5. 경향과 과제 ······ 168

제8장 실업과 관련된 사회보장 / 172

1. 실업보험(고용보험)의 정의와 목적 ······ 172
2. 실업보험의 배경과 의의 ······ 174
3. 실업보험의 대상과 급여와 운영 및 재정 ······ 178
4. 경향과 과제 ······ 187

제9장 장기요양(의존)과 관련된 사회보장 / 189

1. 장기요양보험의 정의와 목적 ······ 189
2. 장기요양보험의 배경과 역사 ······ 192
3. 장기요양보험의 대상과 급여와 운영 및 재정 ······ 198
4. 경향과 과제 ······ 203

제10장 아동급여(아동수당 · 가족수당) / 205

1. 아동급여(아동수당 · 가족수당)의 정의와 목적 및 의의 ······ 205
2. 아동급여(아동수당 · 가족수당)의 배경과 현황 ······ 211
3. 아동급여(아동수당 · 가족수당)의 대상과 급여와 운영 및 재정 ······ 213

PART 03 빈곤과 관련된 사회보장

제11장 공공부조 / 223

1. 빈곤에 대한 관심의 중요성 ··· 223
2. 빈곤의 정의와 특성 및 형태 ··· 225
3. 빈곤선 ··· 229
4. 공공부조의 정의 ··· 234
5. 공공부조의 필요성과 목적 및 의의 ··· 236
6. 공공부조의 특징 ··· 238
7. 공공부조의 원칙과 원리 ··· 243
8. 공공부조의 대상과 급여와 운영 및 재정 ··· 248
9. 경향과 과제 ··· 256

제12장 워크페어(Workfare, 근로연계 복지) / 261

1. 워크페어의 정의와 특징 ··· 261
2. 워크페어의 배경과 현황 ··· 263
3. 워크페어의 방법과 사례 ··· 268
4. 워크페어에 대한 입장 ··· 272

Contents

PART 04 사회보장의 문제점과 방향

제13장 사회보장의 문제점과 방향 / 281

1. 사회보장제도의 문제점 ······ 281
2. 사회보장과 근로 의욕 ······ 286
3. 사회보장과 경제발전 ······ 288
4. 사회보장의 재정문제 ······ 293
5. 사회보장의 나아갈 방향 ······ 306

■ 참고문헌 / 309

■ 찾아보기 / 319

PART 01

사회보장의 일반적 측면

제1장 사회보장의 중요성과 정의 및 목적

제2장 사회보장의 형태와 사회적 위험

제3장 사회보장의 역사와 기능

CHAPTER 01

사회보장의 중요성과 정의 및 목적

CONTENTS

1. 사회보장의 중요성
2. 사회보장의 정의
3. 사회보장의 목적

1. 사회보장의 중요성

최근 들어서 주위에서 사회보장(social security)이나 이와 관련된 용어를 사용하는 경우가 많아지고 있다. 한 마디로 말해서, 사회보장은 우산과 같은 것이라고 볼 수 있다. 비가 오거나 눈이 올 때에 우산이 보호해 주듯이, 인간에게 사회적 위험이[1] 발생할 때에 사회보장은 개인과 가족을 보호해 주고 있다. 비나 눈을 가리는 우산에 좋은 우산과 찢어진 우산이 있듯이, 사회보장제도에도 잘 된 제도와 잘 되지 않은 제도가 있다.

오늘날의 경우, 대부분의 국가는 어떤 형태이든 사회보장제도를 갖추고 있다. 또한 오늘날의 경우, 많은 국가에서 사회보장은 헌법에 보장된 권리에 속하고 있다. 그리고 현대에 들어서 사회보장은 거의 모든 국가에서 중요한 논쟁거리가 되고 있다. 왜냐하면 현대 사회에서 사회보장은 개인과 가족과 국가에게 더욱더 중요한 역할을 하고 있기 때문이다. 사실, 복지국가에서 핵심

1) '사회적 위험'에 대해서는 사회적 위험을 다루는 장(제2장)에서 자세히 설명한다.

적인 프로그램은 사회보장 프로그램인 경우가 많다(노병일, 2018a; International Social Security Association, 2020a; Wilensky, Luebbert, Hahn & Jamieson, 1985).

이런 탓에, 사회보장은 중요하다.

영국의 사회보장 로고 : 대부분의 국가는 사회보장제도를 갖추고 있다.
출처 : 영국에서 저자 촬영.

사회보장이 중요한 이유를 구체적으로 몇 가지 더 제시하면 다음과 같다(Millar, 2004; Pieters, 2006; International Labor Organization, 1984; Dattalo, 2007; Kingson, 2011; Singletary, 2020).[2)]

① 사회보장은 국민 경제에서 중요한 부분을 차지하고 있기 때문이다. 무엇보다도 사회보장은 규모가 크다. 예를 들어, 미국에서 사회보장은 중요한데, 그 이유들 중의 하나는 사회보장의 규모가 매우 크기 때문이다.

> **사회보장의 중요성**
>
> 미국에서 가장 규모가 큰 사회 프로그램은 사회보장(연금)이다. 이런 사회보장은 거의 모든 사람들에게 직접적으로 영향을 미치고 있다. 이 경우, 대부분의 사람은 다음과 같이 사회보장과 관련되고 있다(Gilbert & Terrell, 2014).
>
> ① 사회보장 프로그램의 재정을 부담하고 있다.
>
> ② 사회보장제도에서 급여를 받고 있다.

2) 이런 부분은 사회보장의 목적 및 기능과도 관련되고 있다. 사회보장의 목적에 대해서는 뒤에서 자세히 설명하고, 사회보장의 기능에 대해서는 사회보장의 기능을 다루는 장(제3장)에서 자세히 설명한다.

② 사회보장은 정부의 지출에서 규모가 가장 큰 영역이기 때문이다. 또한 사회보장은 정부가 경제적 목적과 사회적 목적을 추구하기 위한 수단이 되기 때문이다.

③ 생계를 유지하기 위해 사회보장에 의존하는 사람의 수가 많기 때문이다. 실제로 사람들 중에는, 자기 소득의 전부 또는 일부를 사회보장에서 얻고 있는 사람이 매우 많다. 사실상 사회보장제도에서는 모든 나이에 속하는 사람들에게 급여를 제공하고 있다. 따라서 개인의 경제적 측면과 관련해서 사회보장은 매우 중요하다.

④ 사회보장은 소득을 재분배하기 위한 가장 중요한 도구의 하나이기 때문이다.

⑤ 사회보장에서 제공하는 급여는 사람들이 생활하는 방식에 영향을 미칠 수 있기 때문이다. 실제로 사회보장 급여는 일자리, 저축, 퇴직, 가족의 구성과 관련해 사람들이 내리는 결정에 영향을 미칠 수 있다.

> **사회보장의 중요성 : 미국의 사례**
>
> 미국 사회보장청의 청장이었던 앱펄(Apfel)은 "미국이 20세기에 이룬 마지막 큰 업적으로, 미국이 21세기에 맨 처음으로 부딪쳐야 할 크나큰 어려움(즉, 노인층이 상대적으로 많아지고 있는 미국 사회)을 물리치도록 도와줄 '사회보장'을 더 제대로 갖춘 점을 들어야 할 것"이라고 주장한 바 있다. 실제로 사회보장은 미국에서 가장 중요하고 가장 성공한 공적 프로그램의 하나가 되고 있다. 그리고 오늘날의 경우, 사회보장은 미국에서 가장 성공한 사회정책이라고 볼 수 있다(Social Security Administration, 1999; Dattalo, 2007; Kingson, 2011).

그러므로 사회보장제도가 발달한 것은 20세기에 사회정책 영역에서 가장 중요하게 이룬 업적에 속하고 있다(International Social Security Association, 2020a). 그리고 사회보장은 앞으로도 계속해서 중요한 위치를 차지할 것으로 보인다. 특히 앞으로 전체 인구층에서 노인이 차지하는 비율이 높아지고 고용이 더 불안정해짐에 따라서, 현대 사회에서 사회보장은 더욱더 중요해질 것으로 보인다.

정리

- 오늘날에 대부분의 국가에서는 사회보장제도를 갖추고 있는데, 사회보장은 개인과 가족과 국가에게 중요한 역할을 한다.
- 사회보장은 앞으로 계속해 중요한 위치를 차지할 것으로 보인다. 특히 고령화와 고용 불안정 때문에, 현대 사회에서 사회보장은 더욱 중요해질 것으로 보인다.

2. 사회보장의 정의

1) 사회보장 용어의 등장

사회보장(social security)이라는 용어는, 유럽에서 실시하고 있던 '사회보험(social insurance)'의 '사회(social)'와 미국의 대공황 시기에 구성한 '긴급 경제보장 위원회(Emergency Economic Security Committee)'의 '보장(security)'이라는 표현을 합쳐서 만든 것으로 알려져 있다. 그러다가 미국의 루스벨트(Roosevelt) 대통령이 1935년에 사회보장법을 만든 후에 사회보장이라는 용어를 널리 사용하게 되었다. 그리고 제2차 세계대전 이후에 사회보장이라는 용어를 더 널리 사용하고 있다(한국사회복지협의회 1993; Gordon, 1994).

2) 사회보장의 정의

사회보장이라는 용어가 등장한 시기에 관해서는 대체로 의견이 일치되어 있다. 그리고 사회보장이라는 용어를 전 세계적으로 널리 사용하고 있다. 하지만 그럼에도 불구하고, 사회보장을 정의하는 것에 대해서는 의견이 분명하게 일치하고 있지 않다.

그 결과, 여러 학자와 기관은 사회보장을 서로 다르게 정의하고 있다. 그리고 더 나아가, 국가와 시대에 따라서 사회보장의 정의가 서로 차이가 나기도 한다. 이에 따라서 어느 학자는 사회보장이라는 용어는 모호한 점이 많고, 또한 학자와 국가에 따라 의미하는 바가 다르다고 지적한 바 있다(Midgley, 1996; Pieters, 1993; Ditch, 1999).

사회보장의 어원과 이에 따른 의미와 목적

사회보장을 뜻하는 영어 Social Security의 어원은 Se(=Without, 해방) +Cura(=Car, 근심 또는 괴로워하는 것)에서 비롯된 것으로 '불안을 없게 합니다'는 뜻입니다. 그러므로 Social Security는 사회적 불안을 제거한다는 의미와 평온한 삶을 사회가 보장한다는 뜻으로 이해되며, 질병이나 분만[3]·실업·폐질[4]·직업상의 상해[5]·노령 및 사망으로 인한 소득의 상실이나 감소 등으로 인한 경제적 곤궁에서[6] 유래하는 근심과 불안을 제거함으로써 사회 평화를 도모하자는[7] 것입니다.

출처 : 4대사회보험 정보연계센터(2020a). [원문을 그대로 인용]

그동안 사회보장과 관련된 학자와 기관과 법에서 사회보장에 대해 정의한 것을 몇 가지 살펴보면 다음과 같다.

(1) 베버리지

사회보장을 논의할 때에 단골손님으로 등장하는 인물로 베버리지(Beveridge)를 꼽을 수 있다. 베버리지(Beveridge, 1942)의 경우, 이른바 '베버리지 보고서'라고 부르는『사회보험과 관련 서비스(Social Insurance and Allied Services)』에서, 사회보장은 다음과 같은 것을 위해서 소득을 보장해 주는 것이라고 정의하고 있다.

① 실업이나 질병이나 재해 때문에 수입이 없어질 때에 이런 수입을 대신한다.

② 나이가 들어 퇴직하는 것에 대비한다.

③ 가장과 같은 가족구성원이 사망하였기 때문에 생계를 유지하지 못하는 것에 대비한다.

④ 특별한 비용(예컨대, 출생·사망·결혼과 관련된 비용)을 부담한다.

베버리지에 따르면, 사회보장은 최저 소득을 보장하는 의미를 지니고 있다. 그러나 베버리지의 경우, 사회보장은 최저 생활을 보장하되, 소득이 중단되는

3) 분만은 아이를 낳는 것을 말한다.

4) 여기에서의 폐질은 심각한 장애와 비슷한 것을 말한다. 폐질에 대해서는 사회적 위험을 다루는 장(제2장)에서 자세히 설명한다.

5) 상해는 해를 입는 것을 말한다.

6) 여기에서의 곤궁은 어려운 상태에 있는 것을 말한다.

7) 여기에서의 도모는 이루는 것을 말한다.

상황에서 빨리 벗어나서 정상적으로 활동하게 해주는 데 관심을 가져야 한다고 주장하고 있다.

베버리지 : 베버리지는 사회보장을 논의할 때에 단골손님으로 등장한다.
출처 : Wikipedia(2020c).

> **좋은 사회보장제도가 되기 위한 세 가지 전제 조건**
>
> 베버리지에 따르면, 좋은 사회보장제도가 되기 위해서는 다음과 같은 전제 조건을 충족하여야 한다(Beveridge, 1942).
>
> ① 아동수당을 제공한다. 이 경우, 15세까지의 아동에게 아동수당을 제공하고, 아동이 정규 학생이면 16세까지 아동수당을 제공한다.
>
> ② 포괄적[8] 의료서비스와 재활서비스를 제공한다. 이 경우, 질병을 예방하고 질병을 치료하기 위해서 포괄적 의료서비스와 재활서비스를 제공하고, 또한 일할 수 있는 능력을 회복하기 위해서 포괄적 의료서비스와 재활서비스를 제공한다. 그리고 이런 서비스는 지역사회의 모든 사람들이 이용할 수 있어야 한다.
>
> ③ 고용을 유지한다. 이것은 대규모 실업을 예방하는 것을 말한다.

(2) 국제사회보장협회

국제사회보장협회(International Social Security Association)의 경우, 사회보장은 법이나 기타 강제적 제도에 근거해 도입된 프로그램으로서, 개인이 노령, 가장의 사망, 근로 능력의 상실, 장애, 실업, 아동 양육이라는 사회적 사건을 겪을 때에 어느 정도의 소득을 보장해 주는 사회적 보호 프로그램이라고 정의하고 있다(International Social Security Association, 2020a).

8) '포괄적'은 완전히 포함하거나 또는 넓게 포함하는 것을 말한다(Merriam-Webster Dictionary, 2020)..

(3) 미국 사회보장청

미국 사회보장청(Social Security Administration)의 경우, 사회보장은 개인이 소득을 얻는 힘이 없어지는 것에 대해 보호하고 또한 결혼・출생・사망 때문에 생기는 특별한 비용에 대해 대비해 주는 법적 프로그램이라고 정의하고 있다(Social Security Administration, 2015).

미국 사회보장청의 로고 : 사회보장청은 사회보장 프로그램을 담당하는 정부기관이다.
출처 : 미국 사회보장청 홈페이지.

(4) 국제노동기구

국제노동기구(International Labor Organization)의 경우, 1942년에 발간한 『사회보장에 대한 접근방식(Approaches to Social Security)』에서 사회보장은 "사회구성원들이 부딪히는 일정한 위험에 대해 사회가 적절한 조직을 통해 부여하는 보장"이라고 정의한 바 있다[장인협(1986)에서 재인용]. 그러나 사회적 상황이 크게 변함에 따라서, 국제노동기구는 사회보장을 더 넓은 관점에서 보는 방향으로 나아가고 있다. 이에 따라 국제노동기구의 경우, 사회보장은 다음과 같은 상황에 있을 때에 보호해 주기 위해 급여를 제공하는 모든 수단이라고 보고 있다(International Labor Organization, 2008; International Labour Organization, 2014; International Labor Organization, 2020).

① 질병, 장애, 출산, 산업재해, 실업, 노령, 가족구성원의 사망 때문에, 일을 해서 얻는 소득이 없거나 부족하다.

② 의료서비스를 제대로 이용하지 못하고 있다.

③ 가족이 충분히 지원하지 못하고 있다. 이것은 아동의 경우와 독립적으로 활동하지 못하는 성인의 경우에 특히 그렇다.

④ 빈곤과 사회적 배제를[9] 겪고 있다.

9) '사회적 배제'에 대해서는 빈곤을 다루는 장(제11장)에서 자세히 설명한다.

(5) 프랑스의 사회보장 기관

프랑스에서는 사회보장제도를 1945년에 처음으로 도입하였다(Direction de la Sécurité Sociale, 2008). 이 경우, 사회보장(sécurité sociale)은 개인과 가족이 적절한 상태에서 생활하는 데 필요한 수단을 모든 상황에서 갖추게 될 것이라는 점을 모든 사람에게 보장하는 것이라고 보고 있다.

프랑스의 사회보장 현황을 담은 정부 자료 (표지 일부) : 사회보장은 개인·가족이 적절한 상태에서 생활하는 데 필요한 수단을 모든 상황에서 갖추게 될 것을 모든 사람에게 보장하는 것이다.
출처 : Direction de la Sécurité Sociale(2008).

(6) 미국의 전국사회복지사협회

미국의 전국사회복지사협회(NASW)에서 간행한 사전의 경우, 사회보장은 법에서 정한 위험을 겪기 때문에 소득을 얻지 못하는 사회구성원에게 소득을 지원하기 위해, 사회가 급여를 제공하는 것이라고 정의하고 있다(Barker, 2003). 이 경우, 법에서 정한 위험의 예로 노령, 질병, 아동 양육, 실업이 있다.

(7) 우리나라의 사회보장기본법

우리나라 사회보장기본법의 경우, 사회보장은 "출산, 양육, 실업, 노령, 장애, 질병, 빈곤 및 사망 등의 사회적 위험으로부터 모든 국민을 보호하고 국민 삶의 질을 향상시키는 데 필요한 소득·서비스를 보장하는 사회보험, 공공부조, 사회서비스"라고 정의하고 있다(국가법령정보센터, 2020).[10)]

(8) 피터스

피터스(Pieters, 2006)의 경우, 사회보장은 수입이 부족하거나 부족할 가능성이 있는 사람들이나 특별한 비용을 부담하여야 하는 사람들과 연대(solidarity)를 형성하는 제도라고 정의하고 있다. 이 경우, 수입은 보수를 받는 일자리에서 얻은 소득을 말한다.

10) 사회보험과 공공부조에 대해서는 뒷장(제4장과 제11장)에서 각각 자세히 설명한다.

사회보장에서 '사회'와 '보장'의 의미

'사회보장'이라는 표현은 중요한 측면을 포함하고 있다. 이것을 구체적으로 제시하면 다음과 같다 (Millar, 2004).

① '사회보장'에서 '사회'라는 단어 속에는 사회보장은 함께 나누는 제도라는 뜻을 담고 있다. 즉, '사회'라는 단어는 다음과 같은 의미를 포함하고 있다.

㉠ 사회구성원 모두는 사회보장제도의 한 부분을 이루고 있다. 즉, 사회구성원 모두는 사회보장제도에 기여금(보험료)을 납부하는 사람, 사회보장제도에서 급여를 받는 사람, 사회보장제도에 필요한 재정을 위해 세금을 납부하는 사람, 시민으로서 사회보장제도의 한 부분을 구성하고 있다.

㉡ 사회보장 급여는 여러 가지 형태의 소득 재분배 측면을 포함하고 있다. 이런 소득 재분배 형태는 사회의 가치를 보여주고 있다.

② '사회보장'에서 '보장'이라는 단어는 사회보장이 추구하는 핵심적인 목적의 하나와 크게 관련되고 있다. 이 경우, 사회보장의 목적은 사람들이 자신의 욕구를 현재 충족할 수 있고 또한 미래에 대비해 계획할 수 있도록 해주는 것이다.

(9) 정리

그동안의 경우, 사회보장에 관해 연구할 때에는 소득을 보장하는 것에 주목하는 접근방식이 많았다. 그래서인지 앞에서 사회보장에 대해 정의한 것들 중에는, 소득을 보장하는 측면을 강조하는 정의가 많다.

그러나 사회보장이 소득을 보장하는 것과 밀접하게 관련되어 있음은 사실이나, 현대에 들어 새로운 사회적 위험이 등장함에 따라서 사회보장에 대해 더 넓게 정의하는 방향으로 나아가고 있다. 앞의 예에서 알 수 있듯이, 국제노동기구는 현금급여 못지않게 사회서비스도 중요하게 다루고 있고, 피터스(Pieters)는 소득보장에 따른 연대를 강조하고 있다.

그러므로 사회보장에 대해 정의하는 것과 관련된 견해를 크게 다음과 같이 분류할 수 있다.

① 현금급여만을 사회보장으로 보는 견해가 있다. 소득보장을 중요하게 보는 정의가 여기에 속한다고 볼 수 있다.

② 대상자에게 제공하는 현금급여와 현물급여를 모아놓은 것을 사회보장으로 보는 견해가 있다. 여기에는 사회서비스도 포함되고 있다.

③ 사회보장을 더 넓게 보는 견해가 있다. 국제노동기구가 1984년에 발간한 책에서는 이런 견해를 채택한 바 있다.

한편 국제노동기구에 따르면, 사회보장의 두 가지 주요한 영역은 '소득보장'과 '의료서비스의 이용'이다. 이런 점은 국제노동기구의 헌법과 같은 역할을 하고 있는 필라델피아 선언(Declaration of Philadelphia)에서도 보이고 있다(International Labor Organization, 2014).

3) 사회보장과 관련된 기타 용어와 범위

유럽에서는 '사회보장'이라는 용어를 미국이나 영국에 비해 매우 드물게 사용하고 있다. 그 대신에, 유럽의 국가에서는 사회보장을 나타내는 다른 용어로 '사회적 보호(social protection)'를 자주 사용하는 경향이 있다(Abel-Smith, 2015).

사회적 보호는 인권에 속하고 있다. 국제노동기구의 경우, 사회적 보호는 생활하면서 빈곤한 상태와 취약한 상태에 놓이는 사례를 줄이고 예방하기 위한 여러 가지 정책과 프로그램이라고 정의하고 있다(International Labor Organization, 2017). 사회적 보호는 아동과 가족을 위한 급여, 출산 전후와 관련된 급여, 실업과 관련된 급여, 산업재해와 관련된 급여, 질병과 관련된 급여, 노년기와 관련된 급여, 장애와 관련된 급여, 유족과 관련된 급여, 건강을 보호하는 것과 관련된 급여를 포함하고 있다.

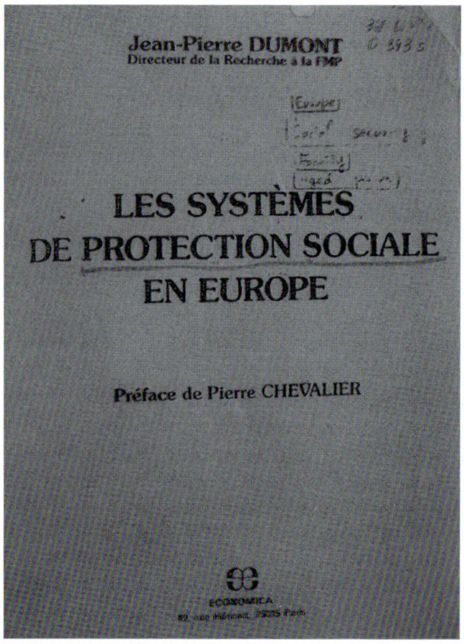

『유럽의 사회적 보호 제도』 책의 표지 : 유럽에서는 사회적 보호라는 용어를 많이 사용한다.
출처 : Dumont(1994).

그리고 국제노동기구에 따르면, 사회적 보호라는 용어는 사회보장이라는 용어보다 더 넓은 의미를 가지는 식으로 전 세계에 걸쳐 사용되고 있다. 실제로 사회적 보호는 사회보장보다 더 넓은 특성을 지니는 것으로 보는 경우가 많다. 따라서 '사회적 보호'는 법에 의해 도입되지 않은 민간제도도 포함하고 있다(International Labor Organization, 2014).

하지만 '사회적 보호'에 대해서는 일반적으로 의견이 일치하는 정의가 없다. 이런 탓에, 사회적 보호라는 용어를 사용하는 사람마다, 사회적 보호의 영역에 관해서 크게 다른 의견을 제시하고 있다. 사회적 보호를 가장 넓게 볼 경우, 사회적 보호는 정부가 하는 것들 중에서 빈곤과 연관될 수 있는 모든 것을 포함한다고 볼 수 있다. 예를 들어 세계은행의 경우, 넓은 의미에서 사회적 보호는 사람들에게 소득보장을 제공하는 공적 조치를 가리킨다고 보고 있다(Holzmann, Sherburne-Benz & Tesliuc, 2003; Ogborn, 2009 : Belgian Working Group, 2015).

한편 일부 국가의 경우, 사회보장이라는 용어를 더 좁은 의미로 사용하고 있다. 예를 들어 미국의 경우, 사회보장이라는 용어는 연방정부 수준의 사회보험제도를 의미하는 식으로 사용하고 있다. 구체적으로 미국에서는 사회보장은 노령·유족·장애보험(OASDI)을[11] 가리키는 용어로 사용되는 경우가 많다(노병일, 2018a; Abel-Smith, 2015, Kingson, 2011).

또한 사회안전망(social safety net)이라는 용어를 대체적으로 사회보장을 나타내는 의미로 자주 사용하고 있다. 일반적으로 사회적 보호나 사회보장이라는 용어의 의미에 비해서, 사회안전망이라는 용어가 가지는 의미는 덜 정확한 것처럼 보인다(Asian Development Bank, 2003).

그리고 우리나라의 사회보장기본법에서는 '평생사회안전망'이라는 용어를 사용하고 있다. 우리나라의 사회보장기본법에 따르면, 평생사회안전망은 "생애주기에 걸쳐 보편적으로 충족되어야 하는 기본욕구와 특정한 사회위험에 의하여 발생하는 특수욕구를 동시에 고려하여 소득·서비스를 보장하는 맞춤형 사회보장제도"를 일컫는다(국가법령정보센터, 2020).

11) 미국의 노령·유족·장애보험은 우리나라의 연금과 비슷하다.

정리

- 사회보장이라는 용어는 미국에서 1935년에 사회보장법을 만든 후에 널리 사용되고 있다.
- 사회보장의 정의에 대해서는 의견이 분명하게 일치하지 않는다.
- 베버리지에 따르면, 사회보장은 실업이나 질병이나 재해 때문에 수입이 없어지는 경우, 나이가 들어 퇴직하는 경우, 가족구성원의 사망으로 부양을 받지 못하는 경우, 특별한 비용이 필요한 경우에 소득을 보장해 주는 것이다. 또한 베버리지는 좋은 사회보장제도가 되기 위한 전제 조건으로 아동수당의 제공, 포괄적 의료・재활서비스의 제공, 고용의 유지를 제시한다.
- 국제사회보장협회에 따르면, 사회보장은 법이나 기타 강제적 제도에 근거해 도입한 프로그램으로서, 개인이 노령, 가장 사망, 근로 능력의 상실, 장애, 실업, 아동 양육이라는 사회적 사건을 겪을 때에 어느 정도의 소득보장을 제공하는 사회적 보호 프로그램이다.
- 우리나라의 사회보장기본법에 따르면, 사회보장은 "출산, 양육, 실업, 노령, 장애, 질병, 빈곤 및 사망 등의 사회적 위험으로부터 모든 국민을 보호하고 국민 삶의 질을 향상시키는 데 필요한 소득・서비스를 보장하는 사회보험, 공공부조, 사회서비스"이다.
- 사회보장은 소득보장과 밀접히 관련되지만, 현대에 들어 새로운 사회적 위험이 등장함에 따라서 사회보장을 더 넓게 정의하는 방향으로 나아간다.
- 유럽의 국가들은 사회보장을 나타내는 용어로 '사회적 보호'를 자주 사용하는 경향이 있는데, 이때에는 사회적 보호를 사회보장보다 더 넓은 의미를 지니는 식으로 사용한다.
- 대체적으로 사회보장을 나타내는 의미로 '사회안전망'이라는 용어도 자주 사용된다.

3. 사회보장의 목적

1) 사회보장의 구체적 목적

사회보장에 대해 다양하게 정의해 온 것처럼, 사회보장과 관련된 기관과 학자는 사회보장의 목적도 다양하게 제시해 왔다. 그동안 사회보장의 목적으로 제시한 것을 몇 가지 살펴보면 다음과 같다.[12)]

(1) 국제사회보장협회

국제사회보장협회의 경우, 사회보장의 기본적 목적으로 다음과 같은 것을 제시하고 있다(International Social Security Association, 2016).

12) 앞에서 제시한 사회보장의 정의 속에는 사회보장의 목적이 일부 포함되어 있다.

① 빈곤을 예방한다.
② 소득을 얻지 못하게 될 때에 이를 대신하는 소득을 안정되게 확보하게 해준다.
③ 생활 단계가 바뀌어도 소득을 제대로 확보하게 해준다.

모든 국가에 존재하는 사회보장제도에서는 위와 같은 목적을 기본적으로 추구하고 있다. 그러나 국제사회보장협회에 따르면, 사회보장에서는 이 이상의 목적을 추가적으로 추구할 필요가 있다. 이 경우, 사회보장에서 추가로 추구하는 목적으로 다음과 같은 것이 있다(International Social Security Association, 2016).
① 더 적극적으로 생활하도록 한다.
② 기회를 더 제공한다.
③ 가족을 지원한다.
④ 복리 수준을 높인다. 이 경우, 건강에 긍정적으로 영향을 미치게 함으로써 복리 수준을 높인다.

(2) 국제노동기구

국제노동기구의 경우, 사회보장의 목적을 다음과 같이 좁은 의미와 넓은 의미로 나누어 제시하고 있다(International Labor Organization, 1984).
① 사회보장이 추구하는 좁은 의미의 목적은 빈곤을 예방하고 빈곤을 줄이는 것이다.
② 사회보장이 추구하는 가장 넓은 의미의 목적은 안정을 얻고자 하는 욕구와 관련되고 있다. 즉, 사회보장이 추구하는 근본적인 목적은, 개인과 가족의 생활 수준과 삶의 질이 사회적 사건 및 경제적 사건 때문에 크게 낮아지지 않을 것이라고 개인·가족이 믿게 하는 것이다. 구체적으로 여기에서는 사회적 위험과 경제적 위험이 발생할 때에 나타나는 욕구를 충족시켜 주는 것, 사회적 위험과 경제적 위험이 발생하지 않도록 하는 것, 개인과 가족이 어려움에 부닥칠 때에 가장 잘 적응하도록 도와주는 것을 포함하고 있다. 따라서 사회보장이 추구하는 이런 넓은 목적을 달성하기 위해서는, 현금급여뿐만 아니라 여러 가지 사회서비스와 의료서비스도 필요하다.

(3) 워커

워커(Walker, 2005)의 경우, 사회보장의 목적을 다음과 같이 구체적으로 제시하고 있다.

① 빈곤을 줄인다. 사실, 현대의 공공부조제도와 일부 사회보장제도가 처음 등장하였을 때에 추구한 목적은 빈곤을 줄이는 것이었다.

② 소득을 유지하게 한다. 사회보장제도에서는 빈곤을 줄이려는 목적을 가지고 있다. 하지만 이 목적보다 더 크게 추구하는 목적은, 개인이 어떤 사회적 사건을 겪을 때에 소득을 유지하게 해주는 것이다.

③ 사회적 유대를 더 형성하게 한다. 실제로 유럽의 사회보장제도에서는 사회적 유대를 더 형성하게 하는 측면을 강조하는 경우가 많다.

④ 사회적 위험으로부터 보호한다. 사회적 위험을 공동으로 관리할 수 있는 방법에는 여러 가지가 있지만, 사회적 위험을 공동으로 관리하는 것은 사회보장제도가 추구하는 중요한 목적인 경우가 많다.

⑤ 재분배한다. 재분배는 사회보장을 실시한 결과로 볼 수도 있고, 또는 사회보장이 하는 기능으로 볼 수도 있다. 그럼에도 불구하고, 재분배를 사회보장의 목적으로 분명하게 제시하는 경우가 매우 많다. 이때에는, 재분배를 사회 정의를 더 이룩한다는 측면과 연관시키면서 사회보장의 목적으로 보는 경우가 많다.

⑥ 보상한다. 이 경우, 어떤 상황 때문에 부담한 추가 비용에 대해 보상하거나, 또는 어떤 상황 때문에 소득을 얻지 못하게 된 것에 대해 보상하고 있다.

⑦ 경제적으로 더 효율적이게 한다. 사실, 사회보장 급여는 경제가 더 효율적으로 돌아가게 하기 위해 사용될 수 있다. 미국에서 1930년대에 사회보장이 처음으로 등장한 것은 이런 목적과 명백하게 관련되어 있다. 즉, 이 당시에 루스벨트 대통령은 대공황 시기 동안에 경제가 더 잘 돌아가게 하기 위해서 사회보장제도를 도입하였다.

⑧ 행동을 변화시킨다. 실제로 사회보장을 사람들의 행동을 변화시키는 도구로 사용하는 경우가 매우 많다.

(4) 세인스베리

세인스베리(Sainsbury, 1999)의 경우, 사회보장의 오래된 목적과 최근 목적을 구분하는 것이 유용하다고 주장하고 있다. 이 경우, 사회보장의 오래된 목적은 사회보장과 기본적으로 관련된 목적을 말한다. 그리고 사회보장의 최근 목적은 사회보장제도를 이용해 새롭고 더 넓은 목적을 추구하는 것과 관련되어 있다.

세인스베리에 따르면, 사회보장의 오래된 목적은 다음과 같다.

① 빈곤을 줄인다. 이것은 사회보장의 목적들 중에서 일반인에게 가장 잘 알려진 목적에 속하고 있다.
② 사람들의 욕구를 충족시킨다.
③ 소득을 유지하게 한다.
④ 보상한다.
⑤ 인구층 사이에 재정적 자원을 재분배한다.

그리고 세인스베리에 따르면, 사회보장의 최근 목적은 다음과 같다.

① 일자리를 가지게 한다.
② 소득이 적은 층의 행동을 변화시킨다.

일하러 가는 사람들 : 최근에 사회보장에서 추구하는 목적의 하나는 일자리를 갖게 하는 것이다.
출처 : 동유럽에서 노대겸 님 촬영 · 제공.

(5) 디취

디취(Ditch, 1999)의 경우, 일반적으로 사회보장의 목적을 다음과 같이 구분할 수 있다고 보고 있다.

① 예상하지 못한 사건을 겪은 후에 나타나는 재정적 어려움을 해결하게 한다.
② 장애나 돌봄과 관련해 필요한 일반 비용이나 추가 비용을 제공한다.
③ 가족을 부양하게 한다.
④ 빈곤을 예방하거나 빈곤을 줄인다.
⑤ 자원을 재분배한다.

사회보장의 목적 : 재분배[13)]

모든 사회보장에서는 자원을 재분배하고자 한다. 그러나 이때에 문제가 되는 것은 누구로부터 누구에게로 자원을 재분배하느냐는 것이다. 재분배의 형태를 몇 가지 제시하면 다음과 같다(Ditch, 1999).

① 젊은층으로부터 노인층에게 자원을 재분배하는 것이 있다. 이것은 생애 주기에 걸쳐 자원을 재분배하는 것을 말한다.
② 부유층으로부터 빈곤층에게 자원을 재분배하는 것이 있다. 이것은 소득 집단들 사이에 자원을 재분배하는 것을 말한다.
③ 아동이 없는 층으로부터 아동이 있는 층에게 자원을 재분배하는 것이 있다.
④ 근로 능력이 있는 층으로부터 근로 능력이 없는 층에게 자원을 재분배하는 것이 있다.

2) 정리와 고려할 점

사회보장이 추구하는 목적은 시대와 국가와 대상자에 따라 차이가 나는 경우가 많다. 또한 사회보장의 목적이 분명하게 겉으로 드러나지 않는 경우도 많다. 그리고 때에 따라서는, 사회보장이 추구하는 하위 목적들이 서로 모순이 되는 경우도 있다(Ditch, 1999).

특히 학자나 기관에 따라서 사회보장의 목적으로 강조하는 측면에서 차이가 나고 있다. 그러나 대부분의 학자나 기관이 사회보장과 관련해 공통적으

13) 자원을 재분배하는 것은 사회보장의 중요한 목적이자 기능이다. 사회보장의 재분배 기능에 대해서는 사회보장의 기능을 다루는 장(제3장)에서 자세히 설명한다.

로 제시하는 목적은, 사회적 위험에 대해 미리 대비함으로써 사회구성원이 최저 생활을 유지하고 결과적으로 사회구성원이 안정된 생활을 하게 하는 것이다.

무엇보다도 사회보장의 목적과 관련해, 다음과 같은 점을 인식할 필요가 있다(Walker, 2005).

① 잘 발달된 사회보장제도에서는 여러 가지 목적을 추구하고 있다.

② 특정한 한 가지 목적을 추구하기 위해 취한 방안은 다른 목적에도 영향을 미칠 수 있다.

그리고 사회보장의 정의와 이에 따른 사회보장의 범위가 변하는 것과 마찬가지로, 사회보장의 목적도 끊임없이 변할 것으로 보인다. 어느 때에는 사회보장의 목적이 서서히 변해서 거의 인식하지 못할 수 있다. 이것은 사회보장 정책을 자연스럽게 서서히 실시할 경우에 그렇다. 그러나 어느 때에는 사회보장의 목적이 매우 크게 변할 수 있다. 이것은 사회보장의 급여체계를 전체적으로 다시 검토할 경우나 또는 새로운 정부가 들어섰을 경우에 특히 그렇다. 그리고 앞으로 사회보장의 목적은 여러 측면을 고려하는 방향으로 나아갈 것으로 보인다.

정리

- 사회보장의 목적은 다양하다. 사회보장에서 추구하는 목적의 예로 빈곤을 줄이는 것, 소득을 유지하는 것, 사회적 유대를 늘리는 것, 재분배하는 것, 보상하는 것, 고용을 늘리는 것, 행동을 변화시키는 것이 있다.
- 앞으로 사회보장의 정의·범위가 변하는 것과 마찬가지로, 사회보장의 목적도 여러 측면을 고려하는 방향으로 나아갈 것으로 보인다.

CHAPTER 02

사회보장의 형태와 사회적 위험

CONTENTS

1. 사회보장의 형태
2. 사회적 위험
3. 사회보장 급여
4. 사회보장 프로그램의 분류와 경향

1. 사회보장의 형태

사회보장의 형태에는 여러 가지가 있다. 따라서 사회보장의 형태는 다양하게 분류되고 있다. 그동안 사회보장의 형태에 대해 분류한 것을 몇 가지 살펴보면 다음과 같다.

1) 베버리지

베버리지(Beveridge, 1942)의 경우, '보장 방법(methods of security)'을 사회보험, 국가부조(공공부조), 임의보험으로 분류하고 있다. 베버리지는 의무적으로 적용하는 사회보험을 주요한 방법으로 보고 있고, 국가부조와 임의보험을 사회보험의 보조 방법으로 보고 있다. 각 방법에 대해 구체적으로 제시하면 다음과 같다.[14)]

14) 사회보험과 국가부조(공공부조)에 대해서는 뒷장에서 자세히 설명한다.

① 사회보험(social insurance)은 개인이 직접 납부하거나 또는 그 개인을 대신해서 다른 사람이 납부한 강제적인 기여금에 근거해서 현금급여를 제공받는 방법이다. 그러므로 사회보험의 경우, 급여를 신청할 당시에 개인이 가지고 있는 자원을 조사하지 않고 있다. 사회보험은 기본적 욕구를 충족시키는 방법이고, 이에 따라 사회보험은 소득을 보장하는 중요한 방법이다.

② 국가부조(national assistance)는[15] 기여금을 이전에 납부하였는지 여부에 상관없이, 급여를 신청할 때에 증명된 욕구에 따라서 현금급여를 제공받는 방법이다. 국가부조는 특별한 경우의 욕구를 충족시키는 방법이다. 국가부조에 대한 재정은 국가의 일반 세금으로 확보하고 있다.

③ 사회보험과 국가부조는 생활에 필요한 기본적인 소득을 보장하는 방법이다. 그러나 베버리지는 개인마다 실제 소득과 지출 수준이 다르다는 점에 주목하고 있다. 즉, 베버리지의 경우, 개인이 기본적인 생활 수준보다 더 높은 생활 수준을 유지하고자 할 때에는 임의보험(voluntary insurance)[16]을 선택할 수 있다고 보고 있다.

2) 국제노동기구

국제노동기구의 경우, 사회보장 급여를 제공하는 방법으로 사회보험, 사회부조(공공부조), 고용주 맨데이트, 사회수당, 저축금고를 제시하고 있다(Midgley, 1996). 각 방법에 대해 구체적으로 제시하면 다음과 같다.

① 사회보험은 직업과 관련되고 있다. 사회보험에서는 고용주와 근로자가 정기적으로 납부하는 기여금으로 재정을 확보하고 있다.

② 사회부조(공공부조)에서는 일반 세금으로 재정을 확보하고 있다. 그리고 사회부조에서는 급여를 받을 수 있는 자격을 결정하기 위해 소득조사나 자산조사를 실시하고 있다.

---

15) 국가부조는 공공부조와 같은 의미를 지니고 있다.

16) 임의보험의 예로 민간보험을 들 수 있다. 민간보험에 대해서는 사회보험을 다루는 장(제4장)에서 자세히 설명한다.

③ 고용주 맨데이트(mandate)에서는 근로자가 특정한 상황에 놓이게 될 때에 고용주가 급여를 제공하고 있다.[17)]

④ 사회수당(demogrant 또는 social allowances)에서는 특정한 어려움을 겪는 사람에게 소득에 상관없이 급여를 제공하고 있다.

데모그랜트(사회수당) 프로그램

데모그랜트(demogrant)는 욕구와 상관없이 특정한 인구층에게 제공하는 급여를 가리킨다. 따라서 데모그랜트 프로그램은 급여를 받는 사람의 소득이나 고용 상태나 부에 상관없이, 시민이나 주민에게 일정한 양의 현금급여를 제공하는 프로그램을 말한다.[18)] 특정한 인구층의 예로 아동, 엄마, 노인, 시민을 들 수 있다(Barker, 2003; Rejda, 1999).

데모그랜트 프로그램에서 급여를 제공하는 데 필요한 재정은 일반 세금을 통해 확보하는 경우가 많다. 그리고 데모그랜트 프로그램에서는 급여를 해당 주민에게 정해진 기간 동안 제공한다. 데모그랜트는 다음과 같은 것을 포함하고 있다.

① 정해진 나이가 지난 노인에게 제공하는 노령연금이 있다.
② 가장이 사망한 배우자, 장애인 근로자, 부모가 없는 아동에게 제공하는 연금이 있다.
③ 특정한 수의 아동이 있는 가족에게 제공하는 가족수당이 있다.

⑤ 저축금고(provident fund)는 사회보험을 변형한 형태이다. 사회보험에서와 마찬가지로, 저축금고에서도 기여금을 통해 재정을 확보하고 있다. 그러나 사회보험에서와는 다르게, 저축금고에서는 사회적 위험에 대해 공동으로 대비하지 않고 있다. 즉, 저축금고에 가입한 사람은 다른 사람들이 납부하는 기여금으로 보호되는 것이 아니라, 자신이 납부한 기여금으로 보호되고 있다. 결국, 저축금고는 강제저축의 한 형태라고 볼 수 있다.

17) 맨데이트(mandate)는 "정부의 재정지원 없이 사회복지기관이 아닌 일반 기업들로 하여금 일정한 사회복지 서비스를 제공하도록 의무화하는 방법"이다. 기업이 장애인 또는 노인을 일정 수만큼 의무적으로 고용하게 하는 방법은 맨데이트의 한 예이다(김태성 · 성경륭, 2000).

18) 이 책에서는 '데모그랜트'라는 표현 대신에 '사회수당'이라는 표현을 사용한다.

저축금고 프로그램을 도입한 싱가포르 : 저축금고는 강제저축의 한 형태이다.
출처 : 싱가포르에서 노대겸 님 촬영 · 제공.

3) 국제사회보장협회와 미국 사회보장청

국제사회보장협회의 경우, 사회보장의 형태를 사회보험 프로그램, 사회부조 프로그램, 보편적 프로그램, 상호공제제도, 국민저축금고, 기타 프로그램으로 구분하고 있다. 이 경우, 기타 프로그램의 예로 시장중심의 프로그램이 있다(International Social Security Association, 2020a).

그리고 미국 사회보장청의 경우, 소득보장 프로그램에서 현금급여를 받는 대상과 관련해 주요한 제도를 다음과 같이 제시하고 있다(Social Security Administration, 2015).

① 고용과 관련된 제도가 있다. 이것은 사회보험을 말한다.
② 보편적 제도가 있다.
③ 자산조사식 제도가 있다. 이것은 사회부조(공공부조)를 말한다.

고용과 관련된 제도와 보편적 제도의 경우, 보험에 가입한 사람, 보험에 가입한 사람이 돌보는 가족, 유족은 권리로서 급여를 신청할 수 있다. 그러나 자산조사식 제도의 경우, 개인의 소득이나 자원을 어떤 기준과 비교한 결과에 근거해 급여를 제공하고 있다. 일부 국가에서는 위에서 제시한 세 가지 제도 이외의 제도도 실시하고 있다.

4) 피터스

피터스(Pieters, 2006)의 경우, 방법에 따라 사회보장을 사회보험, 사회부조(공공부조), 사회수당, 사회보상으로 구분하고 있다. 이 중에서 사회수당과 사회보상에 대해 구체적으로 살펴보면 다음과 같다.

사회수당에서는 일반 세금을 통해 재정을 확보하는데, 이런 점에서 사회수당은 사회부조(공공부조)와 비슷한 측면이 있다. 그러나 사회수당은 어떤 정해진 사회적 위험과 관련이 있는데, 이런 점에서 사회수당은 사회보험과 비슷한 측면이 있다.

사회보상은 정부나 사회가 특별한 어려움을 겪는 사람들에게 연대감을 표시하기 위해 사용하는 제도이다. 이런 예로 전쟁과 관련해 피해를 입은 사람들이나 과거의 정부가 기본적 인권을 탄압하는 과정에서 피해를 본 사람들에게 제공하는 연금이 있다. 사회보상에 대한 재정은 일반 세금으로 확보하고 있다. 따라서 사회보상 급여를 받고자 할 때에는 자산조사를 거치지 않는 경우가 많다. 대부분의 국가에는 사회보상제도가 갖추어져 있다. 그렇지만 사회보상제도는 사회보장제도에 속하지 않는다고 보는 경우가 많다.

빈사의 사자(프랑스 왕가를 위해 죽은 786명의 스위스 용병들을 기리는 조각) : 사회보상의 대상에는 전쟁과 관련해 피해를 입은 사람이 포함된다.
출처 : 스위스에서 저자 촬영.

5) 우리나라의 사회보장기본법

우리나라 사회보장기본법의 경우, 사회보장의 형태를 사회보험, 공공부조, 사회서비스로 구분하고 있다. 각 형태에 대해 구체적으로 제시하면 다음과 같다(국가법령정보센터, 2020).

① 사회보험은 "국민에게 발생하는 사회적 위험을 보험의 방식으로 대처함으로써 국민의 건강과 소득을 보장하는 제도"이다.

② 공공부조는 "국가와 지방자치단체의 책임 하에 생활 유지 능력이 없거나 생활이 어려운 국민의 최저생활을 보장하고 자립을 지원하는 제도"이다.

③ 사회서비스는 "국가 · 지방자치단체 및 민간부문의 도움이 필요한 모든 국민에게 복지, 보건의료, 교육, 고용, 주거, 문화, 환경 등의 분야에서 인간다운 생활을 보장하고 상담, 재활, 돌봄, 정보의 제공, 관련 시설의 이용, 역량 개발, 사회참여 지원 등을 통하여 국민의 삶의 질이 향상되도록 지원하는 제도"이다.[19)]

'사회서비스' 표시가 있는 구급차 : 우리나라의 사회보장기본법에서는 사회보장의 형태를 사회보험, 공공부조, 사회서비스로 구분한다.
출처 : 이탈리아에서 저자 촬영.

19) 일반적으로 사회서비스는 아동, 노인, 장애인, 특별한 욕구를 가진 사람들에게 돌봄, 상담, 교육, 기타 형태의 도움을 제공하는 것을 말한다. 사회서비스의 예로 아동보호 서비스, 보육서비스, 독자적인 생활을 하게 하는 서비스, 정신건강과 관련된 돌봄서비스가 있다(DiNitto, 2007).

6) 정 리

앞에서 제시한 것을 종합하면, 여러 학자와 기관은 사회보장의 '주요한' 형태가 사회보험과 공공부조(사회부조)라는 점에 대해서는 대체로 의견을 같이하고 있다. 그러나 사회보험과 공공부조 이외에 어느 형태를 추가할 것인가에 대해서는 학자나 기관 사이에 약간의 차이가 있다.

그리고 많은 학자와 기관은 사회수당에 주목하고 있다. 사회수당 급여를 받을 수 있는 자격에 제한이 있기는 하지만, 사회수당은 보편적 성격을 지니는 급여이다. 따라서 앞으로 사회수당에 대한 관심이 커질 것으로 보인다.

그러므로 사회보장의 일반적 형태로 사회보험, 공공부조, 사회수당을 꼽을 수 있다. 각 형태는 기여금을 납부하는지 여부와 자산조사를 실시하는지 여부에서 차이가 나는데, 이런 점에서 각 형태의 특징을 알 수 있다(<표 2-1> 참조). 물론 이런 특징을 항상 적용할 수 있는 것은 아니다.

〈표 2-1〉 **사회보험과 공공부조와 사회수당의 구분**

사회보장의 형태	기여금 납부	자산조사 실시
사회보험	○	×
공공부조	×	○
사회수당	×	×

정리

- 사회보장의 형태(방법)에는 여러 가지가 있다.
- 베버리지는 보장 방법을 사회보험, 국가부조, 임의보험으로 분류한다. 사회보험은 개인이나 기타 사람이 납부한 기여금에 근거해 현금급여를 제공하는 방법이다. 국가부조는 기여금을 납부하였는지 여부에 상관없이, 급여를 신청할 때에 증명된 욕구에 따라 현금급여를 제공하는 방법이다. 임의보험은 더 높은 수준의 생활을 유지하고자 할 때에 선택한다. 임의보험은 사회보장이 아니다.

- 국제노동기구는 사회보장 급여를 제공하는 방법을 사회보험, 사회부조(공공부조), 고용주 맨데이트, 사회수당, 저축금고로 분류한 바 있다. 고용주 맨데이트는 근로자가 특정한 상황에 놓일 때에 고용주가 급여를 제공하는 방법이다. 사회수당은 특정한 어려움을 겪는 사람에게 소득에 상관없이 급여를 제공하는 방법이다. 저축금고는 사회보험을 변형한 것으로서, 강제저축의 형태를 취한다.
- 피터스는 사회보장의 방법을 사회보험, 사회부조(공공부조), 사회수당, 사회보상으로 구분한다. 사회보상은 정부나 사회가 특별한 어려움을 겪는 사람들에게 연대감을 표시하기 위해 사용한다. 그러나 사회보상은 사회보장에 속하지 않는 것으로 보는 경우가 많다.
- 우리나라의 사회보장기본법에서는 사회보장의 종류를 사회보험, 공공부조, 사회서비스로 구분한다. 사회보험은 "국민에게 발생하는 사회적 위험을 보험의 방식으로 대처함으로써 국민의 건강과 소득을 보장하는 제도"이다. 공공부조는 "국가와 지방자치단체의 책임하에 생활 유지 능력이 없거나 생활이 어려운 국민의 최저생활을 보장하고 자립을 지원하는 제도"이다. 사회서비스는 "국가·지방자치단체 및 민간부문의 도움이 필요한 모든 국민에게 복지, 보건의료, 교육, 고용, 주거, 문화, 환경 등의 분야에서 인간다운 생활을 보장하고 상담, 재활, 돌봄, 정보의 제공, 관련 시설의 이용, 역량 개발, 사회참여 지원 등을 통하여 국민의 삶의 질이 향상되도록 지원하는 제도"이다.
- 대부분의 학자와 기관은 사회보장의 주요한 형태로 사회보험과 공공부조를 제시한다. 그리고 많은 학자와 기관은 여기에 사회수당을 추가한다. 일반적으로 사회보험, 공공부조, 사회수당은 기여금을 납부하는지 여부와 자산조사를 실시하는지 여부에서 차이가 난다.

2. 사회적 위험

1) 사회보장과 사회적 위험

사회보장은 사회적 위험(social risk)에 대비해 급여를 제공하는 장치이다.[20] 사회적 위험과 관련해 볼 때, 사회보장은 다음과 같은 역할을 하고 있다(Gilbert & Terrell, 2014).

① 다양한 근로자들이 겪는 위험을 공동으로 관리하고, 이런 위험에 대한 책임을 공동으로 관리한다.

② 여러 세대들이 겪는 위험을 공동으로 관리하고, 이런 위험에 대한 책임을 공동으로 관리한다.

20) 일부 학자는 '사회적 위험'이라는 용어 대신에, '사회적 사건'이라는 용어를 사용하기도 한다.

그러므로 사회적 위험에는 어떤 것이 있는지에 대해 주목할 필요가 있다.

2) 사회적 위험의 분류

사회적 위험에는 여러 가지가 있다. 일상생활에서 자주 만나는 사회적 위험의 예로 퇴직하는 것, 일자리를 잃는 것, 가족의 가장이 사망하는 것, 신체적으로 장애 상태에 놓이는 것이 있다(Karger & Stoesz, 2006). 사회적 위험과 관련된 견해를 구체적으로 살펴보면 다음과 같다.

(1) 국제노동기구

사회적 위험을 분류할 때에는 국제노동기구 제102호 협약{Social Security (Minimum Standards) Convention}에서 제시하는 것을 기본으로 삼는 경우가 많다(Pieters, 2006; International Labor Organization, {1952} 2020; Belgian Working Group, 2015). 국제노동기구 제102호 협약에서는 사회보장의 최저 수준을 논의하고 있는데, 여기에서는 아홉 가지 급여를 다루고 있다. 이 경우, 아홉 가지 급여는 의료급여, 질병급여, 실업급여, 노령급여, 산업재해급여, 가족급여, 모성급여, 폐질급여[21], 유족급여를 일컫는다.

국제노동기구 제102호 협약에서 제시하는 것은 사회적 위험과 관련되기보다는 급여와 관련되고 있다. 그러나 국제노동기구 제102호 협약에서 제시하는 급여 형태는 인정된 사회적 위험과 관련된다고 볼 수 있다. 따라서 국제노동기구 제102호 협약에서 제시하는 급여 형태를 통해서, 사회적 위험으로 의료 필요,[22] 질병, 실업, 노령, 산업재해, 가족 부담, 모성, 폐질, 유족을 끄집어낼 수 있다. 이런 탓에, 국제노동기구는 아홉 가지의 사회적 위험을 제시하고 있는 셈이다.

---

21) 국제노동기구의 '사회보장 (최저 기준) 협약' 54조에 따르면, 폐질(invalidity)은 수입을 얻을 수 없는 상태가 영구할 것으로 보이거나, 또는 수입을 얻을 수 없는 상태가 질병급여를 모두 제공받고 난 후에도 지속되는 상황을 가리킨다. 그리고 우리나라의 국민연금관리공단(2008d)에 따르면, 폐질은 '고칠 수 없는 병'을 말한다. 폐질에 대해서는 산업재해와 관련된 장(제7장)에서도 설명한다.

22) 의료 필요는 의료서비스가 필요한 상태에 있는 것을 말한다.

(2) 피터스

피터스(Pieters, 2006)는 사회적 위험에 대해 자세히 설명하고 있다. 피터스의 경우, 일반적인 사회적 위험으로 다음과 같은 것을 제시하고 있다.

① 나이가 들거나 근로 능력을 상실하거나 실업 상태에 있는 탓에 더 이상 일하지 못하기 때문에, 소득이 부족한 것이 있다.
② 가장이 사망하였기 때문에 소득이 부족한 것이 있다.
③ 아동과 기타 가족구성원을 돌보는 데 특별한 비용이 필요한 것이 있다.
④ 의료비가 필요한 것이 있다.
⑤ 품위 있게 사는 데 필요한 자산이 부족한 것이 있다.

사회적 위험의 종류와 관련해, 피터스가 취하는 접근방식은 국제노동기구가 취하는 접근방식과 몇 가지 측면에서 차이가 나고 있다. 이런 차이를 구체적으로 제시하면 다음과 같다.

① 국제노동기구는 산업재해, 질병, 모성, 폐질을 별도의 사회적 위험으로 다루고 있다. 그러나 피터스는 산업재해, 모성, 질병, 폐질을 별도의 사회적 위험으로 취급하지 않고 있다.
② 피터스는 빈곤(need)을 별도의 사회적 위험으로 구분하고 있다.
③ 피터스는 자율성 상실이라는 사회적 위험을 추가하고 있다. 즉, 자율성 상실은 국제노동기구의 접근방식에서는 제시하지 않은 사회적 위험이다. 자율성 상실은 의존(dependency)을[23] 말한다.

3) 경제적 불안정과 관련된 사회적 위험

사회보장은 무엇보다도 소득이 부족한 것과 관련이 있다. 따라서 사회보장은 경제적 불안정과 매우 크게 관련되고 있다. 이런 경제적 불안정은 여러 가지 요인 때문에 나타나고 있다. 이런 요인들은 그 자체가 사회적 위험의 성격을 지니고 있다.

23) 의존은 의존하는 상태에 있는 것을 말한다.

경제적 불안정을 유발하는 주요한 요인을 구체적으로 제시하면 다음과 같다(Rejda, 1999).

① 가장이 일찍 사망한 것이 있다. 가장이 이른 나이에 사망하면, 경제적으로 불안정한 상태에 놓이게 된다. 왜냐하면 가족구성원은 가장이 그동안 얻던 소득을 얻지 못하게 되기 때문이다.

② 노령 상태에 있는 것이 있다. 사실, 노령은 경제적 불안정을 가져오는 중요한 요인의 하나이다. 예를 들어, 노인 근로자가 퇴직하게 되면, 노인에게는 일해서 얻는 소득이 없어지게 된다. 이때에 사용할 수 있는 재정적 자산을 충분히 갖추지 않은 경우나 다른 소득(예컨대, 공공 연금이나 민간 연금)을 가지고 있지 않은 경우, 노인이 경제적으로 불안정한 상태에 놓일 가능성은 커지게 된다.

③ 건강이 좋지 않은 것이 있다. 예를 들어, 심각한 질병에 걸리거나 크게 다칠 경우, 심각한 재정적 문제를 겪을 수 있다. 이런 상황을 구체적으로 살펴보면 다음과 같다.

㉠ 매우 아프거나 크게 다치게 되면 의료비를 지불하여야 하는데, 의료비는 비싼 경우가 많다. 따라서 이런 의료비 때문에, 일부 사람은 경제적으로 불안정한 상태에 놓일 수 있다.

㉡ 심각한 질병에 걸리거나 크게 다치게 되면, 그동안 벌던 소득을 더 이상 얻지 못하는 상태에 놓일 수 있다.

응급 요원 : 크게 다치는 것은 경제적 불안정을 유발하는 사회적 위험에 속한다.
출처 : 스페인에서 저자 촬영.

④ 실업 상태에 있는 것이 있다.

⑤ 임금이 너무 적은 것이 있다. 예를 들어, 근로자가 오랜 시간에 걸쳐 적은 임금을 받는 것은 근로자에게 경제적 불안정을 유발할 수 있다.

⑥ 물가가 오르는 것이 있다. 소비자 가격이 현금 소득보다 더 빠르게 인상될 경우, 실제 소득은 줄어들고 경제적으로 어려운 상태에 놓일 수 있다.

⑦ 자연재해를 겪는 것이 있다.

⑧ 개인적 요인이 있다. 예를 들어 이혼하는 것, 알코올이나 약물이나 도박에 중독되는 것, 가정폭력을 겪는 것은 개인에게 경제적 불안정을 유발할 수 있다.

4) 사회적 위험의 인정과 새로운 사회적 위험의 등장

(1) 사회적 위험의 인정

그동안의 경우, 사회적으로 보호할 필요가 있는 일부 욕구를 오랜 기간 동안 사회적 위험으로 이미 인정해 왔다. 물론 이런 욕구에 대해서, 사회보장제도가 반드시 '사회적 위험'이라는 표현을 사용하면서 사회적으로 보호하는 것은 아닐 수도 있다. 이때에 이에 해당하는 급여와 관련된 제도를 사회보장기관이 운영하고 있고 또한 이런 제도를 사회보장법에 포함시킬 경우, 이런 위험은 사회보장제도에서 인정하는 실질적인 사회적 위험이 될 수 있다.

그러나 그렇다고 해서, 사회보장제도가 각각의 욕구를 새로운 사회적 위험으로 항상 인정하는 것은 아니다(Pieters, 2006). 이런 예를 구체적으로 제시하면 다음과 같다.

① 사회적으로 보호할 필요가 있다고 생각되는 새로운 욕구를 이미 존재하는 공식적인 사회적 위험에 통합할 수도 있다.
② 사회보장제도가 아닌 다른 제도에서 이런 욕구를 충족할 수도 있다.

한편 시간이 지남에 따라서, 사회적으로 보호할 필요가 있는 어떤 욕구를 사회적 위험으로 인정하는 것이 변할 수 있다. 예를 들어 시간이 흐름에 따라서, 일부 욕구는 별도의 사회적 위험으로 인정될 가능성이 더 줄어들 수 있고, 일부 욕구는 사회적 위험으로 새롭게 인정될 가능성이 더 커질 수 있다.

(2) 새로운 사회적 위험

현대 사회에는 사회적으로 보호할 필요가 있는 욕구가 많이 존재하고 있다. 또한 사회적으로 보호할 필요가 있는 욕구가 매우 널리 퍼져 있음에 따라서, 이런 욕구를 나름의 새로운 사회적 위험으로 인정하라는 압력이 커질 수 있다. 그리고 현대에 들어서 사회적으로 보호할 필요가 있는 욕구가 더 늘어날 수 있다. 이에 따라서 예전에는 없었으나 현대에 들어 새로운 문제가 등장하고 있고, 그 결과로 '새로운 사회적 위험(new social risks)'이[24] 나타날 수 있다(노병일, 2018a). 유럽의 복지국가에서는 '옛' 사회적 위험에 관심을 덜 가지고, 그 대신에 '새로운' 사회적 위험에 관심을 더 가져야 한다는 주장도 나타난 바 있다(Taylor-Gooby, 2004; Pieters, 2006; Diamond & Lodge, 2014).

어떤 욕구를 사회적 위험으로 인정할 것인지는, 사회가 이와 관련해 일반적으로 어떻게 생각하는지에 따라 달라지고 있다. 그리고 이에 해당하는 사

24) 이것을 '신사회위험'이라고도 번역하고 있다.

회적 사건을 다루는 제도를 실시하는 법을 통과시킴으로써, 사회는 사회적으로 보호할 필요가 있는 어떤 욕구를 사회적 위험으로 인정하는 방향으로 나아가고 있다.

전체적으로 볼 때, 사회보장은 모든 사람을 대상으로 삼는 방향으로 나아가고 있다. 또한 점점 많은 사회적 위험에 대해 대비할 필요가 있는 것으로 인식함에 따라서, 사회보장에서 이와 관련된 급여를 제공하는 방향으로 나아가고 있다.

한편 사회적·경제적으로 더 발달하면, 사회보장은 점차적으로 필요가 없을 것이라는 견해가 있어 왔다. 그러나 국제노동기구의 사무총장이었던 블랑샤르(Blanchard, 1983)의 경우, 사실은 그 반대라고 주장하고 있다. 왜냐하면 새로운 사회적 위험이 등장하고 있기 때문이다. 블랑샤르는 사회보장이 계속 필요한 이유로 다음과 같은 점을 제시한 바 있다.

① 과학기술이 발달함에 따라서, 새로운 불안이 나타나기 때문이다. 이런 예로 사무자동화 때문에 사업장이 인원을 줄여 실업자가 증가하는 경우가 있다.

② 가족과 개인의 행동 양식이 변함에 따라서, 사회 통합을 위해 새로운 조치를 취해야 할 필요성이 더 커지기 때문이다. 이런 예로 이혼·별거 때문에 소득을 얻기 어려운 여성과 아동의 수가 늘어나는 경우가 있다.

그리고 앞에서 이미 설명한 것처럼, 피터스(Pieters, 2006)는 기존의 사회적 위험에 '돌봄(care)'과 관련된 사회적 위험 또는 '의존(dependency)'과 관련된 사회적 위험 또는 '자율성 상실(loss of autonomy)'과 관련된 사회적 위험을 새로이 추가하고 있다. 이런 여러 가지 위험 때문에, 앞으로 사회보장이 더 필요할 수밖에 없다.

(3) 고려할 점

모든 사람이나 모든 계층이 사회적 위험을 똑같이 경험하는 것은 아니다. 이런 예를 구체적으로 제시하면 다음과 같다(Walker, 2005).

① 교육 수준이 높은 사람에 비해서, 교육 수준이나 기술 수준이 낮은 사람은 실업 상태에 놓일 위험성이 훨씬 더 크다.

② 부유한 층에 비해서 빈곤한 층은 젊어서 사망할 위험성이 일반적으로 더 크다.

이런 현실 때문에, 사회적 유대를 크게 달성하지 못할 수도 있다. 왜냐하면 사회적 위험의 정도가 가장 적은 사람은 사회보장을 통해 얻을 수 있는 것이 가장 적다고 생각해, 사회보장에 참여하는 것을 꺼릴 수 있기 때문이다.

한편 노령을 제외한 사회적 위험은 발생하는 시기를 확실하게 알 수 없다. 그러나 노령이라는 사회적 위험은 발생하는 시기를 미리 확실하게 예측할 수 있다는 특성을 가지고 있다(Gordon, 1994).

그리고 노령에 대비하는 사회보장은, 다른 사회적 위험에 대비하는 사회보장과는 다른 특성을 지니고 있다. 즉, 노령 이외의 사회적 위험에 대비하는 사회보장은 단기적인 특성을 지니고 있으나, 노령에 대비하는 사회보장은 장기적인 특성을 지니고 있다(Social Security Administration, 1999).

또한 사회적 위험은 중복되는 경우가 많다. 사회적 위험이 중복되는 예로 조기 퇴직한 노인의 경우가 있다. 왜냐하면 이런 노인은 어느 때에는 실업이라는 사회적 위험을 겪고 있고, 어느 때에는 노령이라는 사회적 위험을 겪고 있기 때문이다(Pieters, 1993).

정리

- 사회보장은 사회적 위험에 대비해 급여를 제공하는 장치이다.
- '국제노동기구 제102호 협약'에서는 사회적 위험으로 의료 필요, 질병, 실업, 노령, 산업재해, 가족 부담, 모성, 폐질, 유족을 제시한다. 피터스는 사회적 위험으로 노령이나 근로 능력 상실이나 실업에 따른 소득 부족, 가장의 사망에 따른 소득 부족, 가족구성원을 돌보는 특별 비용의 필요, 의료비의 필요, 품위 있게 사는 데 필요한 자산의 부족을 제시한다.
- 현대 사회에서는 예전에 없었던 '새로운 사회적 위험'이 등장한다.

3. 사회보장 급여

1) 사회보장 급여의 종류

(1) 일반적 구분

사회보장 급여는 어떤 욕구가 있거나 어려움을 겪는 개인과 가족을 돕기 위해 사회보장제도를 통해 제공하는 것을 말한다. 사회보장 급여는 여러 가지 방식으로 구분할 수 있다. 사회보장 급여를 구분하는 방식을 몇 가지 제시하면 다음과 같다(노병일, 2018a; Pieters, 2006; Barker, 2003, Alcock, 1997; Baldwin, 1995; Abel-Smith, 2015; Social Security Administration, 2015; Department of Social Security, 1994).

① 사회보장의 주요한 방법에 따라 구분할 수 있다. 예를 들어, 사회보장 급여를 사회보험과 관련된 급여와 공공부조와 관련된 급여로 나눌 수 있다.

② 내용에 따라 구분할 수 있다. 예를 들어, 사회보장 급여를 현금급여와 현물급여로 나눌 수 있다. 즉, 사회보장 급여를 현금으로 제공할 수도 있고, 현물로 제공할 수도 있다. 여기서 현금급여는 금전의 형태로 제공하는 급여를 말한다. 그리고 현물급여는 물품의 형태로 제공하는 급여를 말한다. 현물급여의 예로 음식, 의류, 주택이 있다. 현금급여로 제공할 경우, 현금급여를 받는 사람은 현금을 원래의 목적과는 다른 곳에 사용할 수도 있다. 이런 상황에서는, 이를 방지하기 위해 현금 대신에 현물로 급여를 제공할 수 있다.

현금급여 제공의 방식

현금급여를 제공하는 방식에는 여러 가지가 있을 수 있다. 현금급여를 제공하는 방식을 몇 가지 제시하면 다음과 같다(Pieters, 2006).

① 일정한 양으로 제공한다. 이것을 정액 급여라고 부르고 있다.

② 이전의 얻은 소득에 비례해 제공한다. 이전에 얻은 소득은 이전에 직업 활동에 관여해 얻은 소득이나 임금을 말한다.

③ 위의 두 가지 방식을 합쳐서 제공한다.

③ 주요한 용도에 따라 소득대체 급여(income replacement benefit)와 소득보조 급여(income supplementing benefit)로 구분할 수 있다. 소득대체 급여는 급여를 받는 사람이 소득을 대신할 수 있게 하기 위해 제공하는 급여를 말한다. 소득보조 급여는 급여를 받는 사람이 특별한 사건 때문에 부담하는 비용과 관련해 도움을 주기 위한 급여를 말한다. 소득보조 급여를 비용부담 급여(cost-covering benefit)라고도 부르고 있다.

④ 시간 차원에 따라 구분할 수 있다. 예를 들어, 사회보험 급여의 하나인 연금은 일반적으로 장기적 성격을 지니는 급여이다. 그리고 실업, 질병, 출산, 산업재해를 겪을 때에 제공하는 급여는 일반적으로 단기적 성격을 지니는 급여이다.

(2) 사회보장의 형태에 따른 급여의 종류

사회보장 급여는 사회보장의 형태에 따라 여러 가지로 구분될 수 있다. 실제로 그동안 사회보장의 형태에 따라 사회보장 급여를 여러 가지로 구분해 왔다.

밀러(Millar, 2004)의 경우, 사회보장과 관련된 주요한 급여 형태를 다음과 같이 구분하고 있다.

① '범주적 급여 또는 보편적 급여(categorical or universal benefit)'가 있다. 이 급여는 다음과 같은 특징을 지니고 있다.

㉠ 일반 세금으로 재정을 확보한다.

㉡ 급여를 받을 수 있는지 여부를 판단하는 데 있어, 소득을 고려하지 않는다.

㉢ 정해진 범주에 속한 사람에게 급여를 제공한다. 예를 들어, 모든 아동에게 아동급여를 제공할 수 있다.

보편적 급여의 예 : 시민 소득(기본 소득)

보편주의에 근거한 급여의 예로 시민 소득(Citizen's Income)이 있다. 시민 소득은 국가가 시민권으로서 모든 성인과 아동에게 제공하는 소득을 말한다. 시민 소득을 '기본 소득'이나 '보편적 급여'라고 부르는 경우도 있다.

시민 소득에 대한 재정은 거의 모든 소득에 부과하는 세금으로 확보할 수 있다. 그러나 시민 소득의 재정을 확보하는 방법에는 이 외의 방법도 있을 수 있다.

시민 소득제도는 여러 가지 장점을 지니고 있다. 이런 장점을 몇 가지 제시하면 다음과 같다(Citizen's Income Online, 2009; Lowrey, 2019).

① 적용하기 쉽다.
② 사회보장제도의 운영비를 줄여줄 수 있다.
③ 빈곤을 예방하는 데 도움이 된다.
④ 사회를 통합하는 데 유리하다.

도서관에서 기본 소득(시민 소득)을 안내하는 모습 : 일반적으로 기본 소득은 시민권으로서 모든 사회구성원에게 제공하는 소득이다.
출처 : 저자 촬영.

② '사회보험 급여 또는 기여적 급여'가 있다. 이 급여는 다음과 같은 특징을 지니고 있다.

㉠ 근로자 · 고용주가 납부하는 기여금으로 재정을 주로 확보한다.

㉡ 특정한 상황 때문에 소득을 일시적 또는 영구적으로 얻지 못할 때에 급여를 제공한다. 이 경우, 특정한 상황의 예로 퇴직, 실업, 질병, 배우자의 사망이 있다.

③ '사회부조(공공부조) 급여 또는 자산조사식 급여'가 있다. 이 급여는 다음과 같은 특징을 지니고 있다.

㉠ 일반 세금으로 재정을 확보한다.

㉡ 소득이 적은 사람에게 급여를 제공한다. 이 경우, 이런 사람의 특별한 상황과 가족 상황을 고려한다.

2) 사회보장 급여 제공의 목적과 현황

사회보장제도에서 급여를 제공하는 목적은 사회보장의 목적에 이미 포함되어 있다. 그리고 사회보장제도에서는 급여를 사회적 위험에 따라서 제공하고 있다. 사회보장제도에서 급여를 제공하는 목적을 사회적 위험과 관련시켜 몇 가지 제시하면 다음과 같다(Pieters, 2006).

① 사회적 위험을 예방한다.

② 대상자를 사회적 위험이 발생하기 이전의 상태로 회복시킨다. 이것은 재활을 의미한다.

③ 사회적 위험이 발생해서 겪은 피해를 보상한다.

그러나 실제적으로 사회보장제도는 셋째 단계인 보상에 주로 관여하고 있다. 예방과 재활이 중요하기는 하지만, 사회보장제도에서 제공하는 급여가 예방이나 재활을 추구하는 경우는 상대적으로 적은 편이다.

3) 사회보장 급여의 대상

사회보장 급여의 대상(대상자)은 여러 가지 측면에서 살펴볼 수 있다. 그러나 일반적으로 사회보장 급여를 받는 대상을 다음과 같은 두 가지 측면에서 살펴볼 수 있다(Pieters, 1993; Pieters, 2006).

① 사회보장제도에 기여금을 납부하는 사람은 누구인가의 측면에서, 사회보장 급여의 대상을 살펴볼 수 있다.
② 사회적 위험을 겪을 때에 사회보장의 혜택을 보는 사람은 누구인가의 측면에서, 사회보장 급여의 대상을 살펴볼 수 있다.

일반적으로 볼 때, 사회보장제도에 기여금을 납부하는 사람이 사회보장 급여의 대상이 되는 것이 좋을 것이다. 그러나 현실적으로는 사회보장제도에 기여금을 실제로 납부하는 사람이 사회보장 급여를 받지 못하는 경우가 나타나고 있고, 또한 사회보장제도에 기여금을 납부하지 않는 사람이 사회보장 급여를 받는 경우가 나타나고 있다.

4) 사회보장 급여의 신청과 제공 기간 및 양도

(1) 사회보장 급여의 신청

일반적으로 사회보장 급여는 자동적으로 제공되지 않고 있다. 즉, 사회보장 급여를 받기 위해서는, 급여를 받을 자격이 있는 사람이 사회보장 급여를 신청하여야 하는 경우가 많다(Pieters, 2006). 따라서 원칙적으로 사회보장에서는 급여와 관련해 '신청주의'를 적용하고 있다. 이 경우, 신청주의는 급여를 받고자 할 경우에는 급여를 신청하여야 하는 원칙을 말한다.

그러나 사회보장기관이 주도하여 대상자에게 제공하는 급여가 점점 많아지고 있다. 급여를 신청하여야만 급여를 받을 수 있는 경우, 급여를 받을 수 있는 자격이 있음에도 불구하고 일부 사람은 급여를 받지 못할 수 있다. 예를 들어, 급여를 받을 수 있는 자격이 있는 사람이 다음과 같은 상황에 있기 때문에, 급여를 받지 못할 수 있다(Pieters, 2006; Gilbert & Terrell, 2014).

① 급여를 받을 수 있다는 사실을 진짜로 모르고 있다.
② 자존심이 강해서 급여를 신청하기를 꺼리고 있다.

급여를 받을 자격이 있는 사람이 급여를 받지 못하는 것을 급여의 '미수급(non-take-up)'이라고 부르고 있다. 자격이 있음에도 불구하고 급여를 받지 못하는 '미수급' 사례는, 가장 빈곤한 사람들과 사회적으로 가장 배제된 사람들 중에서 가장 많이 나타나고 있다.

한편 어느 때에는 개인이 두 가지 이상의 사회보장 급여를 동시에 신청할 수도 있다(Pieters, 2006). 이것은 다음과 같은 상황 때문에 나타날 수 있다.

① 한 개인이 두 가지 이상의 사회적 위험을 겪고 있다.

② 한 개인이 하나의 동일한 사회적 위험에 대해서 두 가지 이상의 사회보장제도에서 보호를 받고 있다.

사회보장과 관련된 법에서는 개인이 두 가지 급여를 동시에 받는 것에 대해 반대하는 입장을 취하지 않을 수 있다. 그러나 사회보장과 관련된 법에서는, 이런 두 가지 급여를 기한에 제약 없이 계속해서 받는 것에 대해서는 반대하는 경우가 많다.

(2) 사회보장 급여의 제공 기간과 양도

사회보장 급여는 제한된 기간 동안만 제공할 수도 있고, 또한 기간에 제한 없이 제공할 수도 있다. 하지만 사회보장 급여를 제공하는 기간에 제약이 있는지 여부에 상관없이, 어느 경우에는 사회보장 급여를 더 이상 제공하지 않고 있다. 이런 경우를 몇 가지 제시하면 다음과 같다(Pieters, 2006).

① 사회적 위험이 없어지는 경우가 있다. 예를 들어, 실업자가 일자리를 구하거나 아동에게 더 이상 보호가 필요하지 않을 경우, 해당 실업자나 아동에게 사회보장 급여를 더 이상 제공하지 않고 있다.

② 사회보장 급여를 받기 위한 조건을 더 이상 충족하지 못하는 경우가 있다.

③ 시간이 일정 기간 지나는 경우가 있다. 즉, 사회보장 급여를 받을 수 있는 사람이 놓인 상황이 어떻게 변하는지에 상관없이, 시간이 지남에 따라서 사회보장 급여를 더 이상 제공하지 않을 수도 있다. 대개의 경우, 이것은 실업과 관련된 사회보장 급여에 적용되고 있다. 예를 들어, 실업과 관련된 사회보장 급여는 일정한 기간이 지나면 제공하지 않는 경우가 많다.

그리고 사회보장 급여에 대한 권리는 취소될 수 없고, 양도될[25] 수 없고, 압류될[26] 수 없다. 우리나라의 사회보장기본법에서도 이런 점을 밝히고 있다(국가법령정보센터, 2020).

정리

- 사회보장 급여는 욕구가 있거나 어려움을 겪는 개인과 가족을 돕기 위해 사회보장제도를 통해 제공하는 것을 말한다. 사회보장 급여를 내용에 따라 현금급여와 현물급여로 구분할 수 있고, 주요한 용도에 따라 소득대체 급여와 소득보조 급여로 구분할 수 있다.
- 사회보장 급여의 목적으로 사회적 위험의 예방, 재활, 보상이 있다. 그러나 사회보장제도는 보상에 주로 주목하는 경향이 있다.
- 사회보장 급여를 받기 위해서는 급여를 받을 자격이 있는 사람이 신청하여야 하는 경우가 많다.

4. 사회보장 프로그램의 분류와 경향

1) 사회보장 프로그램의 분류

앞에서 제시한 여러 가지 사회적 위험에 대비하기 위해서, 그동안 여러 가지 형태의 사회보장 프로그램을 제시해 왔다. 학자와 기관이 사회보장 프로그램을 분류한 것을 몇 가지 제시하면 다음과 같다(Social Security Administration, 2015; Gordon, 1994; Dixon, 1999).

① 미국 사회보장청의 경우, 사회보장 프로그램을 노령 · 장애 · 유족과 관련된 프로그램, 질병 · 모성과[27] 관련된 프로그램, 산업재해와 관련된 프로그램, 실업과 관련된 프로그램, 가족수당과 관련된 프로그램으로 분류하고 있다.

② 고든(Gordon)의 경우, 사회보장 프로그램을 연금 프로그램, 의료급여 프로그램, 실업 · 고용과 관련된 프로그램, 아동수당 · 가족정책과 관련된 프

25) 양도는 "권리 · 재산 및 법률상의 지위 등을 타인에게" 넘겨주는 것을 말한다(한컴사전, 2020).

26) 압류는 "국가 권력으로 특정 재산에 대한 처분이 제한되는" 것을 말한다(한컴사전, 2020).

27) 여기에서의 모성은 출산 전후의 상태를 말한다.

로그램, 공공부조 프로그램으로 분류하고 있다.

③ 딕슨(Dixon)의 경우, 사회보장 프로그램을 산업재해 프로그램, 노령 · 폐질 · 사망 프로그램, 실업 · 질병 · 모성 · 의료 프로그램, 가족부양 프로그램으로 분류하고 있다.

2) 사회보장 프로그램의 경향

일반적으로 오늘날의 경우, 주요한 사회보장 프로그램은 노령과 장애 및 배우자 사망(유족)과 관련된 연금 프로그램, 질병 · 모성과 관련된 프로그램, 산업재해와 관련된 프로그램, 실업 · 고용과 관련된 프로그램, 아동수당 · 가족수당과 관련된 프로그램, 자산조사를 거치는 프로그램이라고 볼 수 있다.

전 세계적으로 볼 때, 가장 일반적인 사회보장 프로그램은 연금과 관련된 프로그램이다. 그리고 그 다음으로 일반적인 사회보장 프로그램은 산업재해와 관련된 프로그램, 질병 및 모성과 관련된 프로그램, 가족수당과 관련된 프로그램, 실업과 관련된 프로그램이다(International Social Security Association, 2020a).

한편 앞으로 고령화가 빠르게 진행됨에 따라서, 노인을 장기적으로 보살피는 것과 관련된 사회보장 프로그램도 사회보장에서 중요한 위치를 차지하는 방향으로 나아갈 것으로 보인다.

식사하는 노인들 : 연금 프로그램과 더불어, 노인을 장기적으로 보살피는 것과 관련된 사회보장 프로그램도 사회보장에서 중요한 위치를 차지할 것으로 보인다.
출처 : 크로아티아에서 저자 촬영.

정리

- 오늘날의 주요한 사회보장 프로그램은 연금과 관련된 프로그램, 질병·모성과 관련된 프로그램, 산업재해와 관련된 프로그램, 실업·고용과 관련된 프로그램, 아동·가족수당과 관련된 프로그램, 자산조사를 거치는 프로그램이라고 볼 수 있다. 이 중에서 전 세계적으로 가장 일반적인 사회보장 프로그램은 연금 프로그램이다.
- 앞으로 고령화가 빠르게 진행됨에 따라서, 노인을 장기적으로 돌보는 것과 관련된 사회보장 프로그램도 사회보장에서 중요한 위치를 차지할 것으로 보인다.

CHAPTER 03

사회보장의 역사와 기능

CONTENTS

1. 사회보장의 역사적 발달에 대한 관심의 필요성
2. 산업사회 이전과 산업사회의 사회보장
3. 사회보장과 관련된 주요한 사건들
4. 우리나라의 사회보장의 역사
5. 사회보장의 기능
6. 사회보장의 경제적 기능
7. 사회보장의 사회적 기능
8. 사회보장의 정치적 기능

1. 사회보장의 역사적 발달에 대한 관심의 필요성

모든 사회 현상과 마찬가지로, 사회보장정책이나 이에 따른 사회보장제도는 논리적으로 따져서 등장하기보다는 역사적 상황 때문에 등장하는 경우가 많다. 즉, 사회보장제도는 어느 날 갑자기 등장한 것이 아니라, 과거부터 계속되어 온 정치적 환경과 사회적 환경과 경제적 환경이 서로 얽혀서 현재의 모양을 갖추게 된 경우가 많다.

그러므로 사회보장이 추구하는 목적과 사회보장이 이룬 업적에 대해 평가할 경우, 역사적 상황을 고려할 필요가 있다. 특히 현재의 사회보장제도를 잘 이해하기 위해서는, 사회보장제도가 역사적으로 어떻게 등장하였으며 그 후에 어떻게 진전하였는지를 알 필요가 있다(Alcock, 1997; Ploug & Kvist, 1996). 그리고 선진국의 사회보장제도가 발달한 역사를 살펴보는 것은, 선진국의 사회보장제도가 거쳐 온 과정을 잘 파악하여 교훈을 얻는 작업이기도 하다(노병일, 1998). 이런 탓에, 사회보장제도가 발달한 역사에 대해 주목할 필요가 있다.

정리

- 사회보장제도는 과거부터 계속된 정치적 · 사회적 · 경제적환경이 서로 얽혀서 현재의 모양을 갖추게 된 경우가 많다.

2. 산업사회 이전과 산업사회의 사회보장

1) 산업사회 이전의 사회

산업사회 이전의 사회(즉, 전 산업사회, preindustrial society)에서는 전통적 방식으로 보호하는 경우가 많았다. 전통적 방식의 보호는 가족이나 친척을 통해 비공식적으로 보호하는 것을 말한다. 구체적으로, 전통적으로 보호하는 방식은 자기 스스로 보호할 능력이 없거나 경제 활동을 영구히 마치고 물러나는 부모를 자식이나 친척이 부양하는 것을 일컫는다. 이런 전통적 방식의 보호는 세대 사이에 계약하는 형식의 사회보장이라고 볼 수 있다(Pampel, 1992). 이와 관련된 예를 몇 가지 제시하면 다음과 같다(Makihara, 1994; Friedlander, 1975).

① 우리나라의 경우, 큰아들이 부모를 모시는 것은 세대 사이에 보호하는 형태라고 볼 수 있다.

② 일본의 경우, 1970년대 초에 복지를 담당하는 부서가 발간한 보고서에서는, 3대가 함께 사는 대가족을 '숨겨진 사회보장제도'라고 부른 바 있다.

③ 경제가 발달하지 못한 국가의 농촌지역에서는, 무엇이 필요하거나 누가 아플 때에 가족이나 친척이 도와주는 경우가 많았다. 따라서 이런 지역

의 농촌에서는 가족이나 친척이 오늘날의 사회보장 급여를 제공하는 역할을 하였다고 볼 수 있다.

그리고 산업이 발달하기 전의 사회에서, 가족과 친척 다음으로 보호를 제공한 주체는[28] 종교기관이었다. 현대에 가까워질수록, 종교기관이 복지 분야에서 맡은 역할은 두드러진다. 예를 들어 1900년 이전까지의 경우, 종교기관은 빈곤층을 돕는 데 있어 중요한 역할을 하였다. 현재의 경우에도, 산업이 크게 발달하지 않은 국가에서 종교기관은 복지를 제공하는 중요한 주체가 되고 있다. 예를 들어, 아시아와 아프리카와 남미에서는 빈곤을 줄이는 일을 대도시에 위치한 종교기관이 담당하는 경우가 많다(Abel-Smith, 2015; Friedlander, 1975; Gilbert & Terrell, 2014).

한편 유럽의 상인 길드(guild)는[29] 재정적 자원이 부족한 사람들을 돕고자 하는 프로그램을 처음으로 실시하였다. 예를 들어, 도시의 길드 회원들은 초기 형태의 사회보장으로 상호부조제도를[30] 운영하였는데, 이것은 아플 때에 주로 대비하는 것이었다.

옛 길드 건물 : 유럽의 상인 길드는 재정적으로 어려운 사람들을 돕고자 하는 프로그램을 처음으로 실시하였다.
출처 : 벨기에에서 저자 촬영.

28) 일반적으로 주체는 어떤 행동을 실천하는 개인이나 조직을 말한다(노병일, 2018a).

29) 길드는 "중세 유럽의 장인 · 상인의 동업 조합"을 말한다(한컴사진, 2020). 여기서 장인은 손으로 물건을 만드는 사람을 말하고, 동업 조합은 같은 종류의 직업을 가진 사람들로 이루어진 조합을 말한다.

30) 상호부조는 서로 돕는 것을 말한다(한컴사전, 2020).

또한 농촌의 경우, 지주는 농부와 소작인을[31] 보호할 의무가 있었다. 그러나 이런 것들은 잘된 사회안전망과는 거리가 멀었다. 예를 들어, 도시의 상호부조제도는 수입이 많은 상인에게만 적용되는 경우가 많았다.

그리고 이 시기에는 공공기관이 빈곤층을 담당하였는데, 이런 공공기관은 빈곤층이 빈곤 상태에 놓이게 된 것을 빈곤층 개인의 책임으로 인식하고 있었다(HowStuffWorks, 2008; Ploug & Kvist, 1996). 따라서 이런 공공기관은 빈곤층의 상태를 개선하는 데 적극적으로 나서지 않았을 가능성이 크다.

사회보험이 등장하기 전의 시기에 사회보험과 비슷한 프로그램

공적으로 운영하는 사회보험 프로그램을 실시하기 이전 시기의 경우, 민간 영역에 있는 일부 조직은 위험에 대해 공동으로 대비하는 제도를 실시해 오고 있었다. 이런 사례를 몇 가지 제시하면 다음과 같다(Wikipedia, 2020b).

① 고대 그리스와 로마의 경우, 장례조합을 운영하고 있었다. 사람들은 자신이 사망할 때에 위엄스럽게 장례를 치루기 위해서 장례조합에 정기적으로 돈을 납부하였다.
② 중세의 일부 길드의 경우, 회원들이 더 이상 일할 수 없거나 사망할 때에 사용할 수 있는 돈을 납부하는 프로그램을 실시하고 있었다.
③ 더 최근의 경우, 일부 조직과 노동조합은 위와 비슷한 프로그램을 실시하고 있었다.

2) 산업사회

전 산업사회에서 산업사회로 바뀌면서 사회보장이 등장하였다. 산업사회는 특히 다음과 같은 상황을 맞이하였다. 이런 상황 때문에 산업사회에서 사회보장제도가 등장하게 되었다.

(1) 전통적 지지망의 약화

산업사회에 들어서서 가족의 규모는 줄어들었고, 사회적 가치는 변하였고, 사람들은 지리적으로 더 이동하였다. 그 결과, 가족구성원이 전통적으로 제공하던 원조나 지지가 줄어들게 되었다. 이런 상황을 구체적으로 제시하면 다음과 같다(Pampel, 1992; Tracy, 1994; Social Security Administration, 2007).

31) 소작인은 "남의 땅을 빌려 농사를 짓고 그 대가로 사용료를 내는 사람"을 말한다(한컴사전, 2020).

① 무엇보다도 가족의 규모가 줄어듦에 따라서, 가족구성원이나 친척에게 의존하기가 점점 어렵게 되었다. 특히 핵가족이 차지하는 비율이 높아짐에 따라서, 나이 든 부모와 함께 사는 자녀의 수가 줄어들었다. 그 결과, 예전에는 자녀가 해주던 서비스를, 이제는 나이 든 부모가 직접적·간접적으로 구입하여야 하는 상황에 이르게 되었다.

② 부모 부양에 대한 사회적 가치가 변함에 따라서, 자신의 부모를 덜 공경하게 되었다. 오늘날의 경우, 많은 국가에서 자식은 나이 든 부모를 모시는 것을 썩 달가워하지 않고 있고, 나이 든 부모는 자식이 자기를 모시는 것을 원하지 않는 방향으로 나아가고 있다.

③ 산업 구조가 변화하고 사람들이 도시에 많이 사는 현상이 나타남에 따라서, 사람들이 지리적으로 더 많이 이동하게 되었다. 예를 들어 미국의 경우, 경제 구조가 농업 경제에서 산업 경제로 바뀌게 되었는데, 이에 따라서 미국인은 농장과 소규모 농촌에서 벗어나서 대도시로 이주하였다. 그 결과, 따로 남은 부모는 자식으로부터 도움을 받는 것이 더 어렵게 되었다.

그러므로 위와 같은 여러 가지 상황 때문에, 현대에 들어서 노년기에 개인을 체계적으로 보호해 주는 사회보장제도가 등장하게 되었다.

(2) 빈곤에 대한 가치의 변화

산업이 발달하기 전의 시기에는 빈곤층을 처벌하는 식으로 대하는 경우가 많았고, 또한 빈곤층은 도움을 받는 대신에 사회적 의무를 하여야 한다는 식으로 인식하는 경우가 많았다. 그러나 18세기 후반에 나타난 산업혁명과[32) 미국과 프랑스에서 발생한 시민혁명을[33) 거치면서, 이런 인식은 바뀌게 되었다(Rimlinger, 1971). 즉, 빈곤의 원인은 사회 구조에 있다고 보는 경우가 더 많아지는 방향으로 나아갔다.

---

32) 산업혁명(Industrial Revolution)은 농업 중심의 경제체제와 손으로 물건을 만드는 경제체제에서 산업과 기계가 중심이 되는 체제로 변화한 과정을 말한다. 산업혁명은 18세기에 영국에서 처음으로 시작되었고, 그 후에 세계의 다른 지역으로 퍼져나갔다(Encyclopaedia Britannica, 2020a).

33) 시민혁명은 "봉건제를 무너뜨리고 평등한 시민 계급이 지배하는 사회를 건설한 혁명"을 말한다(한컴사전, 2020). 여기서 봉건제는 중세를 지배하던 제도를 말한다.

그 결과, 산업사회에서 빈곤층이 기본적인 생활 수준을 누리게 해주는 사회보장제도가 등장하게 되었다.

국외의 영향과 빈곤에 대한 인식의 변화

현대에 들어서 개인의 소득이 불안정한 것을 개인 탓으로 돌리기 어려운 상황이 새로 발생하였다. 그중의 하나는, 국가 외부의 상황이 국내 상황에 영향을 미치는 것이었다. 이와 관련해 좋은 예가 덴마크에서 나타났다. 러시아와 미국이 곡식을 유럽에 더 공급함에 따라서, 1870년대 초에 서유럽의 곡식 가격은 떨어지기 시작하였다. 이런 현상은 곡식을 수출하는 덴마크 농업에 크게 영향을 미쳤다. 그 결과, 덴마크의 농민은 빈곤 상태에 놓일 가능성이 커지게 되었다. 이런 상황에서, 덴마크에서는 농민이 빈곤상태에 놓이는 것은 개인 문제가 아닌 것으로 인식하였다. 그 결과, 덴마크에서는 노령연금제도를 도입하였다(Ploug & Kvist, 1996).

(3) 프롤레타리아 현상의 등장과 대규모 실업의 발생

대부분의 인류 역사를 통해서, 인간은 확대가족의 형태를 이루면서 가족끼리 농사를 지으며 살아왔다. 이에 따라 예전에 인간에게 경제적 안정을 제공하는 토대는 확대가족과 농토이었다.

그러나 선진국에서 산업이 크게 발달함에 따라서, 이와 같은 상황은 변하게 되었다. 즉, 점점 더 많은 사람들이 임금을 받는 근로자로 살게 되면서, 자신이나 가족이 아닌 다른 사람들을 위해 일하는 상황에 놓이게 되었다. 즉, 프롤레타리아 현상(proletarianization)이 나타났다. 프롤레타리아 현상은 일할 수 있는 인구층이 다른 사람의 근로자가 되는 것을 가리킨다.

프롤레타리아 현상이 나타남에 따라서, 확대가족과 가족 농토가 경제적 안정을 제공하는 경우가 더 줄어들게 되었다. 특히 근로자는 자신에게 어려움이 닥쳤을 때에 의지할 수 있는 경제적 자원을 충분히 가지고 있지 않은 경우가 많기 때문에, 노령 및 질병과 같은 사회적 위험을 겪게 되면 근로자 가족은 매우 힘든 상황에 놓이게 되었다.

한편 프롤레타리아 현상은 실업과 밀접히 관련되어 있었다. 즉, 자본주의가 등장함에 따라서, 예전에 없던 사회적 위험인 실업이 크게 등장하였다. 물론 산업이 크게 발달하기 이전의 시기에도 비정기적으로 실업 상태에 놓이는 사람과 계절에 따라 실업 상태에 놓이는 사람은 존재하였다. 그러나 인간이 완전한 실업 상태에 놓인 것은 자본주의가 등장하고 나서부터이다. 특히 19세기 말과 20세기 초에 기업이 경제제도에서 주요한 역할을 함에 따라서, 근로자가 강제로 직장을 그만두는 사례와 실업 상태에 놓이는 사례가 더 많이 나타나게 되었다.

그러므로 자신의 노동력을 팔아 보수를 받는(paid) 근로자가 되어야 한다는 사실은, 근로자와 가족이 소득을 얻지 못할 가능성이 항상 존재한다는 것을 의미하였다. 그리고 이런 상황에서 현대의 사회보장제도가 등장하게 되었다(Social Security Administration, 2007; Pampel, 1992; Gough, 1981).

사회보장제도의 등장

질병·노령·장애·빈곤 등의 문제는 산업화 이전의 사회에서도 물론 존재하였습니다. 다만, 이 시기의 위험은 사회구조적인 성격을 띤 것이 아니라 개인의 위험 차원에서 머물러 있어 개인이나 가족의 책임 아래 해결하였습니다. 그러나 산업사회로 넘어오면서 환경오염, 산업재해, 실직 등 스스로의 힘만으로는 해결할 수 없는 각종 사회적 위험에 노출되고 부양 공동체 역할을 해오던 대가족 제도의 해체로 노인부양 문제는 개인 차원을 넘어서 국가개입의 필요성이 요구되는 사회적 문제로 대두되었습니다.

이에 따라, 각종 사회적 위험으로부터 모든 국민을 보호하고 빈곤을 해소하며[34] 국민생활의 질을 향상시키기 위해 제도적 장치를 국가적으로 마련하였는데, 이것이 바로 사회보장제도입니다.

출처 : 국민연금관리공단(2008a). [원문을 그대로 인용]

정리

- 산업사회 이전의 사회에서는 전통적 방식으로 보호하는 경우가 많았는데, 이것은 가족을 통해 비공식적으로 보호하는 것을 말한다. 그리고 현대에 가까워질수록 종교기관도 중요한 역할을 하였다.
- 유럽의 상인 길드는 재정적 자원이 부족한 사람들을 돕는 프로그램을 처음으로 실시하였다.
- 산업사회에서 전통적 지지망이 약화되고, 빈곤에 대한 가치가 변화하고, 노동력을 파는 근로자가 등장하고 이와 관련해 대규모 실업이 발생함에 따라서, 사회보장제도가 등장하게 되었다.

34) 해소는 "이제까지의 일이나 관계를 해결하여 없애" 버리는 것을 말한다(한컴사전, 2020).

3. 사회보장과 관련된 주요한 사건들

1) 빈곤법과[35] 관련 제도

빈곤층을 돕기 위해 지역 주민에게 세금을 납부하게 하는 제도는 여러 국가에서 수백 년 전부터 존재해 왔다. 예를 들어, 독일에서는 1530년에 빈곤법을 만들었는데, 이 법에 따르면 지역사회는 빈곤층을 도와줄 의무가 있었다.

특히 16세기에 영국에서는 일자리를 찾을 수 없는 사람이 있다는 사실이 밝혀졌고, 이에 따라 빈곤층에게 일자리를 제공하고 또한 게으른 사람을 교육시키는 집을 제공하는 법을 만들었다. 또한 영국의 경우, 일할 수 없는 빈곤층을 도와주고 또한 일할 수 있는 빈곤층에게 일자리를 제공하기 위해 '민생위원(overseers)'을[36] 임명하였다. 이런 것은 1601년에 만든 엘리자베스(Elizabeth) 빈곤법의 토대를 이루었다. 그리고 이렇게 빈곤을 줄여주는 방식은 공공부조의 초기 형태라고 볼 수 있다.

영국의 경우, 엘리자베스 빈곤법은 사회가 빈곤층에 대해 책임지는 것을 법으로 표현한 것이라고 볼 수 있다. 엘리자베스 빈곤법에 따라서, 재산을 소유한 사람은 빈곤세를 납부하였다. 그리고 나서 지역의 민생위원은 빈곤세를 통해서 걷은 수입을 빈곤층에게 나누어 주었다. 그리고 일할 수 있는 빈곤층은 생계를 유지하는 대가로 일하도록 하였다. 또한 빈곤법에 근거해 구빈원(workhouse)을[37] 만들었다.

35) 빈곤법은 영어의 Poor Law를 번역한 것이다. 예전에는 Poor Law를 '구빈법'으로 번역한 경우가 많았으나, 최근 들어서는 이것을 '빈곤법'이나 기타 명칭으로 번역하는 경우가 많아지고 있다(노병일 2018a). 여기에서는 '빈곤법'이라는 표현을 사용한다.

36) 민생위원을 '빈민 감독관'으로 번역하기도 한다. 민생위원은 영국에서 빈곤층을 도와주는 일을 담당한 관리를 말한다(Wikipedia, 2020a).

37) 구빈원은 스스로 부양할 수 없는 사람에게 머물 곳과 일자리를 제공한 기관을 말한다(Wikipedia, 2020d).

영국의 구빈원 건물 : 빈곤법에 근거해 구빈원이 만들어졌다.
출처 : Wikipedia(2020d).

시간이 흐르면서, 원외 구호(outdoor relief)가 점점 중요해져 갔다. 원외 구호는 구빈원 밖에서 살고 있는 사람에게 급여를 제공하는 것을 말한다. 그러나 1834년에 개정한 신빈곤법(개정 빈곤법)에서는 빈곤에 대해 엄격한 입장을 취하였다. 그 결과, 빈곤층은 구빈원에 들어가서 현물 형태의 원조만을 받게 되었다. 하지만 1834년의 신빈곤법에서 원외 구호를 폐지하였음에도 불구하고, 원외 구호는 계속 제공하고 있었다.

그리고 유럽 대륙에 있는 국가의 여러 도시에서도 빈곤을 줄이는 제도가 영국과 비슷한 시기에 등장하였다. 그러나 이런 도시에서는 영국보다는 처벌을 덜 하는 입장을 취하였다. 그 후에 산업이 발달함에 따라서, 과거의 억압적인 빈곤법은 인간적인 공공부조 프로그램으로 바뀌게 되었다.

한편 빈곤법의 원칙들은 영국의 식민지에 속하였던 국가에게로 퍼져 나갔다. 그리고 영국에서 빈곤을 줄이는 정책은 미국, 호주, 캐나다, 뉴질랜드에서 빈곤을 줄이는 정책에 영향을 미쳤다. 그리하여 그 후에 빈곤법의 원칙들은 현대 공공부조제도의 기초가 되었다. 특히 1601년의 엘리자베스 빈곤법은 여러 국가에서 실시하는 공공부조 프로그램의 모델이 되었다(노병일, 2018a; Abel-Smith, 2015; Walker, 2005; Gordon, 1994; Midgley, 1996; Rimlinger, 1971).

2) 유럽의 사회보장제도 도입

유럽의 경우, 사회보장은 현대 산업국가에서 경제적 안정을 확보하는 형태라고 보는 관점이 19세기 말에 나타났다. 이에 따라 유럽에서는 의무적으로 가입하는 보험 방식의 사회보장 프로그램을 19세기 말에 처음으로 도입하였다.

이런 프로그램들을 설계한 사람은 독일의 수상인 비스마르크(Bismarck)이었다(International Social Security Association, 2008a; Social Security Administration, 2007; Gordon, 1994; Midgley, 1996). 1883년에 독일의 비스마르크 정권은 세계 최초로 사회보험제도를 도입하였다. 이때에 사회보험제도의 목적은 질병에 걸린 생산직 근로자에게 급여를 제공하는 데 있었다. 그리고 독일에서는 1884년에 산업재해에 대해 보호해 주는 프로그램을 도입하였고, 그 후에 연금 프로그램을 도입하였다.

독일 프랑크푸르트 시내 : 독일은 세계에서 최초로 사회보험제도를 도입하였다.
출처 : 독일에서 저자 촬영.

독일의 사회보험은 적용 범위가 좁고, 급여의 양이 많지 않고, 적용하는 범위와 급여를 받을 수 있는 자격이 프로그램마다 다르다는 단점이 있었다. 하지만 독일의 사회보험은 세계 최초의 공적 사회보험이라는 데 의의가 있다.

독일이 사회보험법을 만든 시기부터 제1차 세계대전이 발생하기 이전까지의 기간에, 유럽에 위치한 많은 국가들도 사회보험 프로그램을 도입하였다(Ploug & Kvist, 1996; Rimlinger, 1971; Pierson, 2007).

주요한 사회보험 프로그램을 일찍 도입한 국가들은 <표 3−1>과 같다(노병일, 2018a). 피어슨(Pierson, 2007)은 이런 국가들을 복지국가의 선도자(welfare state innovators)라고 부른 바 있다.

〈표 3−1〉 **사회보험을 일찍 도입한 국가들**

종 류	1위	2위
산업재해보상보험	독일(1884)	오스트리아(1887)
의료보험	독일(1883)	이탈리아(1886)
연금제도	독일(1889)	덴마크(1891)
실업보험	프랑스(1905)	노르웨이(1906)

출처 : 노병일(2018a). [단, 표는 Pierson(2007)과 Social Security Administration(2015)을 참고하였고, 독일의 경우에는 내용을 일부 수정하였음]

그리고 여러 국가에서 사회보험을 도입한 시기는 <표 3−2>와 같다(노병일, 2018a).

〈표 3-2〉 사회보험을 도입한 시기(OECD 국가)

	산업재해보상보험	의료보험	연 금	실업보험
벨기에	1903	1894	1900	1920
네덜란드	1901	1929	1913	1916
프랑스	1898	1898	1895	1905
이탈리아	1898	1886	1898	1919
독 일	1884	1883	1889	1927
아일랜드	1897	1911	1908	1911
영 국	1897	1911	1908	1911
덴마크	1898	1892	1891	1907
노르웨이	1894	1909	1936	1906
스웨덴	1901	1891	1913	1934
핀란드	1895	1963	1937	1917
오스트리아	1887	1888	1927	1920
스위스	1911	1911	1946	1924
호 주	1902	1945	1909	1945
뉴질랜드	1900	1938	1898	1938
캐나다	1930	1971	1927	1940
미 국	1930	2010	1935	1935

출처 : 노병일(2018a). [단, 표는 Pierson(2007)과 Social Security Administration(2015)을 참고하였고, 독일의 경우에는 내용을 일부 수정하였음]

3) 대공황과 미국 사회보장법의 등장

1930년대에 세계는 경제가 심각하게 불안정한 상태에 있었다. 이것을 '대공황(Great Depression)'이라고 부르고 있다. 대공황은 사회보장이 발달하는 데 크게 영향을 미쳤다. 사회복지의 역사에서는, 잔여적 복지의 관점에서 제도적 복지의 관점으로[38] 인식이 변하는 방향으로 나아가게 된 이유를 대공황에서 찾는

38) 잔여적 복지의 관점에서는 사회복지가 가족과 시장이 제대로 역할을 하지 못한 사람들을 돕는 활동이라고 보고 있고, 제도적 복지의 관점에서는 사회복지가 현대 산업사회에서 정상적으로 필요한 활동이라고 보고 있다(노병일, 2018a).

경우가 많다. 즉, 대공황 당시에는 실업이 너무 널리 퍼져 있어서, 실업 상태에 놓인 이유를 근로자 개인의 잘못으로 돌릴 수 없었다.

이에 따라서 선진국에서는 체계적으로 보호하는 제도에 관심을 가지게 되었다. 예를 들어 미국의 경우, 1930년대에 대공황이 발생함에 따라서, 빈곤층과 노인층이 독립적으로 살 수 있게 할 목적으로 이들에게 충분한 현금을 제공하는 폭넓은 제도를 갖추는 데 더 주목하게 되었다. 이 당시에, 일자리가 없거나 자기 가족을 부양하기 위한 소득을 충분히 얻을 수 없는 미국인의 수가 수백만 명에 이르렀다(Bryson, 1992; Tracy, 1994; HowStuffWorks, 2008).

미국의 경우, 대공황이 한창 진행 중이던 시기인 1932년에 루스벨트(Roosevelt)가 대통령으로 취임하였다. 루스벨트는 실업문제와 빈곤문제를 해결하기 위해 뉴딜(New Deal)정책이라는 새로운 접근방식을 취하였다. 뉴딜정책을 통해 실시한 조치의 예를 들면 다음과 같다.

① 도움이 필요한 가족에게 현금급여를 제공하였다. 이 당시에 연방정부는 긴급 자금을 지방정부에 지원하였다. 1934년에 전체 인구의 6분의 1이 현금 지원을 받았다.

② 시민보호단(Civilian Conservation Corps)을 만들어, 일자리가 없는 젊은층에게 산림 가꾸기 및 이와 비슷한 일을 맡겼다.[39)]

그리고 루스벨트 대통령은 사회보험을 제안하였다. 결과적으로 이런 방안은 오늘날의 사회보장제도로 발전하는 데 이바지하였다. 구체적으로 대공황 때문에 미국에서는 소득을 얻지 못하는 것에 대비해 국가가 개입할 필요가 더 커졌고, 이에 따라 사회보장제도를 도입하였다. 결국 미국의 경우, 1930년대의 대공황 때문에 국가 경제가 위기를 맞았고, 이에 따라 사회보장법을 만들었다. 사회보장법은 미국이 복지국가로 가는 토대가 되었다(노병일, 2018a; Social Security Administration, 2007; Pampel, 1992; International Labor Organization, 1984; Gordon, 1994; Tice & Perkins, 2002; Kingson, 2011).

39) 우리나라의 조선 시대에서 영조가 다스리던 시기에, 서울로 몰리는 빈민들이 증가함에 따라서 이들의 실업문제를 해결하기 위해 청계천 바닥의 모래를 퍼내는 공사를 실시하였다고 조선왕조실록은 밝히고 있다. 어느 방송 프로그램에서는 이것을 소개하면서, 그 제목을 '영조의 뉴딜정책'이라고 정한 바 있다.

미국 사회보장법의 등장

1934년 6월에 루스벨트 대통령은 사회보장 프로그램을 도입하고 싶다는 의견을 의회에 전달하였다. 이에 따라서 루스벨트 대통령은 경제보장 위원회를 만들었다. 이 위원회의 의장은 노동부 장관이었다. 경제보장 위원회의 임무는 경제적 안정과 관련된 모든 문제점을 연구하고 새로운 방안을 권고하는 것이었다.

경제보장 위원회는 1935년 1월 초에 보고서를 루스벨트 대통령에게 제출하였고, 루스벨트 대통령은 그 해 1월 17일에 보고서를 상원과 하원에 소개하였다. 상원과 하원은 각각 자기 나름의 안을 통과시켰다. 그러나 결국에 가서, 상원의 안과 하원의 안 사이의 차이점과 관련된 문제가 해결되었고, 이에 따라 1935년 8월 14일에 사회보장법을 만들었다(Social Security Administration, 2007). 루스벨트 대통령은 1935년에 사회보장법에 서명한 후에, “여러분, 이제 우리는 시작일 뿐입니다”라는 말을 남겼다(May, 1993).

사회보장법에 서명하는 루스벨트 대통령 : 미국에서 대공황은 사회보장법을 만드는 계기가 되었다.
출처 : Social Security Administration(2007).

미국의 사회보장법은 일반적인 복지 수준을 높이기 위한 여러 조항을 포함하고 있었다. 그리고 이 외에, 사회보장법을 만듦에 따라서, 퇴직한 65세 이상 근로자에게 계속해서 소득을 제공하기 위한 사회보험 프로그램이 등장하였다(Social Security Administration, 2007).

그러나 미국에서 대공황 시기에 제공한 사회보장은 완벽하지 못하였다. 이런 예를 몇 가지 제시하면 다음과 같다(Karger & Stoesz, 1993).

① 실업보험에서 제공하는 급여의 양은 적었다.

② 가사 근로자와 농장 근로자 등은 사회보장의 대상에 포함되지 않았다.
③ 모든 국민을 대상으로 하는 의료 프로그램은 존재하지 않았다.

4) 제2차 세계대전

지구에 있는 많은 국가들을 전쟁으로 몰아넣은 제2차 세계대전은, 사회보장의 역사에서 중요한 사건으로 인식되고 있다. 당시의 연합국 지도자들은, 국민이 전쟁에서 승리하려는 의지를 갖게 하려면, 전쟁 이후의 시기가 당시보다 더 살기 좋을 것이라고 국민이 믿게 하여야 한다고 보았다.

처칠의 동상 : 미국의 루스벨트 대통령과 영국의 처칠 수상은 대서양 헌장을 선언하였는데, 이 헌장이 추구한 목적의 하나는 사회보장의 토대를 만들기 위해 모든 국가가 경제적 영역에서 최대로 협력하는 것이었다.
출처 : 영국에서 저자 촬영.

이와 같은 배경에서, 미국의 루스벨트 대통령은 1941년 1월에 '네 가지 자유(Four Freedoms)'를 선언하였다.[40)] 또한 1941년 8월에 미국의 루스벨트 대통령과 영국의 처칠(Churchill) 수상은 대서양 헌장(Atlantic Charter)을 선언하였다. 대서양 헌장이 추구한 목적들 가운데 하나는, 근로 조건을 개선하고 경제발전을 이룩하고 사회보장의 토대를 만들기 위해, 모든 국가는 경제적 영역에서 최대로 협력하는 것이었다. 결국 제2차 세계대전을 통해서, 미국과 유럽의 지도자들은 사회보장은 국민을 단결시키고 자신들이 잡고 있는 권력의 정당성을 굳건히 하는 데 중요한 요소라는 점을 더욱 깨닫게 되었다.

40) 네 가지 자유는 표현의 자유, 종교의 자유, 궁핍(빈곤)으로부터의 자유, 두려움으로부터의 자유를 말한다.

한편 20세기에 이르러, 많은 국가에서는 모든 국민을 대상으로 하는 사회보장 프로그램을 더 널리 도입하기 시작하였다. 이렇게 된 배경에는, 제2차 세계대전 후에 많은 국가가 식민지에서 벗어나서 새로운 독립 국가를 이룩한 상황도 포함되어 있었다(International Social Security Association, 2020a).

5) 베버리지 보고서의 간행

제2차 세계대전 이후에 더 좋은 사회보장제도를 이루려는 계획을 짜기 위해, 여러 국가에서는 위원회를 구성하였다. 이 중에서 가장 크게 영향을 미친 위원회는 영국의 '사회보험과 관련 서비스 위원회(Committee on Social Insurance and Allied Services)'이었다.

영국에서 1906~1914년에 자유당이 국가의 권력을 잡고 있던 시기에, 베버리지는 노령연금 및 국민보험과 관련해 자문하는 역할을 맡게 되었다. 그 당시에 자유당 정부는 빈곤을 없애기 위해 조치를 취하기 시작하였다. 그러다가 1941년에, 자유당 정부는 제2차 세계대전이 끝난 후에 영국을 어떻게 다시 건설하여야 하는가에 관한 보고서를 작성하고자 하였다. 이때에 베버리지를 여기에 적절한 인물로 인정하게 되었고, 이에 따라 베버리지는 보고서를 간행하는 책임을 지게 되었다. 이리하여 베버리지는 '사회보험과 관련 서비스 위원회'의 위원장이 되었다. 그 후 1942년 11월에 베버리지 보고서를 간행하였고, 이 보고서에 나타난 제안들을 널리 논의하였다. 베버리지 보고서에서는 태어나서 죽을 때까지 경제적으로 보호하고 사회적으로 보호해 주는 방안을 제안하였다(BBC, 2008; Gordon, 1994; Barker, 2003).

베버리지 보고서의 표지(일부) : 베버리지 보고서는 사회보장에 크게 영향을 미쳤다.
출처 : Beveridge(1942).

베버리지는 '5대 악(Five Giant Evils)'으로 궁핍(빈곤), 질병, 더러움(불결), 무지, 게으름(나태)을 꼽았고, 이 각각을 없애기 위해 소득보장, 의료서비스, 주택, 교육, 완전 고용이 필요하다고 보았다(Beveridge, 1942). 이에 따라 오늘날의 빈곤을 말하는 궁핍(want)에 대비하기 위해 폭넓은 사회보장제도를 도입하였다.

영국의 경우, 1945년에 총선거에서 노동당의 애틀리(Attlee)가 보수당의 처칠을 꺾고 승리하였다. 애틀리는 베버리지 보고서에서 제시한 복지국가를 영국에 도입하겠다고 발표하였다.

한편 베버리지 보고서는 다음과 같은 의의를 지니고 있다(Barker, 2003; BBC, 2008).

① 베버리지 보고서는 현대 영국의 사회보장제도와 의료제도의 토대가 되고 있다. 그러므로 영국의 복지국가는 1942년에 발표한 베버리지 보고서의 결과로 등장하였다고 볼 수 있다.

② 영국 이외의 많은 국가들은 베버리지 보고서를 사회보장을 포함한 복지제도의 모델로 삼아오고 있다. 이런 경향은 이전에 영국의 식민지이었던 국가에서 특히 보이고 있다.

6) 국제노동기구의 결의와[41] 협약 및 세계인권선언

여러 가지 국제협약과 국제조직은 세계의 국가에서 사회보장이 발달하는 데 이바지하였다. 특히 1944년에 국제노동기구가 채택한 결의는 제2차 세계대전이 끝난 후에 사회보장 프로그램을 확대하고 개선하도록 자극하는 데 영향을 미쳤다. 이 결의의 경우, 기본적인 소득보장과 폭넓은 의료서비스가 필요한 모든 사람에게 기본적인 소득을 제공하는 사회보장 프로그램을 더 실시할 것을 약속하였다.

무엇보다도 제2차 세계대전 이후에 모든 국가의 대표들이 국제노동기구를 통해 공동으로 노력한 결과, 사회보장은 발전하게 되었다. 이 중에서 가장 알려져 있고 가장 영향력이 있는 것은, 1952년에 채택한 국제노동기구 제102호 협약이다. 이 협약에서는 사회보장의 아홉 가지 급여의 최저 기준을 제시하

41) 결의는 회의에서 제안 등에 대해 결정하는 것 또는 이렇게 결정한 사항을 말한다(한컴사전, 2020).

고 있다(Tracy, 1994; Gordon, 1994; International Labor Organization, 2008; International Social Security Association, 2020a).[42)]

그리고 1948년에 세계인권선언(Universal Declaration of Human Rights)을 채택하였다. 세계인권선언에서는 사회보장을 기본적 인권으로 인식하고 있다.

7) 1970년대의 경제적 어려움

1970년대에 석유파동(oil shock)이 전 세계를 휩쓸었고, 이에 따라 세계 경제는 어려움을 겪게 되었다. 1970년대의 이런 경제적 어려움 때문에, 복지 영역에서의 욕구와 이 욕구를 충족하는 데 필요한 재정을 어떻게 조화시킬 것인가에 대한 논쟁이 나타나게 되었다.

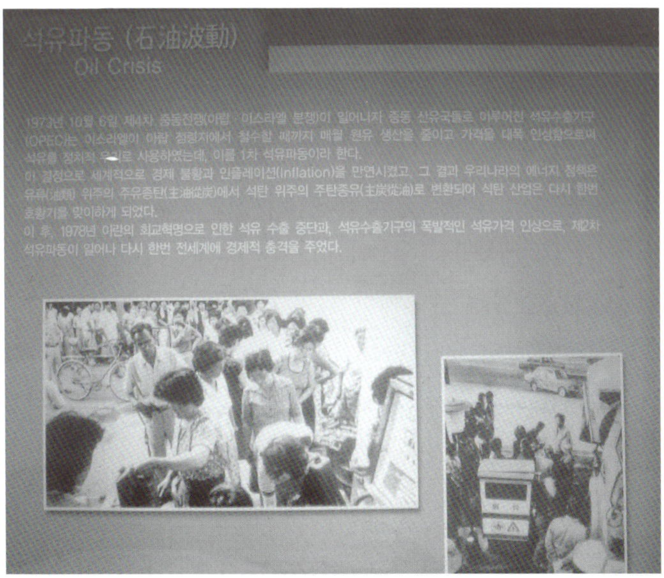

어느 박물관의 석유파동 안내문 : 1970년대의 석유파동은 사회보장에 크게 영향을 미쳤다.
출처 : 저자 촬영.

42) 이에 대해서는 사회적 위험을 다루는 장(제2장)에서 이미 설명한 바 있다.

사실 제2차 세계대전 이후의 경우, 추구하는 이데올로기가 무엇이든 간에, 모든 국민에게 급여를 제공하려는 복지국가가 하는 긍정적 역할에 대해 모두가 동의하고 있었다. 그러나 1970년대에 나타난 세계적인 경제적 어려움은 이런 동의에 찬물을 끼얹는 모양새가 되었다. 그리고 그 후로 우파나 좌파 모두는 복지국가(사회보장)를 비판적인 입장에서 바라보게 되었다. 이런 탓에, 1970년대의 경제적 어려움 이후에, 복지급여를 제공하는 새로운 방식이나 새로운 틀을 찾기 시작하였다(George & Miller, 1995; Offe, 1984).

8) 제3의 길

예전에는 사회복지 영역이 커지는 것과 경제 영역이 커지는 것은 서로 경쟁하는 관계라고 인식해 왔다. 그러나 이런 인식이 바뀌었는데, 이런 상황을 잘 보여주는 것이 '제3의 길'이다.

영국에서 1997년에 실시한 선거에서 블레어(Blair)가 이끄는 노동당은 크게 승리하였는데, 블레어는 제3의 길을 기본적인 정치 노선으로 정하였다. 제3의 길에 관해 이론적 근거를 제시한 사람은 기든스(Giddens, 1998a; Giddens, 1998b)이다.

제3의 길에서는 소극적 복지 대신에 적극적 복지(positive welfare)를 추구하고 있다. 기든스의 경우, 경제적 측면에서 급여를 직접 제공하기보다는, 가능하다면 인적 자본에 투자할 것을 권장하고 있다. 그러므로 기든스는 복지국가 대신에 사회투자국가(social investment state)의 방향으로 나아가야 한다고 주장하고 있다. 사회투자국가는 경제적 급여를 직접 제공하기보다는 가능하다면 인적 자원에 투자하는 것이 중심이 되는 국가를 말한다(Giddens, 1998b; Featherstone, 2006).

9) 아시아 재정 위기

아시아 재정 위기(Asian Financial Crisis)는 1997년 7월에 태국에서 시작해서 동아시아로 퍼져나간 위기를 말한다. 1997년 7월에 태국은 미국 달러에 대한 태국 화폐의 가치를 낮추었다. 이에 따라 나타난 상황은 아시아의 다른 국가의 화폐에도 연속적으로 영향을 미쳤다. 실제로 아시아 재정 위기는 해당 지역의 경제에 매우 부정적으로 영향을 미쳤다. 그리고 아시아 재정 위기는 다음 해에 남미와 동유럽에도 영향을 미쳤다(Carson & Clark, 2013; Ba, 2020).

아시아 재정 위기는 해당 국가가 근본적으로 취약하다는 점을 보여주었다. 이에 따라서 해당 국가는 외부로부터 도움을 받았다. 그러나 해당 국가는 도움을 받는 조건으로, 국내 정책을 크게 개혁하여야만 하였다(Carson & Clark, 2013; Ba, 2020).[43]

아시아 재정 위기는 우리나라에도 크게 영향을 미쳤다. 무엇보다도, 아시아 재정 위기는 사회안전망을 잘 갖추는 것이 중요하다는 점을 더 인식하는 계기가 되었다. 특히, 아시아 재정 위기는 경제적으로 매우 어려운 시기에 사회 구성원에게 기본적인 최저 소득을 보장해 주는 것이 중요하다는 점을 인식하는 계기가 되었다. 이런 탓에, 아시아 재정 위기는 우리나라에서 국민기초생활보장제도를 도입하는 데 영향을 미쳤다.

10) 코로나 바이러스 사태

2020년 초에 새로운 바이러스인 코로나 바이러스(coronavirus, COVID-19)가 나타나서 세계의 거의 모든 국가로 퍼져 나갔다. 따라서 코로나 바이러스에 걸렸는지를 검사하고 또한 코로나 바이러스에 걸린 환자들을 격리해 치료하기 위해서, 국가의 의료제도가 크게 변하게 되었다.

특히 코로나 바이러스 사태는 신속하게 이용할 수 있는 의료체계가 중요하다는 점을 인식하는 계기가 되었다. 그리고 이런 탓에, 코로나 바이러스 사태는 의료와 관련된 사회보장체계를 개선하는 계기가 되었다.

그러나 코로나 바이러스가 나타나서 퍼진 것은, 의료 영역에만 영향을 미친 것이 아니었다(International Social Security Association, 2020b). 왜냐하면 많은 국가는 국경을 닫았고, 많은 사람들은 사회 활동을 하는 것을 꺼렸기 때문이다.

43) 이때에 우리나라를 포함한 많은 아시아 국가는 국제통화기금(IMF)이라는 유엔 기관의 규제를 받게 되었다. 이런 탓에, 우리나라에서는 이 당시의 상황을 'IMF 사태'라고 부르고 있다.

이에 따라서 이 당시에 일부 기업과 상점은 경제적으로 매우 크게 타격을 받아서, 제대로 운영하기가 어려운 상황에 놓이게 되었다. 그 결과, 코로나 바이러스 사태 때문에, 많은 사람은 직장을 잃게 되었다. 그리고 이외의 많은 사람도 고용이 불안정해져서 안정된 소득을 얻기가 어려워졌다. 이런 탓에, 코로나 바이러스 사태는 '기본 소득'에[44] 대해 더 생각하는 계기가 되었다(Singletary, 2020; Meredith, 2020).

그러므로 코로나 바이러스 사태는 경제적 영역과 사회적 영역에도 크게 영향을 미쳤다. 결국, 위에서 제시한 상황과 기타 상황 때문에, 코로나 바이러스 사태는 사회보장과 관련된 주요 영역에서 새로운 방식으로 크게 영향을 미쳤다.

코로나 바이러스와 관련해 보건 위생을 강조하는 현수막 : 코로나 바이러스 사회보장과 관련된 여러 영역에 크게 영향을 미쳤다.
출처 : 저자 촬영.

44) 기본 소득에 대해서는 사회보장 급여를 다루는 장(제2장)에서 이미 설명한 바 있다.

정리

- 엘리자베스 빈곤법은 사회가 빈곤층에 대해 책임지는 것을 법으로 표현한 것이다. 엘리자베스 빈곤법을 포함한 빈곤법의 원칙들은 현대 공공부조제도의 기초가 되었다.
- 1883년에 독일에서는 세계 최초로 사회보험제도를 도입하였다. 그 후에 많은 국가에서 사회보험제도를 도입하였다.
- 1930년대의 대공황은 사회보장이 발달하는 데 크게 영향을 미쳤다. 사회복지의 역사에서, 잔여적 복지의 관점에서 제도적 복지의 관점으로 인식이 변하게 된 이유를 대공황에서 찾는 경우가 많다. 미국은 대공황 때문에 경제가 위기를 맞았고, 이에 따라 1935년에 사회보장법을 만들었다.
- 제2차 세계대전을 통해, 미국과 유럽의 지도자들은 사회보장은 국민을 단결시키고 자신들이 잡은 권력의 정당성을 굳건히 하는 데 중요한 요소임을 더욱 깨닫게 되었다. 그리고 20세기에 이르러서, 전 세계에서 사회보장 프로그램은 더 널리 발달하였다.
- 영국은 1942년에 베버리지 보고서를 간행하였는데, 이 보고서에서는 태어나면서 죽을 때까지 경제적·사회적으로 보호해 주는 방안을 제안하였다. 베버리지는 '5대 악'으로 빈곤(궁핍), 질병, 더러움(불결), 무지, 게으름(나태)을 꼽았다.
- 여러 가지의 국제협약과 국제기구는 사회보장이 발전하는 데 긍정적으로 영향을 미쳤다. 특히 1952년에 채택한 국제노동기구 제102호 협약에서는, 사회보장의 아홉 가지 급여의 최저 기준을 결정하였다.
- 1970년대의 석유파동 때문에 세계 경제가 어렵게 되었다. 이런 경제적 어려움 때문에, 복지 욕구와 이 욕구를 충족하는 데 필요한 재정을 조화시키는 것과 관련된 문제가 논쟁거리로 등장하였다. 그 결과, 복지국가(사회보장)를 비판적 입장에서 보는 경향이 나타났다.
- 제3의 길에서는 적극적 복지를 추구하면서, 인적 자본에 투자할 것을 권장한다. 이와 관련된 것이 사회투자국가인데, 이것은 가능하다면 인적 자원에 투자하는 것이 중심이 되는 국가를 말한다.
- 아시아 재정 위기는 사회안전망을 잘 갖추는 것이 중요하다는 점을 더 인식하는 계기가 되었고, 코로나 바이러스 사태는 사회보장과 관련된 주요 영역에서 새로운 방식으로 크게 영향을 미쳤다.

4. 우리나라의 사회보장의 역사

선진국에서 사회보장제도를 도입한 배경에 정치적 요인이 없었던 것은 아니다. 하지만 선진국에서는 대공황을 겪고, 빈곤층에 대한 가치가 변화하고, 산업 구조가 변화한 것이 사회보장 프로그램을 도입하는 데 영향을 미쳤다. 그러나 우리나라에서 사회보장을 도입한 과정에는 정치적 요인이 크게 영향을 미쳤다. 따라서 선진국과 우리나라에서 사회보장제도를 도입한 역사적 배경은 서로 차이가 나고 있다(김한주, 1990).

우리나라에서는 제3공화국 헌법에 사회보장 조항을 포함하였고, 1963년 11월에 '사회보장에 관한 법률'을 만들었다. '사회보장에 관한 법률'은 모두 7개의 조항으로 구성된 짤막한 법률로서, 사회보장과 관련해서 우리나라 최초의 법률이라는 점에 의의가 있다. 그러나 '사회보장에 관한 법률'은 구체적인 실천의 의미보다는 선언적 의미가 더 크다고 볼 수 있다.

우리나라에서는 산업재해보상보험제도(1964), 건강보험제도(1977), 국민연금제도(1988), 고용보험제도(1995)의 순으로 사회보험제도를 도입하였다. 이에 따라 우리나라는 사회보장의 주요한 기둥인 사회보험의 틀을 갖추게 되었다.

그리고 우리나라의 경우, 1961년에 공공부조와 관련된 법인 생활보호법을 만들었다. 그러다가 1999년에 국민기초생활보장법을 만들었고, 이에 따라 2000년부터 국민기초생활보장제도를 실시하고 있다.

한편 우리나라에서는 1995년 12월 30일에 사회보장기본법을 만들었다. 이전의 '사회보장에 관한 법률'에 비해, 사회보장기본법에서는 사회보장의 범위를 크게 확대하고 있다. 그 후, 사회보장기본법은 몇 차례 개정되었다.

그리고 우리나라에서는 2007년에 노인장기요양보험법을 만들면서 노인장기요양보험을 도입하였다. 그러다가 2018년에는 아동수당제도를 도입하였다.

전체적으로 볼 때, 우리나라에서는 사회보장 프로그램을 선진국에 비해서 상당히 늦게 도입하였다.

정리

- 우리나라에서는 정치적 요인이 사회보장 프로그램을 도입하는 데 크게 영향을 미쳤다.
- 우리나라에서는 산업재해보상보험, 건강보험, 국민연금, 고용보험의 순으로 사회보험제도를 도입하였다.
- 우리나라에서는 1961년에 생활보호법을 만들었고, 1999년에 국민기초생활보장법을 만들었다.
- 우리나라에서는 1995년에 사회보장기본법을 만들었다.
- 우리나라에서는 2007년에 노인장기요양보험법을 만들었고, 2018년에 아동수당제도를 도입하였다.
- 전체적으로 볼 때, 우리나라에서는 사회보장 프로그램을 선진국에 비해 늦게 도입하였다.

5. 사회보장의 기능

사회보장은 다양한 기능을 하고 있다. 사회보장이 하는 기능은 사회보장의 정의나 사회보장의 목적 속에 직접적으로 또는 간접적으로 포함되어 있다.

폭넓게 볼 경우, 사회보장은 다음과 같은 것과 관련해 중요한 기능을 하고 있다(International Labor Organization, 2017).

① 사회가 지속적으로 발달하도록 한다.

② 사회가 더 정의롭게 되도록 한다.

한편 사회보장이 하는 기능에는 여러 가지가 있지만, 사회보장의 주요한 기능을 크게 경제적 기능, 사회적 기능, 정치적 기능으로 나누어 볼 수 있다. 물론 각각의 기능은 서로 완전히 별개의 것이 아니고 중복되는 경우가 많다. 특히 사회보장의 사회적 기능과 정치적 기능은 서로 중복되는 부분이 많다. 그리고 이런 세 가지 기능 이외에, 사회보장의 새로운 기능을 추가로 제시할 수도 있다.

정리

- 폭넓게 볼 때, 사회보장은 사회가 지속적으로 발달하고 더 정의롭게 되게 하는 기능을 한다.
- 사회보장의 주요한 기능을 크게 경제적 기능, 사회적 기능, 정치적 기능으로 구분할 수 있다.

6. 사회보장의 경제적 기능

사회보장의 경제적 기능은 경제학자가 주로 강조하는 기능이다. 그러나 사회보장의 경제적 기능은 경제학자 이외의 학자나 일반인이 사회보장을 논의할 때에 자주 제시하는 기능이기도 하다.

사회보장의 경제적 기능에는 여러 가지가 있다. 사회보장의 주요한 경제적 기능을 몇 가지 제시하면 다음과 같다.

① 개인과 가족을 경제적으로 안정시키고 있다.

② 경제제도를 발전시키고 있다.

③ 소득을 재분배하고 있다.

위에서 제시한 경제적 기능들 중에서, 가장 중요한 기능은 소득을 재분배하는 기능이다. 경제적 영역에서 사회보장이 하는 기능을 구체적으로 살펴보면 다음과 같다.

1) 개인 · 가족의 경제적 안정과 관련된 기능

사회보장은 개인과 가족을 경제적으로 안정시키는 기능을 하고 있다. 사회보장 프로그램들 중에서, 개인이나 가족 수준에서 하는 경제적 기능을 가장 잘 보여주는 프로그램은 연금제도이다. 연금제도의 경우, 연금급여를 제공함으로써, 사회에서 경제적으로 안정된 상태에서 지내게 하는 기능을 하고 있다 (Social Security Administration, 2008).

2) 경제제도의 발전과 관련된 기능

사회보장은 경제제도를 발전시키는 기능을 하고 있다. 특히 일부 사회보장 제도는 경제제도가 전체적으로 더 나아지는 방향으로 나아가게 하는 기능을 하고 있다.

사회보장이 경제제도를 발전시키는 기능을 구체적으로 제시하면 다음과 같다(노병일, 2014; Gough, 1999; Gordon, 1994; International Labor Organization, 1984; Tracy, 1996).

① 사회보장제도에서 제공하는 급여는 금융시장(예컨대, 은행)과 일반 시장에 다시 투자되어, 결국에 가서 경제제도가 잘 돌아가게 하는 기능을 하고 있다. 사회보장의 이런 기능을 더 구분하면 다음과 같다.

㉠ 사회보장은 경제제도를 안정시키는 기능을 하고 있다. 특히 사회보험 프로그램은 경제 분야에서 자동 안정장치(automatic stabilizer)의 역할을 하고 있다. 이와 관련된 예를 들면 다음과 같다. 첫째, 연금으로 생활하는 사람이 연금을 받아서 시장에서 물품이나 서비스를 구입할 경우, 시장이 잘 돌아가게 된다. 둘째, 실업자가 받는 실업급여는 경제가 좋지 않은 시기에 시장에서 물품을 구매할 수 있는 능력을 유지하는 데 도움을 주어, 시장이 잘 돌아가게 한다.

㉡ 사회보장은 경제적 자원을 모으는 기능을 하고 있다. 이렇게 모은 경제적 자원은 경제제도가 발전하는 데 이바지하고 있다. 이와 관련된 예를 들면 다음과 같다. 첫째, 사회보장제도에 납부하는 기여금에서 얻어진 자금을 중요한 산업에 투자할 경우, 사회보장은 경제제도가 발전하는 데 유리하게 작용할 수 있다. 둘째, 사회보장 급여는 저축을 통해 투자 자본으로 바뀌어서 경제제도에 다시 투자될 수 있다. 예를 들어, 연금의 일부를 은행에 저축하면, 이 저축을 나중에 기업의 투자 자금으로 사용할 수 있게 되어 경제제도가 발전하는 데 도움을 줄 수 있다.

② 사회보장제도에서 근로자나 실업자에게 제공하는 급여는 근로자의 삶의 질과 생산성에서 유리하게 작용하고 있다. 따라서 사회보장은 결국에 가서 경제제도가 잘 돌아가게 하는 기능을 하고 있다.

사회보장이 경제제도를 발전시키는 기능 : 고용 영역에서의 사례

사회보장이 경제제도가 발전하는 데 긍정적으로 이바지하는 사례를 고용 영역과 관련해 몇 가지 제시하면 다음과 같다(Gough, 1999).

① 사회보장제도에서 실업자에게 실업급여를 주기 때문에, 사람들은 새로운 일자리를 찾는 데 있어 더 장기적인 관점을 취할 수 있다. 이에 따라서 사람들은 자기 기술에 적합한 일자리를 더 효과적으로 찾을 수 있다.

② 사회보장제도에서 질병과 모성 영역에서 사회적으로 보호해 주는 것은, 근로자가 계속해서 일자리를 유지하는 데 도움을 줄 수 있다.

③ 사회보장제도에서 실업에 대해 보호해 주기 때문에, 근로자는 더 헌신적으로 일할 수 있게 되고, 또한 근로자의 생산성이 더 커질 수 있다.

3) 소득 재분배와 관련된 기능

(1) 소득 재분배의 형태

사회보장이 하는 소득 재분배에는 여러 가지 형태가 있다. 사회보장이 하는 소득 재분배의 형태를 몇 가지 제시하면 다음과 같다(Walker, 2005; Alcock, 1997).

① 수직적 재분배가 있다. 수직적 재분배는 서로 다른 소득 집단들 사이에 소득을 이전하는 것을 말한다. 사회보장제도를 통해서 소득을 부유층에서 빈곤층으로 이전할 경우, 수직적 재분배가 이루어지고 있다.

② 수평적 재분배가 있다. 수평적 재분배는 소득에 상관없이 재정적 측면에서 욕구가 큰 사람들에게 자원을 이전하는 것을 말한다. 수평적 재분배를 보여주는 예로 아동수당이 있다. 예를 들어, 가족구성원 중에 보호가 필요한 아동이 있을 경우, 이런 가족에게 아동수당을 제공하는 것은 수평적 재분배를 보여주고 있다.

③ 생애주기 재분배(life-course redistribution)가 있다. 개인이 저축하는 것을 장려하는 보험제도(예컨대, 퇴직에 대비하는 제도)에서 제공하는 급여는, 생애주기에 따른 재분배 기능을 하고 있다. 이 경우, 개인이 비교적 잘 나가는 시기에 얻은 소득을 소득이 비교적 부족한 시기에 이전하게 하는 방식을 통해서, 생애주기 재분배가 이루어지고 있다.

(2) 소득 재분배의 구체적 과정

사회보장의 소득 재분배 기능은 여러 가지 과정을 통해서 이루어진다. 이런 과정을 구체적으로 살펴보면 다음과 같다(노병일, 2018b; 노병일, 2020a; Alcock, 1997; Thompson, 1994; Nolan, 1986; Ramesh, 1995; Pieters, 2006; Kingson & Schulz, 1997; Dattalo, 2007; Caldera, 2009; Kingson, 2011; Tinson, Aldridge, Born & Hughes, 2016; Walls, 2016; Cubanski, Koma, Damico & Neuman, 2018; International Labor Organization, 1984).

(가) 빈곤 감소와 관련된 소득 재분배

폐지를 모으러 다니는 노인 : 사회보장은 빈곤을 줄이는 효과와 관련해 소득 재분배 기능을 하는 것으로 알려져 있다.
출처 : 저자 촬영.

사회보장제도에서 매우 중요하게 추구하는 것은, 유급 일자리에서 일하고 있는 층으로부터 기여금이나 세금의 형태로 자원을 모아서, 이 자원을 적절한 소득을 확보할 수 없어서 빈곤 상태에 놓일 가능성이 있는 층에게 소득으로 제공하는 것이다. 이렇게 할 경우, 사회보장은 자원을 충분히 가지고 있는 층으로부터 자원을 적절하게 가지고 있지 않은 층에게 자원을 재분배할 수 있다. 사실, 사회보장이 빈곤을 줄이는 효과와 관련해, 사회보장의 소득 재분배 기능을 자주 논의하고 있다.

무엇보다도, 빈곤층을 위한 사회보장제도인 공공부조에서는 필요한 재정을 일반 세금을 통해서 확보하고 있다. 따라서 공공부조는 빈곤하지 않은 층으로부터 빈곤한 층에게 자원을 수직적으로 재분배하는 기능을 하고 있다. 특히 자산조사를 거치는 공공부조는 가장 욕구가 큰 층에게만 급여를 제공하기 때문에, 자산조사 방식의 공공부조는 소득 재분배 기능을 더 크게 한다고 볼 수 있다.

또한 사회보장은 노인의 빈곤을 줄여주는 데 매우 긍정적으로 작용하고 있다. 예를 들어 미국의 경우, 연금급여와 공공부조 급여는 노인이 경제적으로 더 안정된 상태를 유지하고 빈곤 상태에서 사는 노인의 수를 줄이는 데 중요한 역할을 하고 있다.

(나) 기여금 · 급여의 양과 관련된 소득 재분배

사회보장 급여의 양이 사회보장 기여금의 양에 비례하는 정도와 관련해, 사회보장의 소득 재분배 기능을 자주 논의하고 있다. 소득 재분배 효과가 가장 큰 사회보장 프로그램은 연금 프로그램과 의료보험 프로그램이다.

연금 프로그램의 경우, 대부분의 공적 연금 프로그램에서 제공하는 급여는 이전 소득과 관련되고 있다. 하지만 대부분의 공적 연금제도의 경우, 임금이 적은 근로자는 임금이 많은 근로자보다 자신이 납부한 기여금에 비해 상대적으로 더 많은 급여를 받도록 설계되어 있다. 물론 임금이 많은 근로자는 기여금을 많이 내기 때문에 급여를 더 많이 받고 있다. 그렇지만 임금이 많은 근로자는 임금이 적은 근로자보다 자신이 납부한 기여금에 비해 상대적으로 더 적은 급여를 받고 있다.

그리고 의료보험 프로그램의 경우, 임금이 많은 근로자는 임금이 적은 근로자보다 기여금을 더 많이 납부하지만, 임금이 많은 근로자와 임금이 적은 근로자 모두는 의료서비스를 같은 수준으로 받고 있다.

한편 사회보장제도에서 급여의 양이 기여금의 양에 비례하는 정도는, 프로그램이나 국가에 따라 차이가 나고 있다. 이런 상황은 사회보장이 소득 재분배 기능을 하는 정도에 영향을 미치고 있다.

사회보장의 소득 재분배 기능 : 연금의 경우

국민연금은 동일한 세대 내의 고소득 계층에서 저소득 계층으로 소득이 재분배되는 '세대 내 소득 재분배' 기능과 미래 세대가 현재의 노인 세대를 지원하는 '세대 간 소득 재분배' 기능이 동시에 포함되어 있습니다.

① **세대 내 소득 재분배** : '부자'가 '가난한 사람'을 도와주는 세대 내 소득 재분배 기능은 국민연금의 급여를 계산하는 공식에서 가입자 전체의 평균 소득을 포함시켜 실현되고 있습니다. 간단하게 설명하면, '저소득 계층'은 전체 가입자의 평균 소득이 자신의 소득보다 높기 때문에 더 많은 연금을 받는 데 비해, '고소득 계층'은 전체 가입자의 평균 소득이 자신의 소득보다 낮기 때문에 저소득층에 비해 상대적으로 연금 혜택이 적은 것입니다.

② **세대 간 소득 재분배** : '미래 세대'가 현재의 '노인 세대'를 지원하는 세대 간 소득 재분배 기능은, 국민연금제도를 도입한 초기 단계에 가입자가 제도에 더 잘 적응하기 위해 도입하였습니다. 미래 세대는 자신의 노후만 준비하면 되지만, 국민연금 초기 가입자의 경우에는 자신의 노후는 물론 부모 부양이라는 이중 부담을 지고 있어 이들의 부담을 완화하기 위해 낮은 보험료에서 출발, 단계적으로 보험료를 높여가도록 한 것입니다.

우리보다 연금제도를 먼저 시행한 외국의 경우에도, 초기 가입자의 부담을 완화하기 위해 낮은 보험료에서 출발하여 경제발전 정도, 부담 능력, 연금재정 상태 등을 종합적으로 고려해 연금 보험료를 높여가고 있습니다.

출처 : 국민연금관리공단(2008c). [원문을 그대로 인용]

(다) 사회수당을 통한 소득 재분배

사회보장 프로그램에서는 사회적으로 바람직한 활동을 하는 층에게 소득 재분배와 관련해 혜택을 주는 경우가 많다. 실제로 사회보장 프로그램들 중에는, 근로자의 가족구성원, 학생, 아동을 양육하는 주부와 같이 유급 일자리에서 일하고 있지 않지만 사회적으로 유익한 활동을 하는 층에게 급여를 보조해 주는 프로그램이 많다. 이것은 사회수당의 경우에 특히 그렇다. 그러므로 많은 국가에서 제공하는 사회수당 급여는 소득을 재분배하는 기능을 하고 있다.

(라) 사회보험을 통한 소득 재분배

국제노동기구에 따르면, 사회보장의 주요한 기능은 일하는 층으로부터 일하지 않는 층에게 자원을 재분배하는 것이고, 또한 건강한 층으로부터 의료서비스가 필요한 층에게 자원을 재분배하는 것이다. 이런 기능과 관련이 있는 사회보장의 형태는 사회보험이다.

일반적으로 사회보험은 수평적 재분배를 잘 하고 있는 것으로 알려져 있다.[45] 예를 들어, 사회보험제도를 통해서, 건강한 층으로부터 건강이 좋지 않은 층에게로, 젊은층으로부터 노인층에게로, 활동을 잘하는 층으로부터 활동하기 어려운 층에게로, 일자리가 있는 층으로부터 실업 상태에 있는 층에게로 수평적 재분배가 이루어지고 있다.

(3) 소득 재분배(불평등 감소) 기능에 대한 반대 의견

사회보장 급여가 소득 재분배 기능을 하거나 불평등을 줄이는 기능을 한다는 주장에 대해서 반대하는 의견도 많이 존재하고 있다. 이런 반대 의견을 구체적으로 제시하면 다음과 같다(Karger & Stoesz, 1993; Walz & Tracy, 1994; Gilbert & Terrell, 2014).

① 빈곤층에게 제공하는 급여의 수준은 처음부터 제약되어 있다는 의견이 있다. 좌파의 경우, 자본주의 사회에서 빈곤층이 급여를 받는다고 해서, 빈곤층의 생활은 실제로 달라지지 않는다는 주장을 펼쳐 왔다. 이런 입장에서 보면, 사회보장제도가 빈곤층에게 소득 재분배 기능을 한다는 것은 사실이 아닌 측면이 많다.

② 사회보장과 관련된 기여금의 측면에서 부유층이 더 유리하다는 의견이 있다. 이런 의견에 따르면, 빈곤층이나 저소득층이 자신의 소득에서 사회보장 기여금으로 납부하는 비율은 부유층이 납부하는 비율보다 더 높다. 이것은 부(wealth)가 임금 소득이 아니라 자본 소득에서 나오는 부유층의 경우에 더욱 그렇다.

45) 그러나 사회보험의 경우, 수직적 재분배는 잘하고 있지 않은 것으로 알려져 있다(Kingson & Schulz, 1997).

정리

- 사회보장의 경제적 기능은 학자・일반인이 사회보장에 대해 논의할 때에 자주 제시하는 기능이다. 사회보장의 주요한 경제적 기능은 개인・가족을 경제적으로 안정시키는 기능, 경제제도를 발전시키는 기능, 소득을 재분배하는 기능이다.
- 사회보장은 소득을 재분배하는 기능을 하는데, 소득 재분배의 형태에는 여러 가지가 있다. 이 중에서 수직적 재분배는 서로 다른 소득 집단들 사이에 소득을 이전하는 것이고, 수평적 재분배는 소득에 상관없이 재정적 측면에서 욕구가 큰 사람들에게 자원을 이전하는 것이다.
- 사회보장의 소득 재분배 기능에 대해서는 반대 의견도 존재한다.

7. 사회보장의 사회적 기능

사회보장은 사회적으로 유리한 기능을 하고 있다. 일반적으로 사회보장은 사회 안정을 가져오거나 사회 연대를 더 가져오는 기능을 하고 있다. 사회적 영역에서 사회보장이 하는 기능을 구체적으로 살펴보면 다음과 같다.

1) 사회 안정과 관련된 기능

사회보장은 사회구성원이 미래의 불안에서 벗어날 수 있게 해줌으로써, 사회를 안정시키는 기능을 하고 있다. 또한 사회보장은 국민의 최저생활을 확보해 줌으로써 사회를 안정시키는 기능을 하고 있다.

배에서 사는 저소득층과 주위의 고급 아파트 : 사회보장은 사회를 안정시키는 기능을 한다.
출처 : 홍콩에서 저자 촬영.

2) 사회 연대와 관련된 기능

사회보장이 사회를 안정시키는 기능을 한다는 점은, 사회보장이 사회 연대(social solidarity)를 증가시킨다는 데에서 찾아볼 수 있다. 구체적으로, 사회 연대를 높이고자 하는 사회보장제도는 서로 지지하고 서로 책임지는 네트워크에 다양한 집단들을 묶는 기능을 하고 있다(Walker, 2005; Pieters, 1993).

그러므로 사회보장은 사회적 위험을 겪고 있는 층들 사이에 연대관계를 형성해 주고 있다. 예를 들어 프랑스의 경우, 사회보장은 생활의 위험을 겪을 때에 모든 사람을 재정적으로 보호해 주는 연대(solidarité)의 원칙에 토대를 두고 있다(Direction de la Sécurité Sociale, 2008).

사회 연대의 유형

사회 연대의 유형에는 다음과 같은 것이 있다(Pieters, 1993).

① 세대 내 연대(intra-generational solidarity)가 있다. 세대 내 연대는 한 세대 또는 같은 세대 내에서 형성되는 연대이다. 건강한 사람과 아픈 사람 사이의 연대는 세대 내 연대의 좋은 예이다.

② 세대 간 연대(inter-generational solidarity)가 있다. 세대 간 연대는 다양한 세대들 사이에 형성되는 연대이다. 이것은 현대에 들어서 점점 중요해지고 있다. 세대 간 연대는 더 젊고 더 활발한 인구층이 이전 세대의 사회보장 급여를 제공해 주는 것을 의미하는데, 연금제도가 이와 관련되고 있다.

미국의 어느 정치인은 사회보장을 '공동체를 가장 잘 표현한 것'이라고 보는데(Kingson & Schulz, 1997), 이것은 사회보장이 연대를 통해 사회적 기능을 하고 있음을 잘 보여주고 있다. 사회 연대는 사회보험 프로그램과 특히 관련이 있다. 사회보험의 경우, 개인과 가족이 겪는 위험에 대해 이들을 실제적이고 안전하고 효율적으로 보호하는 수단을 제공함으로써, 공동체 가치를 유지하여야 한다는 인식을 반영하고 있다(Kingson, 2011).

또한 자산조사식 프로그램을 사회연금(social pension)이나 평등 급여(equalization payment)라고 부르는 경우가 많다(Social Security Administration, 2015). 따라서 대표적인 자산조사식 프로그램인 공공부조는 사회 연대에 이바지하는 측면이 있다고 볼 수 있다.

그리고 기본 소득이나 빈곤수당과 같은 것은 사회 연대와 밀접하게 관련되어 있다. 예를 들어, 연대를 확대하기 위한 방안의 하나로 기본 소득을 논의하고 있는데, 기본 소득의 특징은 모든 거주자나 시민에게 정부가 정기적으로 현금을 제공하는 데 있다. 이 경우, 일할 것인지 여부나 욕구가 있는지 여부는 고려하지 않고 있다. 이런 기본 소득은 일종의 사회 연대 수당으로 볼 수 있다. 특히 프랑스의 경우, 빈곤수당을 제공할 계획을 세우면서 빈곤수당의 이름을 '사회 연대 수당'으로 정한 바 있다. 당연하게도, 이런 형태의 사회보장 급여는 사회를 안정시키는 기능을 하고 있다(Pieters, 1993).

실업 프로그램의 사회 안정 기능

사회보장에서 사회를 안정시키는 기능을 가장 잘 보여주는 프로그램으로 실업과 관련된 프로그램을 꼽을 수 있다. 실업은 범죄와 폭력을 유발할 수 있다(Eyles & Donovan, 1990). 이 경우, 실업은 사회 안정에 부정적으로 영향을 미치는 요인이 될 가능성이 크다.

선진국에서는 실업과 범죄 사이에 관련이 있다는 점을 실증적으로 제시한 바 있다. 예를 들어 일부 선진국의 경우, 실업이 증가함에 따라 도둑 사례가 증가하는 현상이 보이고 있다. 그리고 일부 선진국에서는, 실업이 증가함에 따라서 살인 사례가 증가하는 현상도 보이고 있다. 여러 전문가의 경우, 실업 상태에 있는 사람들이 더 이상 잃을 것이 없다고 생각하게 되면 범죄에 관여할 수 있음을 경고해 왔다(노병일 · 오영선, 1999). 사회 안정과 관련해서 실업이 미치는 부정적인 영향이 크면 클수록, 이것은 거꾸로 실업과 관련된 사회보장 프로그램은 사회를 안정시키는 기능을 크게 한다는 점을 보여주고 있다.[46]

정리

• 사회보장은 사회를 안정시키거나 사회 연대를 가져오는 기능을 한다.

8. 사회보장의 정치적 기능

사회보장은 정치적으로 의미 있는 기능을 하고 있다. 일반적으로 사회보장의 정치적 기능은 정치체제를 유지하는 기능과 긍정적으로 정치를 안정시키는 기능을 말한다. 정치적 영역에서 사회보장이 하는 기능을 구체적으로 살펴보면 다음과 같다.

1) 체제 유지 및 안정과 관련된 기능

사회주의자의 경우, 자본주의체제에서 제공하는 사회보장은 자본주의의 진짜 모순을 감추면서 체제를 안정시키는 기능을 한다고 주장하고 있다. 즉, 자본주의체제에서 제공하는 사회보장 프로그램은 사회구성원들에게 일종의 '허위의식(false consciousness)'을 심어주는 이데올로기로 작용함으로써, 결국에 가서 사회보장은 자본주의체제를 안정하게 유지하는 데 도움을 준다는 것이다.

이런 식으로 볼 경우 사회보장은 계급의식을 약화시키고 불만을 방지함으로써, 체제를 유지시키는 기능을 하고 있다. 즉, 사회보장은 사회 구조와 정치체제의 틀을 근본적으로 새로 짜는 급진적 혁명이 발생하는 것을 예방하고, 그 대신에 개혁이 체제 내에서만 일어나게 하는 기능을 하고 있다.

46) 실업과 관련된 상황이 매우 심각해져서 실업자가 집단적 행동을 과격하게 하면, 사회 안정뿐만 아니라 정치 안정까지 해칠 수 있다. 이런 상황은 다음에 논의할 정치적 기능과도 관련되고 있다.

실제로 사회보장과 관련된 정책을 이런 정치적 기능(목적)을 고려하고서 실시한 경우가 적지 않다. 비스마르크(Bismarck)가 세계에서 최초로 실시한 사회보험제도는 그 좋은 예이다. 비스마르크가 사회보험법을 만든 목적은, 노동자에게 시민으로서의 권리와 정치적 권리를 확대하려는 데 있는 것이 아니었다. 비스마르크가 사회보험제도를 도입하면서 추구한 목적은, 노동자에게 시민으로서의 권리와 정치적 권리를 높여주려는 것과는 반대되는 것이었다. 비스마르크는 노동자에게 사회보험 프로그램을 제공함으로써, 국가는 노동자의 복리에 관심을 가지고 있다는 사실을 노동자에게 보여주려고 하였다. 그리하여 비스마르크가 의도한 것은, 노동자가 당시의 좌파와 접촉하지 못하게 하려는 것이었다(Baldwin, 1995). 따라서 당시의 사회민주주의자는 비스마르크의 사회보험 방안을 매우 반대하였다.

독일 퓌센의 노이슈반스타인 성(이 성의 성주는 비스마르크를 좋아했는데, 자신이 어려울 때에 비스마르크에게 도움을 청하였으나 비스마르크는 도와주지 않았다고 함) : 비스마르크가 세계에서 최초로 실시한 사회보험제도는 사회보장의 정치적 기능을 고려한 것이다.

출처 : 독일에서 저자 촬영.

2) 긍정적 정치 안정과 관련된 기능

사회보장은 정치를 긍정적으로 안정시키는 기능을 하고 있다. 앞에서 설명한 체제 유지·안정과 관련된 기능이 사회보장을 비판적 입장에서 바라본 것이라면, 긍정적 정치 안정의 기능은 사회보장을 긍정적 입장에서 바라본 것이다. 즉, 잘된 사회보장제도를 갖추면 정치적으로 안정된 상황이 나타날 가능성이 커지고, 이와 반대로 사회보장제도를 제대로 갖추지 못하면 정치적으로 불안정한 상황이 나타날 가능성이 커진다는 것이다.

사회보장의 정치적 기능 : 한국과 싱가포르의 사례

우리나라에서 권력을 잡고 있는 층이 사회보장을 정치적 상황에 따라서 제공한 것은, 권력을 잡고 있는 층이 사회보장의 정치적 기능을 잘 활용한 사례로 볼 수 있다. 우리나라의 박정희 시대에, 대통령 선거와 국회의원 선거에서 여당이 크게 승리하지 못하자, 박정희 정권은 국민의 지지를 끌어낼 조치로 사회보장제도를 개혁하였다. 예를 들어, 1971년의 대통령 선거에서 박정희는 야당 후보(김대중)에게 간신히 승리하였는데, 선거 후에 농민을 위한 소득 지원, 장애인·유족을 위한 연금, 의료보험과 관련한 조치를 발표하였다. 또한 1985년의 국회의원 선거에서 여당은 전체 투표의 35%만 지지를 받았는데, 이 선거 이후에 노동조합에 대한 규제를 줄이고 사회보장 프로그램을 확대하였다. 이런 사회보장 프로그램들 중에서 가장 중요한 것은 국민연금제도를 만든 것이었다.

이에 비해서 싱가포르에서 권력을 잡고 있는 층은 국민의 지지를 크게 받고 있었고, 이에 따라 사회보장 프로그램을 실시하는 것과 관련된 압력을 한국보다 더 적게 받고 있었다(Ramesh, 1995).

정리

- 사회보장은 정치체제를 유지하고 긍정적으로 정치를 안정시키는 기능을 한다.

PART
02

사회보험과 사회수당 프로그램

제4장 사회보험

제5장 연금과 관련된 사회보장

제6장 의료와 관련된 사회보장

제7장 산업재해와 관련된 사회보장

제8장 실업과 관련된 사회보장

제9장 장기요양(의존)과 관련된 사회보장

제10장 아동급여(아동수당 · 가족수당)

CHAPTER 04

사회보험

CONTENTS

1. 사회보험의 정의와 목적
2. 사회보험의 특징
3. 사회보험의 원칙
4. 사회보험의 대상과 급여와 운영 및 재정

1. 사회보험의 정의와 목적

1) 사회보험의 정의

사회보험은 사회보장제도에서 규모가 가장 큰 프로그램이다. 사실, 복지국가의 핵심적인 프로그램은 생활하면서 겪는 기본적 위험에 대비해 주는 사회보험의 형태를 띠고 있다(Wilensky, Luebbert, Hahn & Jamieson, 1985).

하지만 사회보험을 정의하는 것은 간단한 일이 아니다.[47] 그동안 사회보험에 대해 정의한 것을 몇 가지 제시하면 다음과 같다(국가법령정보센터, 2020; Barker, 2003; Abel-Smith, 2015).

① 미국의 전국사회복지사협회(NASW)에서 간행한 사전에 따르면, 사회보험은 법에 정해진 위험에 대해 사회구성원들을 보호해 주는 정부 프로그램을 말한다. 법에 정해진 위험의 예로 노령, 장애, 가장의 사망, 실업,

47) 사회보험제도를 고용 관련 제도라고 부르는 경우도 있다.

산업재해, 질병 때문에 소득을 얻지 못하는 것이 있다.

② 브리태니커(Britannica) 백과사전에 따르면, 사회보험은 질병, 장애, 배우자의 사망, 노령을 겪을 때에 현금급여와 의료급여를 제공하기 위해 강제보험 방식을 사용하는 조치를 말한다.

③ 미국위험보험협회(American Risk and Insurance Association)에 따르면, 사회보험은 가입자가 미리 정해진 위험을 겪을 때에 위험을 공동으로 관리하는 제도를 말한다.

④ 우리나라의 사회보장기본법에 따르면, 사회보험은 "국민에게 발생하는 사회적 위험을 보험방식에 의해 대처함으로써 국민건강과 소득을 보장하는 제도"를 말한다.[48]

사회보험 사무소의 연금 상담 안내 : 사회보험은 사회보장제도에서 규모가 가장 큰 프로그램이다.
출처 : 일본에서 저자 촬영.

48) 여기에 대해서는 사회보장의 형태를 다루는 장(제2장)에서 이미 설명한 바 있다.

정리하건대, 사회보험은 강제 보험 방식을 사용해서 사회구성원이 겪는 사회적 위험에 대해 공동으로 대비하는 제도라고 볼 수 있다.

2) 사회보험의 목적

사회보험의 목적은 사회보험의 정의 속에 이미 포함되어 있다. 즉, 사회보험에서 추구하는 목적은 사회구성원을 사회적 위험에 대해 보호하는 데 있다.

무엇보다도 사회보험에서는 빈곤을 예방하고자 한다(DiNitto, 2007). 그러나 사회보험의 가장 큰 목적은 사회구성원의 소득을 안정되게 유지하는 데 있다. 예를 들어 스웨덴의 사회보장청에 따르면, 사회보험의 목적은 인간이 생활하면서 지나가는 모든 발달 단계에서 인간이 재정적으로 안정하게 지내도록 하는 데 있다(Forsakringskassan, 2006).

그리고 경제적 관점에서 볼 때, 사회보험은 몇 가지 중요한 목적을 추구하고 있다. 이와 관련해, 사회보험의 중요한 목적을 몇 가지 제시하면 다음과 같다(Rejda, 1999).

① 경제적으로 안정된 생활을 보장한다. 구체적으로 사회보험의 목적은 이른 나이에 사망하는 것, 나이가 드는 것, 질병에 걸리는 것, 장애 상태에 놓이는 것, 실업 상태에 놓이는 것과 같은 위험을 겪을 경우, 경제적 영역에서 기본적으로 안정된 생활을 누리게 하는 데 있다.

② 빈곤을 예방한다. 구체적으로 사회보험의 목적은 개인이나 가족이 빈곤 상태에 놓이는 상황을 미리 막는 데 있다.

③ 국가의 경제를 안정시킨다. 구체적으로 사회보험의 목적은 국가가 경제적으로 더 안정되게 하는 데 있다.

④ 중요한 가치를 보존한다. 구체적으로 사회보험의 목적은 개인적 동기와 적극성과 절약 정신을 더 가지게 하는 데 있다. 예를 들어, 많은 사회보험 프로그램의 경우, 개인은 유급 일자리에서 일함으로써 경제적 안정을 얻어야 한다는 인식을 바탕에 깔고 있다. 이에 따라서 많은 사회보험 프로그램에서는 근로자가 급여를 받을 권리나 급여의 양 등을 근로자가 유급 일자리에서 일해서 얻는 수입에 근거해 정하고 있다.

정리

- 사회보험은 사회보장제도에서 규모가 가장 큰 프로그램이다. 사회보험은 강제 보험 방식을 사용해서 사회구성원이 겪는 사회적 위험에 대해 공동으로 대비하는 제도이다.
- 사회보험은 경제적으로 안정된 생활을 보장하고, 빈곤을 예방하고, 국가의 경제를 안정시키고, 중요한 가치를 보존하고자 한다.

2. 사회보험의 특징

1) 사회보험의 일반적 특징

(1) 사회보험의 특징

일반적으로 사회보험은 다음과 같은 조건을 모두 가져야 하는데, 이런 조건은 사회보험의 특징이라고 볼 수 있다(Rejda, 1999; Barker, 2003; Forsakringskassan, 2006; DiNitto, 2007; Gilbert & Terrell, 2014; Karger & Stoesz, 2006; International Labour Organization, 2014 : Kingson, 2011).

① 사실상 모든 경우에, 법에 의해서 사회보험에 강제로 가입하도록 되어 있다. 즉, 사회보험에서는 강제적(의무적)으로 기여금을 내고 강제적(의무적)으로 참여하여야 한다.

② 사회보험을 처음으로 도입하는 시기를 제외하고는, 사회보험 급여를 받을 수 있는 자격은 해당되는 사람이나 보호자가 사회보험 프로그램에 납부한 기여금에 근거하고 있다. 따라서 근로자가 퇴직하거나 장애 상태에 놓이거나 실업 상태에 놓일 때, 사회보험 프로그램에 기여금을 납부한 사람은 자신의 부(wealth)가 어느 정도인지에 상관없이 사회보험 급여를 받을 수 있는 자격을 가지게 된다. 즉, 사회보험의 경우, 개인은 자신의 재정적 자원이 적절하지 않다는 점을 보여줄 필요가 없다. 따라서 사회보험에서는 자산조사를 실시하지 않고 있다. 예를 들어 연금의 경우, 해당되는 사람이 납부하는 기여금은 연금을 받을 수 있는 권리의 근

거가 되고 있다. 단, 해당되는 사람이 아닌 사람이 사회보험 급여를 받고자 할 경우, 이 사람이 해당되는 사람을 부양하고 있음을 보여줄 필요가 있을 수 있다.

③ 사회보험의 급여를 결정하는 방법은 법에 정해져 있다.

④ 사회보험은 급여를 기여금에 근거해서 제공할 뿐만 아니라, 급여를 욕구에 근거해서도 제공하고 있다. 따라서 사회보험에서 받는 급여의 양은 해당되는 사람이나 관련자가 납부한 기여금의 양과 직접적으로 비례하지 않는 경우가 많다. 즉, 사회보험 프로그램에서 제공하는 급여의 양은 기여금의 양에 반드시 비례하지 않고 있다. 그 대신에, 사회보험 급여의 양을 어떤 집단에 유리하도록 분배하는 경우가 많다.

⑤ 사회보험 급여에 필요한 재정을 확보하기 위한 명확한 계획이 세워져 있다. 이런 계획은 장기적으로 적절하도록 설계되어 있다.

⑥ 사회보험제도에 필요한 비용은 기여금을 통해서 주로 확보하고 있다. 따라서 근로자와 고용주는 사회보험 프로그램에 기여금을 납부하고 있다. 기여금은 급여를 받는 대상자가 납부하거나, 고용주가 납부하거나, 대상자・고용주 모두가 납부하는 경우가 많다.

⑦ 정부는 사회보험제도를 운영하거나 또는 적어도 감독하고 있다. 예를 들어, 정부나 공공기관은 사회보험과 관련된 자금을 관리하고, 근로자가 퇴직하거나 사망하거나 장애를 겪거나 실업자가 될 때에 이 자금을 사용하고 있다.

⑧ 사회보험에서는 사적 이윤을 추구하지 않고 있다.

사회보험의 특징 : 강제 가입

국민연금은 '나' 혼자서 대비하기 어려운 생활의 위험을 모든 국민이 연대하여 공동으로 대처하는 '우리'를 위한 제도로 모든 국민이 가입 대상입니다. 국민연금뿐만 아니라 건강보험 등 대부분의 사회보험제도는 강제가입을 채택하고 있습니다.

강제적용을 하지 않는다면, 국민연금에 가입하지 않거나 보험료를 납부하지 않을 수 있습니다. 즉, 가난한 사람은 '당장의 생활이 어려워 노후준비를 할 수 없다', 부유한 사람 또한 '별도의 노후준비가 필요 없다'고 가입을 기피하고, 젊은층의 경우는 '먼 훗날의 노후를 굳이 지금부터 준비할 필요가 있느냐' 등으로 가입하지 않을 수 있습니다.

가입을 기피하는 사람이 많을수록 노년 빈곤층이 많아지고, 이것이 사회문제화 될 경우 결국 국가는 빈곤해소를 위해 조세 등을 통해 해결해야 합니다. 이렇게 되면 성실하게 노후를 준비한 사람은 자신의 노후는 물론 노후를 준비하지 못한 사람에 대한 보장을 책임지는 이중 부담을 해야 하기 때문에 소득활동을 하는 사람은 누구나 의무적으로 가입하도록 하는 것입니다.

출처 : 국민연금관리공단(2008c). [원문을 그대로 인용]

(2) 위 특징들의 관련성

앞에서 제시한 특징들 중에서 일부는 서로 관련되어 있다. 사회보험의 특징들이 서로 관련된 예를 구체적으로 제시하면 다음과 같다(Thompson, 1994).

① 소득 수준이 낮은 층에게도 소득을 적절히 보장해 주기 위해서는, 소득 수준이 높은 층으로부터 소득 수준이 낮은 층에게 경제적 자원을 이전하여야 한다. 따라서 이와 같이 소득을 재분배하기 위해서, 사회보험에서는 기여금에 직접적으로 비례하는 방식으로 급여를 제공하는 것이 아니라, 소득을 재분배하는 방식으로 급여를 제공할 수밖에 없다(앞에서의 네 번째 특징).

② 재분배를 추구하는 프로그램에서는 강제적으로 가입하게 하는 방식을 취할 수밖에 없다(앞에서의 첫 번째 특징). 왜냐하면 강제적으로 가입하는 방식을 취하지 않을 경우, 소득 수준이 높은 층은 사회보험 프로그램에 가입하려고 하지 않을 수 있기 때문이다. 그리고 강제적으로 가입하는 방식의 사회보험을 잘 운영하기 위해서는, 국가가 해당 프로그램에 직접적·간접적으로 관여하여야 한다(앞에서의 일곱 번째 특징).

한국사회보장학회가 주관한 학술대회의 포스터(일부) : 사회보험의 특징들은 서로 관련된다.
출처 : 저자 촬영.

2) 사회보험과 민간보험의 유사점과 차이점[49)]

일반인은 사회보험과 민간보험을 서로 혼동하는 경우가 많다. 왜냐하면 민간보험의 기준을 사회보험에 적용하였기 때문이다. 즉, 사회보험에서는 부분적으로 민간보험에서 사용하는 원리를 근거로 삼고 있기 때문이다(Karger & Stoesz, 2006).

그러나 사회보험 및 민간보험과 관련해, 다음과 같은 점을 고려할 필요가 있다(Rejda, 1999).

49) 우리나라의 경우, 민간보험(private insurance)을 '민영보험' 또는 '사보험'으로 번역하기도 한다.

① 사회보험과 민간보험은 성격과 내용이 서로 매우 다르다.
② 사회보험과 민간보험은 목적이 서로 동일하지 않다.

앞에서 사회보험에 대해 내린 정의를 통해서, 사회보험이 여러 측면에서 민간보험과 비슷하지만, 사회보험은 민간보험에서 보이지 않는 독특한 특징을 몇 가지 지니고 있음을 알 수 있다. 사회보험과 민간보험의 유사점과 차이점을 구체적으로 살펴보면 다음과 같다.

(1) 사회보험과 민간보험의 유사점

사회보험과 민간보험은 다음과 같은 점에서 서로 비슷하다(Rejda, 1999; Karger & Stoesz, 2006).

① 사회보험과 민간보험은 정해진 위험을 넓게 공동으로 관리하고 있다.
② 사회보험과 민간보험에서는 적용 범위, 급여의 내용, 재정과 관련된 모든 조건에 관해서 구체적이고 완벽하게 밝히고 있다.
③ 사회보험과 민간보험의 경우, 급여를 받을 자격과 급여의 양을 결정하기 위해서 정확하게 수학적으로 계산할 필요가 있다.
④ 사회보험과 민간보험에서는, 프로그램을 운영하는 데 필요한 비용을 확보하기에 충분한 기여금이나 보험료가 필요하다. 즉, 사회보험과 민간보험의 경우, 자금을 별도로 갖추고 있다.
⑤ 사회보험과 민간보험에서 정해진 급여를 받고자 할 때에는, 욕구를 증명할 필요가 없다.
⑥ 사회보험과 민간보험은 경제적으로 안정된 생활을 하도록 해주고 있고, 이에 따라 사회 전체적으로 긍정적인 역할을 하고 있다.

(2) 사회보험과 민간보험의 차이점

앞에서 본 바와 같이, 사회보험은 민간보험과 유사한 특징을 많이 가지고 있다. 그러나 사회보험은 시장에서 일반적으로 적용하는 교환 법칙에 따라 운영되고 있지 않다(4대사회보험 정보연계센터, 2020b; Gilbert & Terrell, 2014). 그러므로 사회보험과 민간보험은 다음과 같은 점에서 크게 차이가 나고 있다(Rejda, 1999; Kingson, 2011).

① 가입에서 차이가 나고 있다. 사회보험에서는 강제적으로(의무적으로) 가입하여야 한다. 그러나 민간보험에서는 임의로(자율적으로) 가입하고 있다.

② 보호하는 수준에서 차이가 나고 있다. 사회보험에서는 최저 수준의 소득을 보호하고 있다. 그러나 민간보험에서는 더 많은 양의 보호를 받을 수 있는데, 이때에 보호의 양은 개인이 바라는 정도와 지불할 수 있는 능력에 따라 좌우되고 있다.

③ 강조하는 사회적 가치에서 차이가 나고 있다. 사회보험에서는 사회적 적절성(social adequacy)을 강조하고 있다. 사회적 적절성은 제공하는 급여가 보호를 받는 사람의 기본적 욕구를 충족시키는 것을 의미한다. 이에 따라서 사회보험에서는 복지의 측면을 강조하고 있다. 그러나 민간보험에서는 개인적 형평(individual equity)을 강조하고 있다. 이에 따라서 민간보험에서는 보험의 측면을 강조하고 있다.

④ 급여의 근거에서 차이가 나고 있다. 사회보험에서는 법에 따라 급여를 결정하고 있고, 이런 법은 변경될 수 있다. 따라서 사회보험은 법적 권리에 근거하고 있다. 그러나 민간보험에서는 법적 계약에 따라 급여를 결정하고 있다. 따라서 민간보험은 계약적 권리에 근거하고 있다.

⑤ 독점 여부에서 차이가 나고 있다. 사회보험은 정부가 독점하고 있다. 그러나 민간보험은 민간 회사들이 서로 경쟁하고 있다.

⑥ 비용에서 차이가 나고 있다. 사회보험의 비용은 예측하기 어렵다. 그러나 민간보험의 비용은 더 쉽게 예측할 수 있다.

⑦ 재정을 확보하는 정도에서 차이가 나고 있다. 사회보험에서는 재정을 완전하게 확보할 필요가 없다. 그 이유를 구체적으로 살펴보면 다음과 같다.

㉠ 사회보험은 강제 가입 방식이므로, 새로운 가입자가 기여금을 계속해서 납부하기 때문이다.

㉡ 사회보험은 영구하게 지속될 것으로 보기 때문이다.

그러나 민간보험에서는 완전한 재정을 확보할 필요가 있다. 왜냐하면 민간보험은 새로운 가입자가 납부하는 보험료에 의존함이 없이, 완전히 재정을 확보한 상태에서 운영하여야 하기 때문이다.

⑧ 보험 계약에서 차이가 나고 있다. 사회보험에서는 보험 계약을 하지 않고 있다. 그러나 민간보험에서는 개인적으로 보험 계약을 하거나 또는 집단이 보험 계약을 하고 있다.

⑨ 목적과 결과에 관한 의견에서 차이가 나고 있다. 사회보험의 목적과 결과에 관해서는 의견 차이가 크게 나고 있다. 그러나 민간보험의 목적과 결과에 관해서는 의견이 일반적으로 더 통일되어 있다.

⑩ 투자하는 방식에서 차이가 나고 있다. 사회보험에서는 일반적으로 중앙정부나 위임기관이 주도하여 투자하고 있다. 그러나 민간보험에서는 주로 민간 통로를 통해 투자하고 있다.

⑪ 물가가 오르는 것(인플레이션)에 취약한 정도에서 차이가 나고 있다. 사회보험은 물가가 오르는 것 때문에 생긴 손실을 보상하기 위해, 정부가 세금을 납부하게 하는 힘을 쉽게 사용할 수 있다. 그러나 민간보험에서는 그렇지 못하므로, 민간보험은 물가가 오르는 것에 대해 더 취약하다.

⑫ 성격에서 차이가 나고 있다. 사회보험은 집단보험의 성격을 지니고 있다. 그러나 민간보험은 개별 보험의 성격을 지니고 있다.

이상의 차이점을 정리하면 <표 4-1>과 같다.

〈표 4-1〉 사회보험과 민간보험의 차이점

항 목	사회보험	민간보험
가 입	강제 가입	임의 가입
보호 수준	최저 수준의 소득 보호	더 많은 양의 보호 가능
강조하는 사회적 가치	사회적 적절성	개인적 형평
급여의 근거	법에 따라 결정 (법적 권리에 근거)	법적 계약에 따라 결정 (계약적 권리에 근거)
독점 여부	정부가 독점	경쟁
비 용	예측이 어려움	더 쉽게 예측이 가능
재정 확보	완전한 재정 확보가 필요 없음	완전한 재정 확보가 필요
보험 계약	안 함	개인·집단이 계약
목적·결과에 대한 의견	큰 의견 차이	더 통일됨
투자 방식	중앙정부나 위임기관이 주도	주로 민간 통로를 통합
물가 오름에 대한 대처	세금을 부과하는 힘을 쉽게 사용	더 취약
성 격	집단 보험	개별 보험

출처 : Rejda(1999)와 4대사회보험 정보연계센터(2020b)에 근거해 노병일이 작성.

민간보험 회사 : 사회보험과 민간보험은 서로 유사한 점도 있고 차이가 나는 점도 있다.
출처 : 오스트리아에서 저자 촬영.

3) 사회보험의 장점

다른 형태의 사회보장 프로그램에 비해서, 사회보험은 장점을 많이 가지고 있다. 사회보험의 장점을 몇 가지 제시하면 다음과 같다(Thompson, 1994; International Labor Organization, 1984; Furniss & Tilton, 1977).

① 사회보험 급여는 법적 권리로서 제공하고 있다. 따라서 사회보험 급여를 받는 사람은 남에게 의존한다는 인식을 갖지 않게 되고, 또한 사회보험 급여를 받는 사람이 이전에 지니던 지위가 줄어들지 않는다. 즉, 사회보험 급여는 기여금에서 나오기 때문에, 사회보험 급여를 받는 사람은 오명을 피할 수 있고 또한 자신의 권위를 지킬 수 있다. 개인의 위엄을 크게 유지할 수 있다는 점은, 사회보험이 가지는 큰 장점에 속하고 있다.

② 사회보험은 재정과 관련해 다음과 같은 장점을 지니고 있다.

㉠ 일반인에게 세금 부담을 주지 않는다.

㉡ 재정을 확보하기가 비교적 쉽다. 그 이유를 구체적으로 살펴보면 다음과 같다. 첫째, 사회보험의 기여금을 계산하는 방법은 단순하기 때문이다. 둘째, 고용주도 기여금을 납부하므로, 근로자 자신도 기꺼이 기여금을 납부하려고 하기 때문이다.

㉢ 사회보장제도에 대해서 재정적으로 무리하지 않을 가능성이 크다. 사회보험 급여를 받는 사람은 급여의 양이 많을수록 좋아할 것이다. 그러나 사회보험 급여의 양이 많아지려면 그에 맞게 기여금의 양도 많아져야 한다. 따라서 급여를 많이 받기 위해서는 기여금도 많이 납부하여야 하므로, 정치인이 사회보험 급여의 양을 늘리려고 시도하기가 어려울 수 있다.

③ 사회보험에서는 적절한 근로 동기를 장려하고 있다. 왜냐하면 사회보험을 통해 도움을 받을 자격을 갖추기 위해서는, 정해진 양의 기여금을 정기적으로 납부하여야 하기 때문이다.

④ 빈곤을 줄이는 데 효과적이다. 즉, 사회보험 프로그램은 공공부조 프로그램이나 기타 자산조사식 프로그램보다 빈곤을 줄이는 데 있어 더 효과가 있다.

정리

- 사회보험은 강제로 가입하도록 되어 있고, 급여를 받을 수 있는 자격은 기여금에 근거하고, 급여를 결정하는 방법은 법에 정해져 있고, 급여를 욕구에 근거해서도 제공하고, 재정을 확보하기 위한 명확한 계획이 세워져 있고, 비용은 기여금을 통해 주로 확보하고, 정부가 제도를 운영하거나 감독하고, 사적 이윤을 추구하지 않는다는 특징을 지닌다. 이런 특징의 일부는 서로 관련된다.
- 사회보험과 민간보험은 정해진 위험을 넓게 공동 관리하고, 적용 범위와 급여 내용과 재정 관련 조건에 관해서 밝히고, 급여를 받을 자격과 급여의 양을 결정하기 위해 정확히 계산할 필요가 있고, 충분한 기여금이나 보험료가 필요하고, 욕구를 증명할 필요가 없고, 경제적으로 안정된 생활을 하게 해준다는 점에서 서로 유사하다.
- 사회보험과 민간보험은 가입, 보호 수준, 강조하는 사회적 가치, 급여의 근거, 독점 여부, 비용, 재정 확보의 정도, 보험 계약, 목적과 결과에 관한 의견, 투자 방식, 물가 상승에 취약한 정도, 성격에서 서로 차이가 난다.
- 사회보험은 개인의 위엄을 높게 가질 수 있고, 재정 측면에서 유리하고, 적절한 근로 동기를 장려하고, 빈곤을 줄이는 데 효과적이라는 장점이 있다.

3. 사회보험의 원칙

1) 베버리지가 제시하는 사회보험의 기본 원칙

사회보험을 논의할 경우에 빠트릴 수 없는 원칙은 베버리지 보고서에 나타나 있는 사회보험 원칙이다. 베버리지(Beveridge, 1942)의 경우, 사회보험의 기본 원칙을 다음과 같이 여섯 가지로 제시하고 있다.

① 첫 번째의 기본 원칙은 정액 급여(flat rate of subsistence benefit)의 원칙이다. 정액 급여의 원칙은 실업이나 장애 때문에 얻지 못하게 된 소득의 양이나 퇴직 때문에 얻지 못하게 된 소득의 양에 상관없이, 사회보험의 급여를 정액으로 제공하는 것을 말한다. 단, 이런 원칙은 산업재해나 직업병 때문에 장기간 장애 상태에 놓일 경우에는 예외로 한다. 그리고 출산을 하거나 남성 배우자가 사망한 경우에는 더 많은 급여를 일시적으로 제공한다.

② 두 번째의 기본 원칙은 정액 기여금(flat rate of contribution)의 원칙이다. 정액 기여금의 원칙은 사회보험에 가입한 사람이나 고용주는 가진 자산에 상관없이, 의무적으로 기여금을 정액으로 납부하여야 하는 것을 말한다. 즉, 사회보험에 가입한 모든 사람은 잘살고 못사는 것에 상관없이, 동일한 보장에 대해서는 기여금을 똑같이 납부하는 것을 말한다. 단, 위험 정도가 높은 직종에서 산업재해로 장애 상태에 놓이는 경우에는 예외로 한다. 이런 경우에는 급여의 양을 더 많이 제공하고, 여기에 드는 비용은 고용주가 부담한다.

③ 세 번째의 기본 원칙은 행정 간소화(unification of administrative responsibility)의 원칙이다. 행정 간소화의 원칙은 효율성과 경제성을 위해서 행정적 측면을 통일하는 것을 말한다.

④ 네 번째의 기본 원칙은 급여 적절성(adequacy of benefit)의 원칙이다. 급여 적절성의 원칙은 급여가 양과 시간의 측면에서 다음과 같이 적절한 것을 말한다.

㉠ 급여는 양과 관련해 적절하여야 한다. 즉, 제공하는 정액 급여는 그 자체만으로도 충분한 양이 됨으로써, 모든 일상생활에서 생계를 유지하는 데 필요한 최저 소득이 되어야 한다.

㉡ 급여는 기간과 관련해 적절하여야 한다. 즉, 욕구가 계속되는 동안에는, 자산조사를 실시함이 없이 급여를 계속해서 제공하여야 한다.

⑤ 다섯 번째의 기본 원칙은 포괄성(comprehensiveness)의 원칙이다. 포괄성의 원칙은 급여를 받는 대상과 이들의 욕구가 폭넓어야 하는 것을 말한다.

⑥ 여섯 번째의 기본 원칙은 분류(classification)의 원칙이다. 분류의 원칙은 사회에 있는 서로 다른 층의 서로 다른 생활방식을 고려하여야 한다는 것을 말한다. 즉, 계약직으로 일하는 사람들, 보수가 없이 중요한 서비스를 제공하는 사람들(예컨대, 주부), 유급 일자리에서 일할 나이에 이르지 못한 사람들, 소득을 얻을 나이가 지난 사람들 등의 생활방식을 고려하여야 한다는 것이다.

2) 사회주의 방식의 사회보험 원칙

사회주의 아래에서 사회보장(사회보험)의 지침이 되는 원칙을 처음으로 제시한 사람은 레닌(Lenin)이다.[50] 레닌의 경우, 사회주의 방식에 따른 사회보장(사회보험)의 원칙으로 다음과 같은 것을 제시한 바 있다(Dixon & Kim, 1992).

① 사회보장(사회보험)에서는 노령, 재해, 가장의 질병이나 사망, 모성, 출생이라는 사건이 발생할 때에 도와주어야 한다.

② 사회보장(사회보험)은 모든 임금 근로자와 그 가족을 대상으로 삼아야 한다.

③ 사회보장(사회보험)에 필요한 모든 비용은 고용주와 국가가 부담하여야 한다.

④ 사회보장(사회보험)제도를 위험에 따라 운영하는 것이 아니라, 지역별로 운영하여야 한다. 그리고 보험에 가입한 근로자가 사회보장(사회보험)제도를 전적으로 운영하여야 한다.

레닌 동상 : 레닌은 사회주의 방식에 따른 사회보장(사회보험)의 원칙을 제시한 바 있다.
출처 : 러시아에서 저자 촬영.

50) 여기서 레닌이 말하는 사회보장은 사회보험을 말한다.

정리

• 베버리지는 사회보험의 기본 원칙으로 정액 급여의 원칙(사회보험 급여를 정액으로 제공), 정액 기여금의 원칙(기여금을 정액으로 납부), 행정 간소화의 원칙(행정적 측면을 통일), 급여 적절성의 원칙(급여가 양과 시간의 측면에서 적절), 포괄성의 원칙(급여 대상과 이들의 욕구가 폭넓음), 분류의 원칙(다른 층의 서로 다른 생활방식을 고려)을 제시한다.

4. 사회보험의 대상과 급여와 운영 및 재정

1) 사회보험의 대상

앞에서 이미 설명한 것처럼, 대부분의 경우에 일정 범주의 근로자와 고용주는 사회보험제도에 의무적으로 가입하도록 되어 있다. 일반적으로 사회보험에서는 공식적으로 임금을 받고 고용된 근로자를 대상으로 하고 있다.

그러나 일부 사회보험제도에서는 근로자가 자발적으로 가입할 수 있도록 되어 있다. 이것은 자영업자의 경우에 특히 그렇다. 실제로 일부 국가에서는 사회보험제도의 대상에 자영업자도 포함시키고 있다.

그리고 일부 국가의 경우, 근로자가 자발적으로 사회보험제도에 가입하는 것을 장려하기 위해서 정부가 이런 프로그램에 보조금을 제공하고 있다(Social Security Administration, 2015; International Labor Organization, 2014).

2) 사회보험의 급여

(1) 급여 양의 결정

국가에 거주하는 모든 사람을 대상으로 하는 보편적 사회보험제도에서는 급여의 양이 일정한 경우가 많다. 그리고 직업 활동에 근거해 운영하는 사회보험제도에서는, 일정 기간 동안에 얻은 평균 임금이나 평균 소득의 일정 비율을 현금급여로 제공하는 경우가 많다.

일반적으로 연금을 포함한 모든 장기적 · 단기적 급여의 양은, 관련된 사회적 위험 때문에 소득을 얻지 못하게 되기 이전의 소득과 관련되고 있다. 그러나 급여의 양에는 최대 양이 정해져 있는 경우가 많다. 또한 어떤 때에는 최저 급여도 있다. 이 경우, 일반적으로 계산한 급여의 양이 최저 급여보다 적더라도, 최저 급여를 제공하고 있다(Pieters, 1993; Social Security Administration, 2015).

(2) 급여 양의 조정

사회보험 급여의 양은 조정될 수 있다. 이것은 사회보험 급여의 가치가 낮아지는 것에 대해 보호하는 역할을 하고 있다. 사회보험 급여의 양을 조정하는 방식을 몇 가지 제시하면 다음과 같다(Pieters, 2006).

① 일반 물가 수준을 따져서 조정한다.

② 평균 임금 수준을 따져서 조정한다.

③ 기타 기준을 따져서 조정한다.

그리고 시기에 따라 사회보험 급여의 양을 자동적으로 재조정할 수 있다. 사회보험 급여의 양을 자동적으로 재조정하는 방식을 몇 가지 제시하면 다음과 같다(Pieters, 2006).

① 매달 자동적으로 재조정한다.

② 몇 달마다 자동적으로 재조정한다.

③ 매년 자동적으로 재조정한다.

④ 정해진 시기에 따라 자동적으로 재조정한다.

3) 사회보험의 운영

정부가 사회보험제도를 관리하거나 감독하지만, 정부가 사회보험 업무를 반드시 운영하는 것은 아니다. 사회보험제도를 운영하는 방식을 몇 가지 제시하면 다음과 같다(Thompson, 1994).

① 민간기관이 운영한다.

② 공공기관과 민간 계약자가 합동으로 운영한다.

③ 공공기관이 직접 운영한다.

그러나 민간 영역이 사회보험 프로그램을 운영할 때에도 정부가 감독하는 경우가 많다.

4) 사회보험의 재정[51)]

사회보험에서는 고용주가 납부하는 기여금이나, 근로자가 납부하는 기여금이나, 고용주·근로자 모두가 납부하는 기여금으로 재정을 전부 확보하거나 또는 많은 부분을 확보하고 있다. 일반적으로 기여금의 양은 소득의 일정 비율로 정하고 있다(Social Security Administration, 2015; International Labor Organization, 2014).

정리

- 대부분의 경우에 일정 범주의 근로자와 고용주는 사회보험에 의무적으로 가입하도록 되어 있다.
- 사회보험에서는 평균 임금이나 소득의 일정 비율을 급여로 제공하는 경우가 많다.
- 정부는 사회보험제도를 관리하거나 감독하는데, 사회보험제도를 운영하는 방식에는 여러 가지가 있다.
- 사회보험에서는 기여금으로 재정을 확보한다.

51) 사회보험의 재정에 관해서는 사회보장의 재정을 다루는 장(제13장)에서 자세히 설명한다.

CHAPTER 05

연금과 관련된 사회보장

CONTENTS

1. 연금의 정의와 목적
2. 연금제도의 특징과 필요성 및 의의
3. 연금과 연금제도의 형태
4. 연금제도의 대상과 급여
5. 연금제도의 운영과 재정
6. 경향과 과제

1. 연금의 정의와 목적

1) 연금의 정의

여러 사전과 기관에서는 연금(pension)에 대해 정의해 왔다. 그동안 연금에 대해 정의한 것을 몇 가지 제시하면 다음과 같다(Encyclopædia Britannica, 2020c; Barker, 2003; Financial Services Regulatory Authority of Ontario, 2017).

① 브리태니커(Britannica) 백과사전에 따르면, 연금은 노령이나 장애 때문에 퇴직하는 사람이나 정해진 기간 동안 일한 후에 퇴직하는 사람에게 정기적으로 제공하는 현금급여를 가리킨다.

② 미국의 전국사회복지사협회에서 간행한 사전에 따르면, 연금은 다음과 같은 상황에 놓일 경우에 정기적으로 제공하는 급여를 가리킨다.

㉠ 개인이 퇴직하거나 노령에 이르거나 소득을 상실하는 경우가 있다.

이때에는 개인에게 제공한다.

㉡ 급여를 받을 권리가 있는 사람이 사망하는 경우가 있다. 이때에는 남은 가족구성원에게 제공한다.

③ 캐나다의 공공기관에 따르면, 연금은 연금제도에 가입한 사람에게 퇴직한 이후부터 계속해서 정기적으로 제공하는 급여를 가리킨다.

정리하건대, 연금은 노령이나 장애로 퇴직할 경우나 사망할 경우에 개인이나 유족에게 정기적으로 제공하는 현금급여라고 볼 수 있다.

2) 연금의 목적

앞에서 연금에 대해 정의한 것에 이미 나타나 있듯이, 연금의 목적은 개인이 노령이나 장애 등의 이유로 퇴직할 때나 개인이 사망하였을 때, 개인과 가족구성원이 이전의 생활 수준을 유지하게 하거나 빈곤을 예방하는 데 있다. 그리고 이 중에서 유족연금의 목적은 사망한 가장의 소득에 의존하였던 유족에게 소득을 대체해 주는 데 있다(Zukowski, 1994; Pieters, 1993).

정리

- 연금은 노령이나 장애로 퇴직하거나 사망할 경우에 개인이나 유족에게 정기적으로 제공하는 현금급여이다.
- 연금의 목적은 개인이 노령이나 장애 등의 이유로 퇴직하거나 사망할 때, 개인과 가족이 이전의 생활 수준을 유지하게 하거나 빈곤을 예방하는 데 있다.

2. 연금제도의 특징과 필요성 및 의의

1) 연금제도의 특징

연금제도에서는 급여를 평생 동안 제공하거나 또는 상당히 오랜 기간 동안 제공하는 경우가 많다. 즉, 연금제도에서 제공하는 급여는 장기적인 사회적 위험에 대비해 주는 급여인 경우가 많다. 이런 점에서 연금제도는 단기적인 사회적 위험을 다루는 다른 사회보험 프로그램과 차이가 나고 있다(Social Security Administration, 2015).

2) 연금제도의 필요성

연금제도는 노년기에 소득을 보장해 주는 제도이다. 따라서 이와 관련해, 연금제도가 필요한 이유를 몇 가지 제시하면 다음과 같다(국민연금관리공단, 2008a).

① 노인의 수가 빠른 속도로 증가하고 있기 때문이다. 오늘날의 경우, 생활 수준이 높아지고 의료 기술이 발달함에 따라서 인간의 평균 수명이 늘어나고 있고, 그 결과로 노인이 많아지고 있다.

② 출산하는 비율이 빠르게 낮아지고 있기 때문이다.

③ 사적 부양체계가 약해지고 있기 때문이다. 구체적으로, 부모를 모시는 가정이 줄어들고 있다. 과거의 농업 사회에서는 노인을 지혜를 가진 사람으로 보았고, 또한 대가족에서 존경을 받는 대상으로 인식하였다. 그러나 현대에 들어 산업이 발달하고 핵가족이 일반적인 가족 형태가 됨에 따라서, 노인은 부담을 주는 부양 대상이라고 인식하는 경우가 많아지고 있다. 따라서 인간은 젊은 시기에 자신의 노년기를 체계적으로 준비할 필요가 있게 되었다.

④ 자기 스스로 미래를 대비하는 사람이 많지 않기 때문이다. 빈곤층은 현재에도 살기 바빠서 노년기를 준비할 생각을 못하고 있고, 젊은층은 매우 먼 미래까지 내다보면서 노년기에 대한 준비를 하지 않는 경우가 많다. 더구나 금융기관을 통한 소득이나 퇴직금만 가지고는 노년기에 여

유 있게 생활하기가 어렵고, 또한 개인연금은 중간에 해약할 가능성이 있다. 따라서 금융기관을 통한 소득이나 퇴직금은 노년기를 경제적으로 여유 있게 해주는 수단으로는 한계를 가지고 있다.

우리나라 국민연금제도의 발달 과정

① **도입준비 단계** : 1960년대 추진된 경제개발계획으로 산업화, 도시화, 핵가족화, 노령화가 빠른 속도로 진행되고, 이로 인해 발생된 사회문제의 해결방안으로 1973년 국민복지연금법이 제정·공포되었습니다.[52] 그러나 1973년 발생한 석유파동의 영향에 의한 경제 불황으로 1974년 1월부터 시행 예정이었던 국민연금제도를 무기한 연기하게 됩니다. 이후 제6차 경제사회발전 5개년 계획이 실행되고 이 기간 동안 경제가 다시 발전하여 국민부담 능력이 크게 향상됨으로써 국민연금제도 실시를 위한 제반[53] 여건이 성숙되기에 이릅니다.

② **도입 및 실시 단계** : 노동시장 확대와 계속적인 출생률 저하 등으로 국민연금제도에 대한 필요성이 증가되면서 1986년부터 종전의 국민복지연금제도를 수정·보완하여 1988년 1월부터 국민연금제도를 시행하게 되었습니다. 이러한 국민연금제도는 기금운용 등 효율적 관리운영을 위해 1987년 9월에 독립기관으로 국민연금공단을 설립하였으며, 우선적으로 10인 이상 사업장에 근무하는 18세 이상 60세 미만의 근로자 및 사업주를 대상으로 실시하였습니다.

③ **확대단계** : 1988년 10인 이상 사업장을 중심으로 추진되었던 국민연금제도는 1992년 소득보장 혜택이 더욱 절실한 5인 이상 사업장으로 당연적용 대상을 확대하였으며, 1995년에는 [...] 농어촌 지역에까지 국민연금제도를 확대하였고, 1999년 4월 도시지역에까지 국민연금제도를 실시함으로써 전 국민 연금시대가 열렸습니다.

출처 : 국민연금관리공단(2008b). [원문을 그대로 인용]

3) 연금제도의 의의

연금제도는 세계에서 가장 널리 실시되고 있는 형태의 사회보장 프로그램이다. 이런 연금제도는 여러 가지 측면에서 의의가 있다. 연금제도의 의의를 몇 가지 제시하면 다음과 같다(노병일, 2020a; Gilbert & Terrell, 2014; International Labor Organization, 2000; International Labour Organization, 2014; International Labor Organization, 2017; Social Security Administration, 2020a; Ploug & Kvist, 1996; HowStuffWorks, 2008; Standing, 2000; Cox & Pardasani, 2017; Singletary, 2020).

52) 여기에서 제정은 법을 만드는 것을 말하고, 공포는 일반인에게 널리 알리는 것을 말한다.

53) 제반은 "어떤 것과 관련된 모든 것"을 말한다(한컴사전, 2020).

① 연금제도는 소득을 확보해 주고 있다. 구체적으로, 연금제도에서는 개인이 유급 일자리에서 퇴직하는 경우나 또는 개인이 장애 때문에 일할 수 없을 경우에 소득을 제공하고 있다. 또한 연금제도에서는 개인이 사망하는 경우에, 이 사람에게 법적으로 의지하는 사람에게 현금급여를 제공할 수 있다. 이런 탓에, 연금제도는 노령에 대비하는 핵심적인 제도이다. 특히 연금은 공공부조보다 훨씬 더 중요하게 빈곤을 예방하는 프로그램이다. 실제로 연금제도는 빈곤 상태에 있는 노인의 수를 줄이는 데 도움이 되고 있다. 그리고 국제노동기구의 경우, 연금제도는 많은 국가에서 근로자가 퇴직한 후에 소득을 보장해 주는 가장 좋은 장치라고 주장하고 있다. 사실, 연금은 개인이 퇴직한 후에 편안한 삶을 살게 해주는 재정적인 생명줄이다.

연금의 입금일을 표시한 달력 : 연금제도에서는 소득을 확보해 준다.
출처 : 저자 촬영.

② 연금제도는 재분배하고 있다. 연금제도의 경우, 소득이 적은 근로자에게는 소득을 대체하는 비율이 특히 높은 방식으로 연금급여를 제공하고 있다. 즉, 소득이 적은 사람은 자신의 이전 소득에 비해 상대적으로 더 많은 연금급여를 받고, 소득이 많은 사람은 자신의 이전 소득에 비해 상대적으로 더 적은 연금급여를 받고 있다. 이렇게 될 경우, 상당한 정도의 재분배 효과가 나타나게 된다.

③ 연금제도는 가족을 보호해 주고 있다. 따라서 미국에서는 연금제도를 '미국의 가족보호 제도'라고 부른 바 있다. 젊은 근로자와 가족은 연금제도를 통해서 의미 있게 보호를 받고 있다. 실제로 미국에서 연금급여를 받는 사람들 중에서, 퇴직자가 아닌 사람이 급여를 받는 비율은 상당히 높은 것으로 나타난 바 있다.

④ 연금제도는 역사가 깊은 프로그램이다. 따라서 연금제도는 역사적으로도 의의가 크다. 일부 학자의 경우, 유럽의 선진국에서 노령연금 프로그램이 발달한 것이 복지국가와 사회보장제도가 발달하는 정도에 영향을 미쳐왔다고 분석하고 있다. 이런 분석은 연금제도가 사회보장에서 차지하는 무게를 잘 보여주고 있다.

⑤ 연금제도는 사회보장제도에서 크게 영향을 미치고 있다. 노인층에게 제공하는 현금급여가 선진국의 사회보장 지출에서 가장 많은 부분을 차지하고 있는 점을 고려하면, 연금제도는 사회보장에서 중심적인 프로그램일 수밖에 없다. 실제로 연금제도는 미국에서 소득을 재분배하는 프로그램들 중에서 규모가 가장 큰 프로그램이다. 따라서 연금제도는 사회보장제도에 가장 큰 변화를 일으킬 수 있는 프로그램이고, 또한 사회보장의 다른 영역에도 영향을 크게 미치는 프로그램이다. 이런 탓에, 전 세계에 걸쳐서 현재 심각하게 논쟁거리가 되고 있는 주제가 연금이기도 하다.

국민연금공단 지사 : 연금은 여러 가지 의의를 지닌다.
출처 : 저자 촬영.

미국 연금제도의 의의

미국의 연금제도는 다음과 같은 의의를 지니고 있다(Caldera, 2009; Dattalo, 2007).

① 연금제도는 모든 나이층을 보호해 주고 있다. 왜냐하면 연금제도에서는 모든 나이에 속하는 사람들에게 급여를 제공하기 때문이다. 이런 급여는 유족급여와 장애급여를 포함하고 있다.

② 연금제도에서는 평생 동안 보장되는 연금급여를 제공하고 있다. 그리고 연금급여의 양은 물가 등에 맞추어서 늘어나고 있다.

③ 상당한 수의 노인은 가족의 주요 수입을 연금에서 얻고 있다.

④ 연금 때문에 노인은 빈곤에서 벗어나고 있다.

⑤ 연금제도는 근로자가 퇴직한 후에 안정을 가져다주는 토대이다.

정리

- 연금제도에서 제공하는 급여는 장기적인 사회적 위험을 다루는 경우가 많다.
- 노인의 수가 빠르게 증가하고, 출산율이 낮아지고, 사적 부양체계가 약해지고, 스스로 미래를 대비하는 사람이 많지 않기 때문에 연금제도가 필요하다.
- 연금제도는 소득을 확보해 주고, 재분배하고, 가족을 보호해 주고, 역사가 깊고, 영향을 크게 미치기 때문에 의의가 있다.

3. 연금과 연금제도의 형태

1) 연금의 형태

기본적으로 연금제도에서 제공하는 연금의 형태를 노령연금, 장애연금, 유족연금으로 구분할 수 있다.[54] 각 연금의 형태를 구체적으로 살펴보면 다음과 같다(Social Security Administration, 2015).

① 노령연금은 노년기에 이르거나 영구히 퇴직하기 때문에 소득을 얻지 못하는 것을 보상하기 위해 제공하는 급여를 말한다.

② 장애연금은 장애라는 사회적 위험을 겪을 때에 제공하는 급여를 말한다. 구체적으로 장애연금은 산업재해나 직업병이 아닌 이유 때문에 일할 수 있는 능력이 장기적으로 그리고 다소 전체적으로 없어진 상태에 있을 때에 제공하는 급여를 말한다.[55]

③ 유족연금은 보험에 가입한 근로자나 연금을 받고 있는 사람이 사망한 때에 남은 가족구성원에게 제공하는 급여를 말한다.[56]

54) 각 연금 형태에 관해서는 뒤에서 자세히 설명한다.

55) 산업재해나 직업병 때문에 생긴 장애는 별도의 프로그램인 산업재해 프로그램에서 보상하는 경우가 많다.

56) 일하다가 산업재해 때문에 사망한 근로자의 유족에 대한 급여는 별도 프로그램인 산업재해 프로그램에서 제공하는 경우가 많다.

국민연금공단 민원실 : 기본적으로 연금의 형태에는 노령연금, 장애연금, 유족연금이 있다.
출처 : 저자 촬영.

2) 연금제도의 형태

형식적으로 볼 때, 연금제도를 다음과 같은 형태로 구분할 수 있다(Abel-Smith, 2015).

① 정액 연금제도가 있다. 이런 연금제도의 경우, 소득조사를 거치지 않고 연금을 제공하고 있다. 이때에 대상자가 거주자임을 조사해서 이런 연금을 제공할 수도 있고, 또는 대상자가 특정한 기간 동안 고용 상태를 유지해 오면서 필요한 기여금을 납부해 왔을 때에 이런 연금을 제공할 수도 있다.

② 소득조사 방식의 연금제도가 있다. 이런 연금제도의 경우, 소득조사를 거친 후에 연금을 제공하고 있다.

③ 소득비례 방식의 연금제도가 있다. 이런 연금제도의 경우, 대상자가 유급 일자리에서 일하는 동안에 얻은 소득에 어느 정도 비례하는 방식으

로 연금을 제공하고 있다. 전 세계적으로 이런 형태의 연금제도를 가장 일반적으로 실시하고 있다.

정리

- 기본적으로 연금의 형태를 노령연금, 장애연금, 유족연금으로 구분할 수 있다.
- 연금제도의 형태로 소득조사를 거치지 않고 연금을 제공하는 '정액 연금제도', 소득조사를 거친 후에 연금을 제공하는 '소득조사 방식의 연금제도', 소득에 비례하는 방식으로 연금을 제공하는 '소득비례 방식의 연금제도'가 있다.

4. 연금제도의 대상과 급여

1) 연금제도의 대상

(1) 연금제도의 형태에 따른 대상

앞에서도 설명한 것처럼, 어느 연금 프로그램에서는 모든 사람이 대상이 될 수 있고, 어느 연금 프로그램에서는 정해진 근로자만이 대상이 될 수 있다.

우선, 원칙적으로 볼 때, 보편적 연금제도에서는 노령·장애·유족의 상황에 놓인 모든 사람을 대상으로 하고 있다. 이때에는 급여를 받고자 하는 사람이 어떤 조건에 맞을 때에만 급여를 제공하는 경우도 있다. 이런 조건의 예로 장기적으로 거주하는 것이나 장기적으로 시민권을 유지하는 것이 있다(Social Security Administration, 2015).

그리고 역사적으로 볼 때, 사회보험 방식의 연금제도의 대상은 다음과 같은 방향으로 나아갔다(Social Security Administration, 2015).

① 처음에는 공무원과 군인을 대상으로 하였다.

② 그러고 나서 산업 분야와 상업 분야에서 일하는 근로자를 대상으로 하였다.

③ 그러고 나서 일반 연금제도가 되어서, 대부분의 근로자를 대상에 포함시켰다.

한편 많은 국가에서는 특정한 직업과 관련된 별도의 연금 프로그램을 갖추고 있다. 예를 들어, 많은 국가에서는 공무원, 교사, 공공시설의 근로자를 대상으로 하는 연금 프로그램을 갖추고 있다.

(2) 연금의 형태에 따른 대상

앞에서 설명한 바와 같이 연금의 형태에는 노령연금, 장애연금, 유족연금이 있는데, 각 연금의 대상에 대해 구체적으로 살펴보면 다음과 같다.

(가) 노령연금의 대상

노령연금을 받기 위해서는 다음과 같은 두 가지 조건을 충족시켜야 하는 경우가 많다(Social Security Administration, 2015).

① 연금을 받을 수 있는 나이에 이른다.
② 정해진 기간 동안 기여금을 납부하거나 유급 일자리에서 일한다.

국민연금공단에서 연금에 대해 상담하는 모습 : 노령연금을 받기 위해서는 어떤 조건을 충족시켜야 한다.
출처 : 허락을 받고 저자 촬영.

또한 위의 두 가지 조건 이외에, 노령연금을 받기 위해서는 보수를 받는 노동을 완전히 하지 않거나 또는 실질적으로 하지 않아야 하는 경우가 많다. 다만, 보편적 제도에서는 거주 상태나 시민권을 기준으로 해서 노령연금을 받을 수 있는 자격을 결정하는 경우가 많다.

그리고 노령이나 영구히 퇴직하였기 때문에 소득을 얻지 못하는 것을 보상하기 위해 제공하는 노령연금은, 법에 정해진 나이에 이른 후에 제공하는 경우가 많다. 일반적으로 퇴직 나이는 60~65세인 경우가 많지만, 이 나이는 국가에 따라 다양하다.

한편 노령연금을 받을 수 있는 나이를 낮추라고 일반인이 압력을 넣음에 따라서, 노령연금을 처음 받을 수 있는 나이를 정하는 것이 1970년대와 1980년대에 주요한 정책 쟁점으로 등장하였다. 이에 따라 정규 퇴직 나이를 낮추려는 움직임이 여러 선진국에서 나타났다. 예를 들어, 스웨덴에서는 1976년에 정규 퇴직 나이를 67세에서 65세로 낮추었다. 이렇게 한 배경의 하나는, 젊은 층에게 일자리를 얻을 수 있는 기회를 주고자 함이었다. 그러나 스웨덴의 경우, 사회보장기금이 있었기 때문에 정규 퇴직 나이를 낮출 수 있었다(Social Security Administration, 1999; Gordon, 1994).

그러나 최근 들어서 여러 국가에서는 노령연금을 받을 수 있는 나이를 높이고 있다. 이렇게 하는 이유들 중의 하나는, 전체 인구층에서 노인이 차지하는 비율이 높아지는 탓에 생기는 재정적 어려움을 해결하고자 하기 때문이다(Social Security Administration, 2015; Gordon, 1994).

또한 많은 국가의 경우, 사회보험 방식의 연금제도에서 노령연금을 받을 수 있는 자격을 갖추기 위해서는, 연금제도에 최소 몇 년을 가입하도록 되어 있다. 최소 가입 기간을 충족하지 못하는 사람은 노령연금을 받을 수 있는 권리를 얻을 수 없는데, 이때에는 이 사람이 그동안 납부한 기여금을 일시금 방식으로 반환할 수 있다(Pieters, 1993).

그리고 많은 국가에서는 개인이 거주한 기간, 유급 일자리에서 일한 기간, 보험에 가입한 기간, 기여금을 납부한 기간과 관련된 일반적 조건을 충족하지 못한 특정한 기간도, 이런 조건을 충족한 것으로 인정해 주고 있다. 예를 들어, 일부 노령연금 제도에서는 개인이 어쩔 수 없는 이유 때문에 고용 상태를 유지하지 못한 기간을 고용 상태에 있었던 것으로 인정해 주고 있다(Pieters, 2006; Social Security Administration, 2015).

(나) 장애연금의 대상

장애연금을 받기 위해서는, 최저 고용 기간이나 최저 기여금 납부 기간이 지난 후에 일할 능력을 상실하여야 한다. 장애연금과 관련된 프로그램들 중에는, 근로자가 평상시에 근무하는 직종에서 일할 수 있는 능력의 3분의 2를 상실할 때에 장애연금을 전액 제공하는 프로그램이 많다.

그리고 장애연금을 받기 위해 필요한 최저 고용 기간이나 최저 기여금 납부 기간은, 노령연금을 받기 위한 최저 기간보다 더 짧은 경우가 많다(Social Security Administration, 2015).

한편 장애연금을 제공할 때에는 나이에 제한을 둘 수 있다. 대부분의 제도에서는 장애연금을 받을 수 있는 최저 나이를 10대로 정하고 있다. 그리고 장애연금을 받을 수 있는 최고 나이는 법에 정해진 퇴직 나이로 정하는 경우가 많다. 법에 정해진 퇴직 나이에 이르게 되면, 장애연금을 노령연금으로 바꿀 수 있다(Social Security Administration, 2015).

(다) 유족연금의 대상

연금제도에서 유족연금을 받고자 할 때에는, 사망한 근로자가 다음과 같은 상태들 가운데 하나에 해당되어야 하는 경우가 많다(Social Security Administration, 2015).

① 연금을 받고 있었다.

② 유급 일자리에서 최저 기간 동안 일하였다.

③ 기여금을 최저 기간 동안 납부하였다.

유족연금을 받기 위해 기여금을 납부하여야 하는 기간은, 장애연금을 받기 위해 기여금을 납부하여야 하는 기간과 동일한 경우가 많다.

그리고 유족이 된 배우자나 유족이 된 아동은 일부 조건을 충족시켜야 할 필요가 있을 수 있다. 이런 조건은 사망자와의 관계, 유족의 나이, 유족이 일할 수 있는 능력, 유족의 가족 상황, 유족의 생계수단과 관련된 조건인 경우가 많다(Pieters, 1993; Social Security Administration, 2015).

2) 연금제도의 급여

(1) 노령연금의 급여

(가) 급여 제공 방식

대부분의 국가에서 노령연금의 양은 임금 수준과 관련이 있다. 그리고 대부분의 국가에서는 노령연금을 정기적으로 제공하고 있다. 그러나 일부 국가의 경우, 노령연금을 이전의 임금과 아무런 관련이 없이 일정한 양으로 제공하고 있다. 또한 일부 국가의 경우, 이런 방식의 연금을 소득비례 연금으로 보완하고 있다(Social Security Administration, 2015).

그러므로 다음과 같은 방식으로 노령연금의 양을 정할 수 있다(Pieters, 2006; International Labor Organization, 1984).

① 정액으로 정하는 방식이 있다. 정액으로 제공하는 방식은 최저 생활 수준을 누릴 수 있게 한다는 장점이 있다.

② 소득에 비례해 정하는 방식이 있다. 소득 비례 방식을 찬성하는 측에서는, 이 방식은 자신의 능력이나 기술을 보상하는 측면이 있기 때문에 바람직하다고 주장하고 있다. 따라서 국제노동기구는 소득에 비례하는 연금은 어느 정도 바람직하다고 권고한 바 있다. 또한 소득에 비례하는 방식은 동기를 부여한다는 장점이 있다.

한편 위의 두 가지 방식을 혼합한 방식도 있다. 정액으로 제공하는 방식과 소득에 비례하는 방식을 혼합할 경우, 최저 생계를 유지시켜 준다는 장점과 동기를 부여한다는 장점을 모두 살릴 수 있게 된다.

(나) 소득 비례 방식의 기준 소득

소득에 비례하는 연금의 양은 평균 소득에 근거하는 경우가 많다. 그러나 일부 국가의 경우, 세금을 납부하기 전의 평균 소득을 근거로 해서 연금의 양을 계산하고 있다. 여기에는 복지 성격을 지니는 여러 가지 부가 급여(fringe benefit)를[57] 포함하고 있다. 그리고 일부 국가의 경우, 세금을 납부한 후의 평균 소득을 근거로 해서 연금의 양을 계산하고 있다(Social Security Administration, 2015).

한편 노령연금의 양을 이전에 얻는 소득에 근거해 결정할 경우, 노령연금의 양과 이전 소득 사이의 관계는 여러 가지 방식으로 정해질 수 있다. 노령연금의 양을 계산할 경우에 기준으로 삼을 수 있는 임금이나 소득을 몇 가지 제시하면 다음과 같다(Pieters, 2006).

① 가장 최근의 임금이나 소득이 있다.

② 실제로 퇴직하기 전이나 퇴직 나이에 이르기 전의 일정 기간 동안의 임금이나 소득이 있다. 예를 들어, 퇴직하기 전 5년 동안의 평균 임금이나 소득을 기준으로 삼을 수 있다.

③ 실제로 퇴직하기 전이나 퇴직 나이에 이르기 전의 일정 기간 중에서, 해당자가 선택한 기간 동안의 임금이나 소득이 있다. 예를 들어, 퇴직하기 전 5년 동안의 기간 중에서, 해당자가 3년을 선택해 그 기간 동안의 평균 임금이나 소득을 기준으로 삼을 수 있다.

④ 근로자가 연금제도에 가입한 전체 기간의 평균 임금이나 소득이 있다.

(다) 연금의 수준

연금의 양을 정하기 위해 여러 가지 방법을 사용하고 있다. 이런 방법을 몇 가지 제시하면 다음과 같다(Social Security Administration, 2015).

① 일부 제도의 경우, 평균 임금의 일정 비율을 연금으로 제공하고 있다. 예를 들어, 평균 임금의 50%를 연금으로 제공할 수 있다.

② 일부 제도의 경우, 기본 비율을 정하고 나서, 거기에 유급 일자리에서 일한 기간이나 최저 기간을 초과한 기간에 대해 매년 평균 임금의 일정

57) 부가 급여는 봉급 이외의 여러 가지 혜택을 말한다.

비율을 추가로 제공하고 있다.

③ 일부 제도의 경우, 임금이 많은 근로자보다 임금이 적은 근로자에게 임금의 더 많은 비율을 연금으로 제공하고 있다.

연금을 받는 여성들이 유리 공예를 하는 모습 : 연금의 양을 정하는 방법에는 여러 가지가 있다.
출처 : 전영신 님 제공.

(2) 장애연금의 급여

대부분의 연금제도에서 직업과 관련이 없는 이유 때문에 영구적으로 장애 상태에 놓인 사람에게 제공하는 장애연금은, 노인에게 제공하는 노령연금과 매우 비슷하다. 따라서 장애연금의 양은 평균 임금의 일정 비율로 정하는 경우가 많다(Social Security Administration, 2015).

(3) 유족연금의 급여

대부분의 연금제도에서는 유족에게 정기적으로 연금을 제공하고 있다. 그러나 일부 제도에서는 일시금 방식으로만 연금을 제공하고 있다.

유족연금의 양을 정하는 일반적 방식에는 다음과 같은 것이 있다(Social Security Administration, 2015).

① 연금대상자가 사망할 당시에 연금대상자에게 제공한 급여의 일정 비율로 정하는 방식이 있다. 이것은 연금 대상자가 연금을 받다가 사망한 경우에 해당되고 있다.

② 사망한 연금대상자가 연금을 받을 나이에 이르거나 장애 상태에 놓일 때에 받을 것으로 예상되는 급여의 일정 비율로 정하는 방식이 있다. 이것은 연금 대상자가 연금을 받기 전에 사망한 경우에 해당되고 있다.

정리

- 보편적 연금제도에서는 노령·장애·유족의 상황에 놓인 모든 사람이 대상이 된다. 사회보험 방식의 연금제도에서는 대상을 확대해 왔다.
- 노령연금을 받기 위해서는, 대상자가 정해진 나이에 이르고 정해진 기간 동안 기여금을 납부하거나 정해진 기간 동안 고용 상태에 있어야 하는 경우가 많다. 장애연금을 받기 위해서는, 최저 고용 기간이나 최저 기여금 납부 기간이 지난 후에 일할 능력을 상실하여야 한다. 유족연금을 받기 위해서는, 사망한 근로자가 연금을 받고 있었거나 최저 고용 기간을 충족하였거나 최저 기여금 납부 기간을 충족하였어야 하는 경우가 많다.
- 노령연금의 양을 정하는 방식에는 정액으로 정하는 방식과 소득에 비례해 정하는 방식이 있다. 소득에 비례하는 연금의 양은 평균 소득에 근거하는 경우가 많다.
- 장애연금의 양은 평균 임금의 일정 비율인 경우가 많다. 대부분의 연금제도에서는 유족에게 정기적으로 연금을 제공한다.

5. 연금제도의 운영과 재정

1) 연금제도의 운영

연금제도는 어느 정도 자율성을 지니는 기관이 운영하는 경우가 많다. 그리고 이런 기관은 정부의 감독을 받는 경우가 많다. 그러나 이렇지 않을 때에는 3자 위원회가 주도하여 이런 기관을 자율적으로 운영하는 경우도 많다. 이 경우, 3자 위원회는 근로자의 대표, 고용주의 대표, 정부로 구성되어 있다(Social Security Administration, 2015).

우리나라의 연금제도를 설명하는 국민연금공단 지사장 : 연금제도는 어느 정도 자율성을 지니는 기관이 운영하는 경우가 많다.
출처 : 특강 장면을 저자 촬영.

2) 연금제도의 재정

(1) 방식

사회보험 방식의 연금 프로그램에서 제공하는 급여의 경우, 다음과 같은 재원을 통해서 재정을 확보할 수 있다(Social Security Administration, 2015).

① 근로자가 받는 임금의 일정 비율로 납부하는 기여금이 있다.

② 고용주가 근로자에게 지급하는 임금의 일정 비율로 납부하는 기여금이 있다.

③ 정부가 제공하는 보조금이 있다.

그리고 연금의 재정을 확보하는 방식을 일반 세금으로 확보하는 방식과 기여금으로 확보하는 방식으로 구분할 수 있다. 오늘날의 경우, 많은 국가에서는 연금 프로그램의 재정을 기여금 방식으로 확보하고 있다.

(2) 근로자와 고용주의 기여금

사회보험 방식으로 운영하는 거의 모든 연금 프로그램에서는, 고용주와 근로자가 납부하는 기여금으로 연금 프로그램에 필요한 재정의 적어도 일부를 확보하고 있다(Social Security Administration, 2015). 대개의 경우, 기여금의 양은 임금의 일정 비율로 정하고 있다. 그러나 기여금의 양을 계산할 때에 적용하는 임금에 대해서는 최대치를 정하고 있다. 이 경우, 임금의 양이 최대치를 넘을 때에는 기여금의 양을 이 최대치까지만 적용하고 있다.

(3) 정부 보조금의 출처와 용도

정부가 제공하는 보조금의 경우, 다음과 같은 방식으로 확보할 수 있다(노병일, 2018a; Social Security Administration, 2015).

① 정부의 일반 수입을 사용한다.

② 목적세나 소비세를 사용한다. 이런 세금의 예로 담배나 휘발유나 알코올에 붙는 세금이 있다.

그리고 정부의 보조금은 여러 가지 방식으로 사용될 수 있다. 정부 보조금을 사용할 수 있는 방식을 몇 가지 제시하면 다음과 같다(Social Security Administration, 2015).

① 연금제도에 필요한 비용의 일부를 지불하는 데 사용한다. 이런 비용의 예로 운영비가 있다.

② 연금제도의 적자를 메우는 데 사용한다.

③ 연금 프로그램에 필요한 모든 비용을 지불하는 데 사용한다.

정리

- 대개의 경우, 어느 정도 자율적인 기관이 연금제도를 운영하고, 이런 기관은 정부의 감독을 받는다.
- 연금제도는 근로자의 기여금, 고용주의 기여금, 정부의 보조금으로 재정을 확보하는 경우가 많다.
- 연금의 재정을 확보하는 방식에는 일반 세금으로 확보하는 방식과 기여금으로 확보하는 방식이 있다. 사회보험 방식으로 운영하는 거의 모든 연금제도에서는 고용주와 근로자의 기여금으로 재정의 적어도 일부를 확보한다.

6. 경향과 과제

1) 경 향

(1) 혼합 방식

사회적 · 경제적으로 어려움을 겪을 때에 생활 수준이 크게 낮아지지 않게 하기 위해서 어느 정도의 연금을 제공하여야 하는지는, 그동안 항상 논쟁거리가 되어 왔다. 그 결과, 일반적으로 정액 방식의 연금제도와 소득비례 방식의 연금제도를 혼합하는 방향으로 나아가고 있었다. 즉, 소득비례 방식의 연금제도에서는 정액 방식의 연금제도를 도입하고 있었고, 또한 정액 방식의 연금제도에서는 소득비례 방식의 연금제도를 도입하고 있어서, 결국 '소득비례 방식+정액 방식'의 연금제도로 모아지는 경향을 보이고 있었다.

실제로 선진국의 경우, 이미 1960년대 말에 연금제도는 이중 체계(two-tiered system)의 특성을 지니고 있었다(Glennerster, 1997). 따라서 이 당시에는 정액 방식의 연금제도와 소득비례 방식의 연금제도를 함께 실시하는 국가가 많았다.

그러다가 1980년대부터 많은 국가의 연금제도는 삼중 체계(three-tiered system)로 바뀌었다. 일부의 경우에는 이중 체계에 고용주 연금을 포함하는 체계로 바꾸었고, 일부의 경우에는 보편적 급여, 사회보험 방식의 소득비례 급여, 자산조사 방식의 급여를 여러 가지로 혼합한 체계로 바꾸었다.

그리고 최근의 경우, 연금제도가 더 다양한 체계로 나아가는 경향을 보이고 있다. 즉, 오늘날에는 연금제도가 다중 체계(multi-tierism)로 나아가는 경향이 있다(Abel-Smith, 2015; Standing, 2000; Gordon, 1994; International Labor Organization, 1984; Glennerster, 1997).

(2) 연금의 수준

전 세계적으로 볼 때, 연금을 받는 사람들 중에는 연금의 수준이 적절하지 않은 사람이 많다. 그 결과, 노인들 중에는 소득이 제대로 보장되지 않는 노인이 많다. 연금의 수준이 낮은 노인은 인간다운 생활을 하기가 어려울 가능성이 크다. 예를 들어, 이런 노인은 할 수 없이 노년기에도 계속해서 일하여야 하는 상황에 놓일 수 있다. 하지만 이런 노인은 임금이 적고 근무 환경이 불안정한 경우가 많다.

그리고 연금의 수준이 낮은 것은 노인에게 빈곤을 유발하는 요인에 속하고 있다(노병일, 2020a; 노병일, 2018b; Ghilarducci, 2018; International Labor Organization, 2014; International Labor Organization, 2017; Bertelsmann Stiftung, 2019). 즉, 노인이 퇴직한 후에 정기적으로 받는 연금의 양이 적은 것은 노인에게 빈곤을 유발하는 요인이 될 수 있다.

2) 과 제[58)]

(1) 일반적 과제

국제노동기구의 보고서에 따르면, 선진국에서도 일부 인구층은 노년기에 이르러서도 소득을 보장받지 못하고 있다. 예를 들어, 비공식 영역에서 일하고 있는 층은 노년기에 이르러 소득이 매우 적게 되고, 그 결과로 공공부조에 의존할 가능성이 커지게 된다. 이에 따라 국제노동기구는 다음과 같은 점을 지적한 바 있다(International Labor Organization, 2000).

① 연금제도가 크게 발전해 오기는 하였지만, 아직도 연금제도는 미비한 점이 많으므로 개선할 필요가 있다.

② 연금제도는 인간의 수명이 늘어나고 있는 점, 유급 일자리의 상황이 변하고 있는 점, 성 역할이 변하고 있는 점을 반영할 필요가 있다.

특히 국제노동기구의 경우, 연금제도와 관련해 다음과 같은 측면에 크게 주목하여야 함을 강조한 바 있다.

① 연금을 받을 수 있는 대상을 확대한다.

② 연금제도를 더 잘 운영한다.

58) 연금의 재정과 관련된 과제는 사회보장의 재정을 다루는 장(제13장)에서 자세히 설명한다.

(2) 연금 양의 조정

연금제도에서 적절한 양의 연금을 꾸준히 제공하는 것은 사회보장의 주요한 과제에 속하고 있다(International Labor Organization, 2017). 이를 위해서는 연금의 양을 조정(연동)해 주어야 한다. 연금의 양을 조정해 주지 않을 경우, 연금으로 생활하는 사람은 적절한 수준의 생활을 하기가 어려울 수 없다.

연금의 양을 조정하는 일반적인 방식을 구체적으로 제시하면 다음과 같다.

① 자동적으로 조정하는 방식이 있다. 일부 국가의 경우, 물가나 임금이 변함에 따라서 연금의 양을 자동적으로 조정하고 있다.

② 반(半)자동적으로 조정하는 방식이 있다. 일부 국가의 경우, 연금의 양을 반자동적으로 조정하고 있다. 이때에는 연금의 양을 조정하라고 정부에 권고하고 있다.

그러나 연금의 양을 자동으로 조정하면 비용이 증가하기 때문에, 연금 재정과 관련해 문제가 될 수 있다. 이런 탓에, 연금의 양을 자동으로 조정하는 횟수는 비용과 특히 관련되고 있다. 따라서 연금의 양을 자동으로 자주 조정하면 연금을 받는 사람에게는 유리하지만, 연금제도에는 재정적으로 부담이 더 커지게 된다(Gordon, 1994).

한편 연금의 양을 조정하는 것과 관련해, 국제노동기구는 경제가 성장하는 시기에는 연금의 양을 물가에 맞춰 조정할 것이 아니라, 경제가 성장하는 정도에 맞춰 조정하여야 한다고 주장한 바 있다. 그러나 연금의 양을 경제가 성장하는 정도에 맞춰 조정하면 물가가 올라가게 된다는 주장이 있다. 이에 대해 국제노동기구는 연금의 양을 조정하는 것은 연금 가입자가 국가의 부(wealth)에 대해 자기 몫을 차지하는 것과 같은 것이라는 논리를 펴면서, 이런 주장을 반박한 바 있다(International Labor Organization, 1984). 어찌 되었건, 앞으로 연금의 양은 인간다운 생활 수준을 지속적으로 누릴 수 있게 조정해 줄 필요가 있다.

연금을 받고 있는 전문직 여성들이 미국의 전통 마을에서 전통 복장을 입고 즐거워하는 모습 : 연금의 양은 인간다운 생활을 지속적으로 누릴 수 있게 조정해 줄 필요가 있다.
출처 : 전영신 님 제공.

정리

- 연금제도는 더 다양한 체계로 나아간다.
- 전 세계적으로 볼 때, 연금의 수준이 적절하지 못한 사람이 많다.
- 국제노동기구는 연금 대상자를 확대하고 연금제도를 더 잘 운영하는 측면을 강조한다.
- 연금의 양을 조정하는 방식에는 자동적으로 조정하는 방식과 반자동적으로 조정하는 방식이 있다. 연금의 양을 자동으로 자주 조정하면 연금을 받는 사람에게는 유리하지만, 연금제도에는 재정적으로 부담이 더 커진다.
- 앞으로 연금의 양은 인간다운 생활을 지속적으로 누릴 수 있게 조정할 필요가 있다.

CHAPTER 06

의료와 관련된 사회보장

CONTENTS

1. 의료보장의 정의와 특징
2. 의료보장의 필요성과 역사
3. 의료제도의 형태
4. 의료비의 범위와 처리 방식
5. 의료제도의 대상과 급여와 운영 및 재정
6. 경향과 과제

1. 의료보장의 정의와 특징

모든 인간은 오래 건강하게 살 권리를 가지고 있다. 그러나 오늘날에 인간이 살고 있는 환경은 건강에 유리할 수도 있고 불리할 수도 있다(World Health Organization, 2020). 이런 상황과 관련되는 것이 의료보장(medical security)이다.

일반적으로 의료보장은 의료서비스를 보장해 주는 것을 의미한다. 구체적으로 의료보장은 국민이 건강과 관련된 권리를 누리는 데 필요한 의료서비스를 국가나 사회가 제공하는 것을 말한다(국민건강보험공단, 2005b). 따라서 한마디로 의료보장은 의료와 관련된 사회보장이라고 볼 수 있다.

의료와 관련된 사회보장에서는 현금급여와 서비스를 모두 제공하고 있다. 이런 점에서, 의료와 관련된 사회보장 프로그램은 다른 사회보장 프로그램과는 차이가 나고 있다. 예를 들어, 의료와 관련된 사회보장제도에서는 의료서비스를 제공하는 의사, 간호사, 병원, 의료와 관련된 기타 사람들과의 관계에서 문제가 생길 가능성이 있다. 그러나 이런 문제는 다른 사회보장제도에서는 존재하지 않는다(Gordon, 1994).

정리

- 의료보장은 국민이 건강과 관련된 권리를 누리는 데 필요한 의료서비스를 국가나 사회가 제공하는 것이다. 의료보장은 의료와 관련된 사회보장이다.
- 의료와 관련된 사회보장에서는 현금급여와 서비스를 모두 제공한다.

2. 의료보장의 필요성과 역사

1) 의료보장의 필요성

의료보장이 필요한 배경에는 여러 가지가 있을 수 있다. 무엇보다도 의료보장은 개인이 해결할 수 없는 의료문제를 사회적 연대에 근거해 해결해 주기 위해 필요하다(국민건강보험공단, 2005b).

의료보장이 필요한 구체적 배경을 몇 가지 제시하면 다음과 같다(Pieters, 2006; Gordon, 1994; International Labor Organization, 2000).

① 인간은 살아가는 과정에서 아플 수 있고, 또한 사고를 겪을 수 있다. 그리고 인간은 태어나면서부터 아플 수 있고, 또한 장애 상태에서 태어날 수 있다. 이런 경우, 가장 좋은 방법으로 건강을 회복·유지하고 고통을 줄이기 위해 의료서비스가 필요하게 된다. 이런 탓에 의료보장이 필요하다.

② 다른 인구층에 비해서, 일부 층은 심각하고 치료비가 많이 드는 질병을 더 많이 겪는 경향이 있다. 그리고 덜 심각한 질병도 모든 인구층에 골고루 퍼져 있지 않다. 따라서 의료와 관련된 사회적 위험을 분산할 필요가 있다. 이런 탓에 의료보장이 필요하다.

병원 건물 : 인간은 사는 과정에서 아플 수 있기 때문에 의료보장이 필요하다.
출처 : 베트남에서 저자 촬영.

의료보험(건강보험)의 필요성

사고나 질병은 예고 없이 닥쳐오고 치료에 많은 비용이 소모되므로 이에 대비하기 위한 것입니다. 과거에는 그 비용을 마련하지 못해 진료도 받아보지 못하고 불행한 결과를 맞는 경우도 많았습니다. 따라서 건강보험은 국민 모두가 평소에 조금씩 모아 두었다가 자신과 가족 또는 이웃들이 병이 났을 때 사용하여 건강을 유지할 수 있게 도와주는 것입니다. 이것은 예로부터 우리 선조들이 지켜온 상부상조 정신의 계승이기도 합니다. 모든 국민의 건강을 유지시키고 가계 경제를 안정시키기 위해 건강보험은 꼭 필요한 제도입니다.
출처 : 국민건강보험공단(2005a). [원문을 그대로 인용]

③ 병을 예방하는 의료서비스와 질병을 치료하는 의료서비스를 이용할 수 있는 정도는 근로자가 소득을 얻는 데 중요한 역할을 하고 있다. 이런 탓에, 근로자가 유급 일자리에서 계속 일함으로써 자신과 가족을 위한 소득을 얻게 해주기 위해서 의료보장이 필요하다.

2) 의료보장의 역사

초기의 역사에서 의료제도가 등장한 것은, 상호부조 기금이나[59] 공제조합이나[60] 기타 민간조직과 관련이 있다. 예를 들어, 19세기에 등장한 상호부조 기금과 공제조합의 경우, 치료에 오랜 기간이 걸리지 않는 질병을 치료하는 데 필요한 비용문제를 해결하는 데 관심을 많이 가지고 있었다. 영국에서는 초기에 공제조합이 의료제도를 조직하였고, 일본에서는 초기에 고용주가 의료제도를 조직하였다.

그러다가 독일에서는 1883년에 의료보험과 관련된 법을 세계에서 처음으로 만들었다.[61] 독일의 의료제도는 질병을 예방하고 치료하는 측면을 강조하였다는 데 큰 장점이 있었다. 독일의 뒤를 이어서, 여러 국가에서 의료보험법을 만들었다(Pinker, 1986; Gordon, 1994).

우리나라의 경우, 1977년에 의료보험을 처음으로 실시하였다. 이 당시에는 500인 이상의 대규모 사업장을 대상으로 의료보험조합을 구성하여 운영하는 방식을 채택하였다. 그러다가 그 후, 1988년에 농민과 어민도 의료보험의 대상자에 포함시켰고, 1989년에 도시 자영업자도 의료보험의 대상자에 포함시켰다. 그 결과, 우리나라에서는 모든 국민을 대상으로 하는 의료보장을 이루게 되었다. 그리고 2000년에 국민건강보험공단을 조직하였고, 이에 따라 대상자 전체를 관리하는 단일 조직이 생기게 되었다(국민건강보험공단, 2005a).

한편 미국의 경우, 노인·장애인·빈곤층을 위한 의료 프로그램은 있으나, 모든 국민을 대상으로 하는 의료 프로그램은 없었다. 그러다가 2010년에 오바마(Obama) 대통령이 의료보험을 도입함으로써, 미국도 공적 의료보험제도를 갖추게 되었다(노병일, 2018a; Gordon, 1994, Gilbert & Terrell, 2014).

---

59) 여기에서의 상호부조 기금은 서로 돕기 위한 자금을 모아 놓은 조직을 말한다.

60) 공제조합은 "같은 종류의 직업이나 사업에 종사하는 사람들이 [서로 도울] 목적으로 회비를 내어 만든 조합"을 말한다(한컴사전, 2020).

61) 여기에 대해서는 사회보장의 역사를 다루는 장(제3장)에서 이미 설명한 바 있다.

정리

- 의료보장이 필요한 배경으로 인간은 살면서 아프고 사고를 겪고 장애 상태에서 태어날 수 있다는 점, 의료와 관련된 사회적 위험을 분산할 필요가 있다는 점, 의료를 이용할 수 있는 정도는 근로자가 소득을 얻는 데 중요한 역할을 한다는 점을 들 수 있다.
- 독일은 1883년에 의료보험법을 세계에서 처음으로 만들었고, 우리나라는 1977년에 의료보험을 실시하였다. 미국은 2010년에 공적 의료보험제도를 갖추었다.

3. 의료제도의 형태

1) 사회보험제도와 보편적(국민보건서비스) 제도

(1) 분류

일반적으로 공적 의료제도를 사회보험제도와 보편적 제도로 분류하는 경우가 많다. 이런 예를 구체적으로 제시하면 다음과 같다(국민건강보험공단, 2005b; Social Security Administration, 2015).

① 국제사회보장협회와 미국 사회보장청의 경우, 의료제도를 사회보험제도와 보편적 제도로 크게 구분하고 있다.

② 우리나라 국민건강보험공단의 경우, 의료제도를 의료보험(national health insurance) 제도와[62] 국민보건서비스(national health service, NHS) 제도로 크게 구분하고 있다.

그러므로 국제사회보장협회와 미국 사회보장청이 구분하는 분류와 국민건강보험공단이 구분하는 분류는 같다고 볼 수 있다.

62) 뒤에서 설명하듯이, 의료보험제도는 사회보험제도의 한 형태이다.

(2) 각 제도의 정의

의료 영역에서의 사회보험제도는 의료보험제도이다. 따라서 의료보험은 의료 영역에서의 사회보험을 가리킨다. 그동안 의료보험에 대해 정의한 것을 구체적으로 제시하면 다음과 같다(국민건강보험공단, 2005b; Barker, 2003).

① 미국의 전국사회복지사협회에서 간행한 사전의 경우, 국민의료보험(national health insurance)은 사회구성원이 기존의 의료시장에서 의료비를 지불하는 것을 도와주는 프로그램이라고 보고 있다.

② 우리나라에서는 의료보험이라는 용어 대신에 '건강보험'이라는 용어를 사용하고 있다. 우리나라 국민건강보험공단의 경우, 건강보험은 "국민의 질병·부상에 대한 예방, 진단, 치료, 재활과 출산·사망 및 건강증진에 대하여 보험서비스를 제공하여 국민건강을 증진시키기 위한 사회보장제도"라고 보고 있다.

정리하건대, 의료보험은 사회구성원에게 의료 영역에서 건강과 관련된 급여나 서비스를 제공하는 사회보험 프로그램이라고 볼 수 있다.

한편 국민보건서비스 제도는 보편적 제도에 속하고 있다. 일반적으로 국민보건서비스는 국민이 의료서비스를 받게 하기 위해 정부가 의료 인력과 의료 시설을 직접 제공하는 제도를 말한다(Barker, 2003).

영국의 병원에 붙어 있는 국민보건서비스(NHS) 표시 : 국민보건서비스에서는 일반 세금으로 재정을 확보한다.
출처 : 영국에서 저자 촬영.

(3) 각 제도의 특징

사회보험제도와 국민보건서비스 제도는 나름의 특징을 지니고 있다. 각 제도의 특징을 비교해 살펴보면 <표 6-1>과 같다.

〈표 6-1〉 사회보험제도와 국민보건서비스 제도의 특징

구 분	사회보험(NHI)제도	국민보건서비스(NHS) 제도
적용대상 관리	국민을 임금소득자, 공무원, 자영업 등으로 구분하여 관리함(매우 빈곤한 층은 별도로 구분함)	모든 국민에게 일괄적으로 적용함(집단을 구분하지 않음)
재원 조달	기여금(보험료). 일부는 국가가 지원함	정부의 일반 조세
급여의 특성	치료 중심적	예방 중심적
진료비 산정 방법	행위별 수가제 또는 총액 계약제 등	개업 의사는 진료한 사람의 수에 따라 지급하고, 병원에 소속된 의사는 봉급 방식으로 지급함
관리 기구	보험자(조합 또는 금고)	정부기관(사회보장청 등)
관리운영 방식	• 보험자 중심으로 자율 운영함(대표 기구를 통해 가입자가 조합을 운영하고 참여하는 것을 보장함) • 직접적인 관리운영비가 필요함[예를 들어, 기여금(보험료)을 걷기 위해서]	• 정부기관이 직접 관리함(가입자가 운영에 참여하지 못하게 함) • 직접적인 관리운영비가 부분적으로 줄어듦[조세를 관리하는 비용에 기여금(보험료)을 걷는 비용이 포함되는 식임]
채택 국가	독일, 프랑스, 네덜란드, 일본, 한국 등	영국, 스웨덴, 이탈리아, 캐나다 등
국민의료비	의료비를 억제하는 기능이 취약함	의료비를 통제하는 기능이 강함
보험료 형평성	• 보험자에게 기여금(보험료)을 형평에 맞게 부과할 수 있음	• 조세를 통해 재원을 조달하므로, 소득재분배 효과가 강함
서비스의 질	• 기술적 측면에서 상대적으로 좋은 의료를 제공함 • 첨단의료 기술이 발전하는 데 긍정적으로 영향을 미침	• 입원 대기 환자가 크게 늘어남 – 대기하는 기간이 길어짐 – 개원 의사는 입원하라는 의뢰를 많이 요구할 가능성이 있음

출처 : 국민건강보험공단(2005b).

2) 사회보험제도와 공공부조제도와 민간제도

대상의 특성에 주목할 경우, 의료서비스를 제공하는 제도를 다음과 같이 구분할 수 있다(Pieters, 1993).

① 고용과 관련된 사회보험제도가 있다. 이 경우, 강제 가입 방식의 사회보험제도나 임의 가입 방식의 사회보험제도를 통해서 의료서비스를 제공할 수 있다. 이런 제도에서는 많은 사람을 대상에 포함시키고 있다.

② 공공부조제도가 있다. 이 경우, 경제적 자원이 없는 사람들에게 공공부조제도의 하나인 의료부조(medical assistance)를 통해서 의료서비스를 제공할 수 있다.

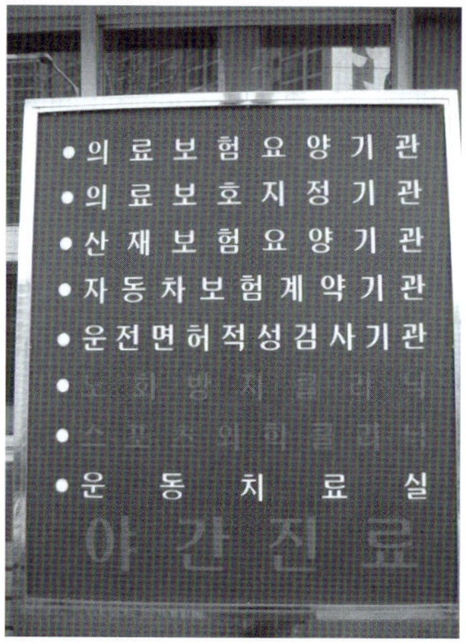

어느 병원의 안내 간판 : 의료보험은 사회보험에 속하고 의료보호(의료부조)는 공공부조에 속한다.
출처 : 저자 촬영.

③ 민간제도가 있다. 고용과 관련된 사회보험제도에는 가입하지 않았으나 자신이 경제적 자원을 가지고 있는 경우, 민간보험제도를 통하거나 본인이 직접 의료비를 지불하는 방식을 통해 의료서비스를 제공받을 수 있다.

정리

- 공적 의료제도를 사회보험(의료보험)제도와 보편적 제도로 분류하는 경우가 많다. 의료보험은 사회구성원에게 의료 영역에서 건강과 관련된 급여나 서비스를 제공하는 사회보험 프로그램이다. 국민보건서비스(NHS)는 보편적 제도로서, 정부가 의료 인력과 의료시설을 직접 제공하는 제도이다.
- 대상의 특성에 주목할 경우, 의료서비스를 제공하는 제도를 고용과 관련된 사회보험제도, 공공부조제도(의료부조), 민간제도로 구분할 수 있다.

4. 의료비의 범위와 처리 방식

1) 의료비의 범위

의료비의 범위는 다양하다. 일반적으로 의료와 관련된 사회보장 프로그램에 포함시킬 수 있는 의료비 항목으로 다음과 같은 것을 제시할 수 있다. 물론 이런 것이 사회보장 프로그램에 포함되는 정도는 국가마다 차이가 나고 있다(Pieters, 1993).

① 일반의사, 전문의사, 치과의사, 조산원, 간호사, 보조사가 제공하는 서비스에 대한 비용이 있다. 이것은 일반적으로 사회보장제도에서 부담하고 있다.

② 병원비와 재가보호 비용이 있다.

③ 약품비, 인공보철이나 안경과 같은 것을 만드는 데 든 비용, 임상검사에 든 비용이 있다.

④ 의료시설을 방문하거나 의사를 만나러 오갈 때에 지출한 교통비가 있다.

의료보험 약품을 다룬다는 안내를 한 약국 : 의료비에는 여러 가지가 포함된다.
출처 : 대만에서 저자 촬영.

2) 의료비 처리의 방식

의료비를 처리하는 방식은 다양하다. 일반적으로 의료비를 처리하는 방식을 크게 다음과 같이 나눌 수 있다(Social Security Administration, 2015).

① 직접 지불 방식이 있다. 이런 방식의 경우, 공적 제도나 이에 소속된 기관이 의료 제공자에게 의료비를 직접 지불하고 있다.

② 환급 방식이 있다. 이런 방식의 경우, 환자는 의료비를 우선 납부하고, 나중에 의료비를 돌려받고 있다.

③ 직접 제공 방식이 있다. 이런 방식의 경우, 사회보장과 관련된 기관이나 정부가 자체적으로 의료시설을 소유해 운영하면서, 환자에게 의료서비스를 직접 제공하고 있다. 이런 방식에서는 의료비를 정부의 일반 수입으로 처리하는 경우가 많다.

이런 방식들을 여러 가지로 혼합해 사용할 수도 있다. 그리고 의료비를 처리하는 방식은 서비스의 종류에 따라 달라질 수 있다.

3) 고려할 점

재정을 확보하기 위해 어떤 방식을 사용하는지에 상관없이, 의료제도에서는 환자가 의료비의 일부를 지불하도록 되어 있는 경우가 많다. 이렇게 하는 주요한 이유는, 환자에게 의료비의 일부를 지불하게 하면 환자는 의료서비스를 너무 많이 이용하는 것을 꺼릴 것이라고 보기 때문이다(노병일, 2018a). 이때에 사용할 수 있는 방식에는 다음과 같은 것이 있다(Social Security Administration, 2015).

① 환자가 의료 제공자나 사회보장기관에 비용의 일부를 지불하게 한다.

② 완전히 환불해 주지 않는다. 즉, 100% 환불하지 않는다.

직접 서비스를 제공하는 방식의 경우, 모든 사람에게 기본적으로 의료서비스를 무료로 제공하는 것을 강조하고 있다. 그러나 직접 서비스를 제공하는 방식에서조차도, 환자는 치료를 받거나 처방을 받거나 병원에 입원한 날짜에 대해 적은 양의 비용을 지불하여야 하는 경우가 많다.

진료비 지불 방식

진료비를 지불하는 방식으로 다음과 같은 것이 있다(국민건강보험공단, 2005a).

① 행위별 수가제(FFS: fee-for-services)가 있다. 행위별 수가제는 개별적 의료 행위의 가격과 양에 따라 보상하는 방식을 말한다.

② 포괄 수가제(DRG: diagnosis-related groups)가 있다. 포괄 수가제는 환자가 병원에 입원해 퇴원할 때까지 받은 진료의 종류나 진료의 양에 관계없이, 일정한 양의 진료비만을 부담하는 방식을 말한다.

정리

- 의료비를 처리하는 방식을 직접 지불 방식, 환급 방식, 직접 제공 방식으로 나눌 수 있다. 그리고 이런 방식들을 여러 가지로 혼합할 수도 있다.

5. 의료제도의 대상과 급여와 운영 및 재정

1) 의료제도의 대상

전체 인구층에서 의료제도의 대상이 되는 사람이 차지하는 비율은 국가에 따라 크게 차이가 나고 있다. 이렇게 차이가 크게 나는 이유들 가운데 하나는, 국가마다 경제가 발전한 정도가 크게 다르기 때문이다(Social Security Administration, 2015).

그리고 의료서비스를 받을 수 있는 대상은 의료제도의 형태에 따라 차이가 나고 있다. 의료제도의 형태를 크게 사회보험제도와 국민보건서비스 제도로 구분할 경우, 각 제도의 대상을 다음과 같이 제시할 수 있다(Social Security Administration, 2015).

① 사회보험제도에서는 사회보험에 가입한 사람이 대상이 되고 있다. 대부분의 국가에서는 의료와 관련된 사회보험제도를 의료보험제도(우리나라에서는 건강보험제도)라고 부르고 있다. 의료보험제도의 경우, 대부분의 근로자는 의무적으로 가입하도록 되어 있다. 그리고 기타 대상은 임의로 가입하도록 되어 있을 수 있다. 이 경우, 기타 대상의 예로 자영업자가 있다.

② 국민보건서비스 제도에서는 원칙적으로는 사실상 모든 주민이 대상이 되고 있다. 그러나 국민보건서비스 제도의 경우, 외국인이 의료서비스를 이용하는 것을 제약할 수도 있다.

우리나라의 국민건강보험공단 건물 : 의료보험제도에서는 의료보험에 가입한 사람이 대상이 된다.
출처 : 저자 촬영.

의료보험 미가입자가 선택할 수 있는 방법

의료보험에 가입할 수 없는 사람은 다음과 같은 방법들 중에서 선택하여야 할 것이다(Pieters, 2006).
① 민간보험에 가입한다.
② 본인이 의료비를 부담한다.
③ 공공부조의 한 종류인 의료부조를 이용한다.

2) 의료제도의 급여

사회보장과 관련된 의료제도에서는 여러 가지 형태의 급여를 제공하고 있다. 사회보장과 관련된 의료제도에서 일반적으로 제공하는 급여의 형태를 구체적으로 제시하면 다음과 같다(Social Security Administration, 2015).

① 현금 질병급여(cash sickness benefit)가 있다. 현금 질병급여는 현금의 형태로 제공하고 있다. 현금 질병급여는 단기적 질병 때문에 일할 수 없을 때에 제공하고 있다.

② 의료서비스와 관련된 급여가 있다. 의료서비스와 관련된 급여는 일반적인 의료서비스, 병원서비스, 약품서비스의 형태로 제공하고 있다.

3) 의료제도의 운영

의료보험제도를 따르는 국가의 경우, 어느 정도 자율성을 가지는 기관이 의료제도를 운영하고 있다. 그리고 국민보건서비스 제도를 따르는 국가의 경우, 정부의 부서가 의료서비스를 실제로 제공하는 것에 대해 책임을 지고 있다(Social Security Administration, 2015).

한편 사회보장제도가 의료와 관련된 물품과 서비스를 직접적으로 제공하느냐 또는 간접적으로 제공하느냐에 따라서 운영 방식을 구분할 수 있다. 이런 운영 방식의 형태를 몇 가지 제시하면 다음과 같다(Pieters, 2006).

① 직접적으로 제공하는 방식이 있다. 이런 방식에서는 사회보장제도 자체가 의사, 의료 보조원, 병원, 의약품과 같은 것을 제공할 수 있다. 이 경우, 사회보장제도는 관련된 물품과 서비스를 의료제도의 대상이 되는 모든 사람에게 제공할 수 있다. 이런 사회보장제도가 모든 주민을 대상으로 할 때에는, 이런 제도를 국민보건서비스 제도라고 부르는 경우가 많다.

② 간접적으로 제공하는 방식이 있다. 사회보장제도는 어떤 물품이나 서비스를 직접적으로 제공하지 못할 수 있다. 이 경우, 사회보장제도는 독자적으로 운영하는 의료 제공자, 독자적으로 운영하는 약사와 의료 보조인, 독립된 의료기관 등의 도움을 받아야 한다. 독립된 의료기관은 공적으로 운영되는 기관일 수도 있고, 사적으로 운영되는 기관일 수도 있다.

③ 혼합하여 제공하는 방식이 있다. 이 경우, 일부 의료 물품과 서비스는 사회보장기관이 직접적으로 제공하고, 기타 일부 의료 물품과 서비스는 제3자가 간접적으로 제공할 수 있다.

4) 의료제도의 재정

의료와 관련된 사회보장제도에 필요한 재정은 여러 가지 방식으로 확보할 수 있다. 의료제도의 형태를 의료보험제도와 국민보건서비스 제도로 구분할 경우, 각 제도에서 재정을 확보하는 방식은 다음과 같다(Social Security Administration, 2015).

① 의료보험제도에서는 급여에 대한 재정을 기여금으로 확보하고 있다. 따라서 의료보험제도에서는 근로자와 고용주가 직접적으로 기여금을 납부하는 경우가 많다.

② 국민보건서비스 제도에서는 의료서비스에 대한 재정의 대부분을 정부의 일반 수입(세금)으로 확보하는 경우가 많다.

정리

- 사회보험(의료보험)제도에서는 사회보험 가입자가 대상이 되고, 국민보건서비스 제도에서는 사실상 모든 주민이 대상이 된다.
- 의료제도에서 제공하는 급여의 형태는 현금 질병급여와 의료서비스와 관련된 급여가 있다. 현금 질병급여는 현금으로 제공하고, 의료서비스와 관련된 급여는 의료서비스, 병원서비스, 약품서비스로 제공한다.
- 사회보장제도가 의료와 관련된 물품과 서비스를 제공하는 방식으로 직접 제공하는 방식, 간접 제공하는 방식, 혼합해 제공하는 방식이 있다.
- 의료보험제도에서는 재정을 기여금으로 확보하고, 국민보건서비스 제도에서는 재정의 대부분을 정부의 일반 수입으로 확보한다.

6. 경향과 과제

1) 경 향

(1) 의료비의 증가

오늘날의 경우, 의료 영역에서 지출이 늘어나는 현상은 모든 복지국가에서 중요한 문제가 되고 있다(Gilardi, Füglister & Luyet, 2009). 이에 따라서 의료제도는 재정적으로 크게 압박을 받고 있다.

오늘날 의료비가 증가하는 이유에는 여러 가지가 있다. 이런 이유를 몇 가지 제시하면 다음과 같다(Pieters, 2006; Ditch, 1999; International Labor Organization, 1984).

① 노인 인구가 많아지는 탓에, 의료서비스가 더 필요하기 때문이다.
② 의료 영역의 기술 수준이 더 높아지는 탓에, 의료비가 더 비싼 방향으로 나아가고 있기 때문이다.
③ 의료 물품과 서비스를 더 많이 공급하고 있고, 또한 이와 더불어 이런 의료 물품과 서비스가 더 필요하기 때문이다.
④ 의료제도의 대상자가 더 많아지고 있고, 제공하는 급여의 범위가 더 확대되기 때문이다.

의료비가 증가하는 상황은 앞으로도 계속될 것으로 보인다.

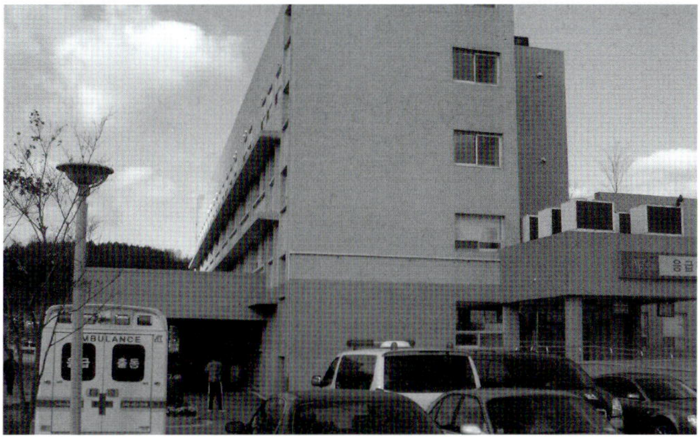

어느 종합병원 : 의료비가 증가하는 상황은 계속될 것으로 예상된다.
출처 : 저자 촬영.

그리고 의료비가 증가하고 이것이 사회보장의 재정에 영향을 미침에 따라서, 모든 국가는 어려운 선택을 하여야 하는 상황에 놓이고 있다. 그러나 의료비의 증가에 따른 재정문제를 해결하는 방식은 해당 국가의 환경과 특징에 따라 차이가 나고 있다(Gilardi, Füglister & Luyet, 2009; Pieters, 2006; Moran, 1994; World Bank, 1993; International Labor Organization, 1984).

(2) 민간 의료보험

전 세계에 걸쳐서, 민간 의료보험을 도입하는 것에 대해 많이 논의하고 있다. 일반적으로 민간 의료보험제도는 다음과 같은 상황에서 도입되는 경우가 많다(Pieters, 2006).

① 공적 의료보험제도에서 대기하는 사람이 많다.
② 공적 의료보험제도에서 제공하는 물품과 서비스의 질이 만족스럽지 못하다고 본다.

2) 과 제

(1) 의료 재정의 해결

의료비가 증가함에 따라서, 앞으로 의료와 관련된 사회보장제도의 재정을 확보하는 데 더 주목할 필요가 있다. 이와 관련해 국제노동기구(International Labor Organization, 2000)의 경우, 이렇게 증가하고 예측할 수 없는 경향을 보이는 의료비를 개인 가구가 직접 부담하지 않도록, 의료제도의 재정을 변화시키는 것이 중요하다고 주장한 바 있다.

(2) 대상자와 범위의 확대

오늘날의 경우, 의료서비스를 이용하는 것은 기본적인 인권에 속하고 있다. 그러므로 사회보장제도를 통해 의료서비스를 받을 수 있는 대상자를 꾸준히 더 확대할 필요가 있다(International Labor Organization, 2000).

그리고 이와 동시에, 의료제도에서 제공하는 의료서비스의 범위도 확대하는 방향으로 나아갈 필요가 있다.

(3) 민간 의료보험과 관련된 문제의 해결

앞으로 민간 의료보험에 대해 관심이 커질 가능성이 크다. 민간 의료보험은 공적 의료보험과 여러 가지 방식으로 관련되고 있다. 이런 상황을 구체적으로 제시하면 다음과 같다(Pieters, 2006).

① 민간 의료보험은 공적 의료보험을 보완하는 역할을 할 수 있다. 공적 의료보험에서 일부 의료 물품과 서비스를 제공하지 않을 경우, 민간 의료보험은 이런 물품과 서비스를 제공함으로써 공적 의료보험을 보완하는 역할을 할 수 있다.

② 공적 의료보험의 대상자가 공적 의료보험에서 제공하는 의료 물품과 서비스에 대해 만족하지 못할 경우, 공적 의료보험의 대상자는 자신에게 만족스러운 의료 물품과 서비스를 제공하는 민간 의료보험에 가입할 수 있다.

그러나 민간 의료보험 때문에 새로운 문제가 나타날 가능성이 커지고 있다. 결과적으로 볼 때, 민간 의료보험은 공적 의료보험이 발달하는 데 걸림돌이 될 수 있다. 또한 민간 의료보험은 경제적 능력이 없는 사람에게는 불리할 수밖에 없다. 따라서 근본적으로 민간 의료보험은 모든 사회구성원이 의료에 접근할 수 있는 권리와 관련해 문제를 유발할 수 있다. 그러므로 민간 의료보험을 도입할 경우, 이런 문제를 해결하는 데 주목할 필요가 있다.

정리

- 오늘날, 의료비는 늘고 있다. 의료비가 늘어나는 이유로 노인 인구의 증가, 의료 기술의 향상, 의료 물품과 서비스의 공급 증가, 의료제도의 대상자와 제공 급여의 확대를 들 수 있다.
- 전 세계에 걸쳐서 민간 의료보험을 도입하는 것에 대해 많이 논의한다.
- 의료비가 증가함에 따라 의료 재정을 확보하는 데 더 주목할 필요가 있다.
- 사회보장제도를 통해 의료서비스를 받을 수 있는 대상과 의료제도에서 제공하는 의료서비스의 범위를 확대할 필요가 있다.
- 민간 의료보험은 모든 사회구성원이 의료에 접근할 수 있는 권리와 관련해 문제를 유발할 수 있으므로, 민간 의료보험을 도입할 때에는 이런 문제를 해결하는 데 주목할 필요가 있다.

CHAPTER 07

산업재해와 관련된 사회보장

CONTENTS

1. 산업재해보상보험과 관련된 용어
2. 산업재해보상보험의 목적과 의의 및 역사
3. 산업재해보상보험과 관련된 이론과 특징
4. 산업재해보상보험의 대상과 급여와 운영 및 재정
5. 경향과 과제

1. 산업재해보상보험과 관련된 용어

1) 산업재해보상보험

산업재해보상보험은 산업재해에 대해 보상해 주는 사회보장 프로그램이다. 그러나 산업재해보상보험(산업재해 프로그램)에 대해서는 용어가 다양하다. 산업재해보상보험과 관련된 용어를 몇 가지 제시하면 다음과 같다(국가법령정보센터, 2020; Gordon, 1994).

① 미국과 영국에서는 산업재해 프로그램을 '근로자 보상 프로그램(workers' compensation program)'이라고 부르는 경우가 많다.

② 유럽에서는 산업재해와 관련된 프로그램을 '산업재해 프로그램' 또는 '고용재해 프로그램(employment injuries program)'이라고 부르는 경우가 많다.

③ 우리나라의 법에서는 '산업재해보상보험'이라는 용어를 사용하고 있다.

그리고 그동안 산업재해보상보험(산업재해 프로그램)에 대해 정의한 것을 몇 가지 제시하면 다음과 같다(노동부·근로복지공단, 2008; Barker, 2003; Social Security Administration, 2015).

① 미국의 전국사회복지사협회에서 발간한 사전에 따르면, 근로자 보상(산업재해보상보험)은 직업병 및 산업재해와 관련된 비용의 일부를 근로자에게 지급하는 프로그램을 말한다.

② 미국 사회보장청에 따르면, 산업재해보상보험은 일과 관련된 재해와 직업병에 대해 보상하는 프로그램을 말한다.

③ 우리나라의 정부기관에 따르면, 산업재해보상보험은 "산업재해를 겪은 근로자와 그 가족의 생활을 보장하기 위하여 국가가 책임지는 의무 보험"을 말한다.

위험한 일을 하는 근로자 : 산업재해보상보험은 근로자가 겪는 산업재해에 대해서 근로자와 가족을 보호하는 제도이다.
출처 : 스페인에서 저자 촬영.

정리하건대, 산업재해보상보험은 근로자가 겪는 산업재해에 대해 보상함으로써 근로자와 가족을 보호하는 제도라고 볼 수 있다.

2) 산업재해

문자 그대로 산업재해는 산업 영역에서 발생하는 사고를 가리킨다. 그동안 산업재해에 대해 정의한 것을 구체적으로 제시하면 다음과 같다(국가법령정보센터, 2020; Pieters, 1993).

① 피터스(Pieters)의 경우, 일반적으로 산업재해는 작업 중에 개인에게 발생하는 사고라고 보고 있다. 여기서 '작업 중'의 의미는 국가마다 차이가

나고 있다. 예를 들어, 어느 국가에서는 산업재해는 작업 시간 중에 다친 사고라고 볼 수 있고, 어느 국가에서는 산업재해는 정규 작업 시간이 아닌 시간에 사업장에서 작업하다 다친 사고도 포함하는 식으로 볼 수 있다.

② 우리나라의 산업재해보상보험법에서 산업재해에 해당하는 용어는 '업무상의 재해'이다. 이 법의 경우, 업무상의 재해는 "업무상의 사유에 따른 근로자의 부상 · 질병 · 장해 또는 사망"이라고 보고 있다.

정리하건대, 산업재해는 근로자가 사업장에서 일하는 것과 관련해 겪는 사고, 질병, 장애, 사망이라고 볼 수 있다.

대부분의 국가에는 어떤 사고가 산업재해에 해당되는지에 대해 자세히 설명한 사례법이 존재하고 있다. 그리고 국가마다 고용과 관련된 요인 때문에 발생한다고 보는 질병의 목록을 가지고 있다. 따라서 일반적으로 이 목록을 근거로 해서, 고용과 관련된 질병인지 여부를 판단하고 있다(Pieters, 1993; Dixon, 1999).

3) 직업병

산업재해처럼 갑자기 발생하는 사고 때문에 근로자의 건강이 나빠질 수 있지만, 그 외의 이유 때문에 근로자의 건강이 나빠질 수도 있다. 예를 들어, 근로자가 해로운 작업 환경에 장기적으로 놓일 때에도 근로자의 건강은 나빠질 수 있다. 해로운 작업 환경의 예로 해로운 물질에 노출되거나 해로운 전파에 노출되는 것이 있다. 이런 경우에 나타나는 것이 직업병이다. 따라서 산업재해보상보험에서는 직업병도 다루고 있다.

그동안 직업병에 대해 정의한 것을 구체적으로 제시하면 다음과 같다(Barker, 2003; Pieters, 2006).

① 미국의 전국사회복지사협회에서 간행한 사전에 따르면, 직업병은 사업장에 있는 상황에 노출되었기 때문에 겪는 심각한 질병이나 지속적인 질병을 가리킨다.

② 피터스(Pieters)에 따르면, 직업병은 개인의 건강에 피해를 주는 작업 조건에 노출되었기 때문에 생기는 장애나 질병을 가리킨다.

정리하건대, 직업병은 좋지 않은 작업 환경에 노출되어 나타나는 질병이나 장애라고 볼 수 있다.

직업병의 형태는 다양하다. 예를 들어 스웨덴의 경우, 산업재해보상보험이 적용되는 직업병의 예로 다음과 같은 상황에 있는 것을 제시한 바 있다(Forsakringskassan, 2006).

① 어떤 해로운 물질 때문에 피부 상태가 변하고 있다.

② 일하는 자세가 적절하지 못하기 때문에 허리가 아프다.

한편 산업재해에서는 그 피해가 바로 나타나지만, 해로운 작업 환경에 장기적으로 놓일 때에는 그 피해가 반드시 곧바로 나타나지 않을 수 있다. 예를 들어, 해로운 작업 환경에 장기적으로 놓일 때의 피해는, 매우 오랜 시간이 지난 후에 나타날 수도 있다. 그리고 어느 때에는 이런 피해가 근로자가 해당 사업장을 그만두고 난 후에 나타날 수도 있다. 이런 탓에, 직업병은 특별하게 대응할 필요가 있는 문제가 되고 있다. 예를 들어, 어떤 사람이 직업병 때문에 어려움을 겪고 있다는 것을 보여주기 위한 증거와 관련해 문제가 생길 수 있다(Pieters, 2006).

직업병 파악의 방식과 경향

일반적으로 직업병을 파악하는 방식에는 다음과 같은 것이 있다(Pieters, 2006).

① 직업병을 정의하는 방식이 있다. 이것을 '공개 정의(open definition)' 방식이라고 부르고 있다. 공개 정의 방식에서는 모든 장애나 질병을 직업병으로 인정할 수 있다. 그러나 이 경우, 직업병의 피해자는 이전의 직업 활동과 직업병 발생 사이에 인과관계가[63] 있음을 증명하여야 한다.

② 직업병의 목록을 작성하는 방식이 있다. 이것을 '목록(list)' 방식이라고 부르고 있다. 목록 방식의 경우, 미리 정해진 직업병 목록에 근로자가 겪는 질병이 포함되어 있을 때에만, 근로자의 질병을 직업병으로 인정할 수 있다.

오늘날의 경우, 대부분의 국가에서는 목록 방식을 사용하고 있고, 이에 보완해 공개 정의 방식을 사용하고 있다.

63) 인과관계는 원인과 결과 사이의 관계를 말한다.

4) 근로 능력 상실

산업재해와 관련된 프로그램에서 제공하는 급여는 '근로 능력 상실(노동불능, incapacity for work)' 급여이다(Pieters, 2006). 사회보장제도에서 근로 능력 상실은 소득을 얻는 능력을 상실한 상태를 의미하고 있다. 따라서 사회보장제도의 경우, 대상자와 같거나 유사한 조건을 갖춘 사람(참고인)이 얻을 수 있는 소득을 대상자가 사고나 질병 때문에 얻지 못하는 것을 증명할 때에 근로 능력 상실 급여를 제공하고 있다.

근로 능력을 상실한 사람이 소득을 얻을 수 있는 능력과 참고인이 소득을 얻을 수 있는 능력 사이의 관계를 '근로 능력 상실의 정도(degree)'라고 부르고 있다(Pieters, 2006). 그러나 근로 능력 상실의 정도를 결정하는 것은 결코 쉬운 일이 아니다. 거의 모든 국가에서는 근로 능력을 어느 정도 상실하였는지를 평가하는 일의 대부분을 의사가 담당하는 경향이 있다.

많은 국가의 경우, 근로 능력 상실의 정도를 일정 비율로 표시하고 있다. 그리고 일부 국가의 경우, 근로 능력을 상실한 정도를 몇 가지 범주로 구분하고 있다(Pieters, 2006).

정리

- 산업재해보상보험은 근로자가 겪는 산업재해에 대해 보상함으로써, 근로자와 가족을 보호하는 제도이다.
- 산업재해는 근로자가 사업장에서 일하는 것과 관련해 겪는 사고・질병・장애・사망이다.
- 직업병은 좋지 않은 작업 환경에 노출되어 나타나는 질병・장애이다.
- 근로 능력 상실은 소득을 얻는 능력을 상실한 상태이다.

2. 산업재해보상보험의 목적과 의의 및 역사

1) 산업재해보상보험의 목적과 의의

산업재해보상보험의 목적은 근로자가 일시적으로 근로 능력을 상실한 상태에 놓이거나 장애 상태에 놓이거나 사망한 때에 도움을 주는 데 있다(Dixon, 1999; Social Security Administration, 1999). 산업재해보상보험에서 기본적으로 추구하는 목적을 몇 가지 제시하면 다음과 같다(Rejda, 1999).

① 산업재해와 직업병에 대해서 여러 범주의 근로자를 대상으로 보상한다. 이 목적의 경우, 산업재해보상보험에서는 일과 관련된 모든 재해와 직업병에 대해서 대부분의 근로자를 대상으로 삼아야 한다는 점을 보여주고 있다.

② 산업재해나 직업병 때문에 장애 상태에 놓인 근로자가 얻지 못하게 된 소득의 많은 부분을 대신하는 급여를 제공한다.

③ 산업재해를 겪은 근로자에게 충분한 의료서비스와 재활서비스를 제공한다.

④ 제대로 된 안전 프로그램을 잘 갖추도록 장려한다.

⑤ 급여와 서비스를 효과적으로 전달하는 체계를 만든다.

그리고 산업재해보상보험은 여러 가지 의의를 지니고 있다. 무엇보다도 산업재해보상보험은 다음과 같은 역할을 한다는 데 근본적인 의의가 있다(International Labor Organization, 2014).

① 사업장에서의 사고 때문에 겪는 재정적 어려움으로부터 근로자와 가족을 보호하고 있다.

② 산업재해를 겪은 근로자가 더 빨리 재활하도록 도와주고 있다.

2) 산업재해보상보험의 배경과 역사

자신이 살아가는 데 필요한 자원을 일을 해서 얻는 사람이 사고를 겪거나 직업병에 걸리게 되면, 이전에 얻던 소득을 완전히 얻지 못하거나 부분적으로 얻지 못할 수 있다. 따라서 근로자가 사업장에서 산업재해를 겪어서 다치거나 사망한 경우, 해당 근로자나 가족을 보호하거나 해당 근로자나 가족에게 보상할 필요가 있다. 이 경우, 자신이 이전에 얻던 소득을 사회보장제도를 통해서 대신 얻을 수 있다(노동부 · 근로복지공단, 2008; Pieters, 2006). 이때에 해당되는 사회보장제도가 산업재해보상보험이다.

19세기 말에 사회보장제도를 도입하기 전까지는, 산업재해의 피해자가 산업재해에 대해 책임이 있다고 보는 입장이 오랫동안 일반적인 인식으로 자리 잡고 있었다. 이것을 '피해자 과실의 원칙'이라고 부르는데, 이런 원칙은 19세기에 산업이 크게 발달하는 과정과 어울리는 측면이 많이 있었다. 따라서 국가가 산업재해의 피해자를 보상하는 데 있어 소극적으로 행동하는 것은 당연한 것처럼 보였다. 이런 인식은 고용주의 입장에서 특히 두드러졌다(Dixon, 1999).

석탄을 캐다 사망한 광부들을 추모하는 공간 (삼탄아트마인의 '기억의 정원') : 근로자가 사업장에서 산업재해를 겪어서 다치거나 사망한 때에 근로자 · 가족에 대해 보호 · 보상하는 제도가 산업재해보상보험이다.
출처 : 저자 촬영.

그러다가 일부 선진국에서 사회법을[64] 도입하기 시작하였다. 사회법을 처음에 도입한 배경에는, 안전하지 못한 작업 환경에 대해 대비하려는 측면도 포함되어 있었다. 왜냐하면 당시에는 안전 조치와 같은 것이 잘 갖추어지지 않아서 많은 근로자가 작업장에서 크게 다쳤고, 이에 따라 안전한 작업 환경을 만들어 산업재해를 예방하는 데 관심이 커졌기 때문이다(Gordon, 1994; Pieters, 1993).

64) 사회법에 대한 정의는 다양하다. 일반적으로 사회법은 사회적 약자를 보호하기 위한 법이라고 볼 수 있다(최종고, 1995).

그리하여 '피해자 과실의 원칙'이 없어지고, 그 대신에 '무과실 원칙(no-fault-legal principle)'이 나타나게 되었다. 근로자가 사업장에서 일하다가 산업재해를 겪을 때에 고용주가 법적으로 책임을 진다는 내용을 담은 산업재해법은, 유럽에서 1840년대에 등장하기 시작하였다. 그 후 약 40년이 지나서, 위험한 사업장에서 일하는 근로자가 산업재해를 겪을 때에 근로자는 과실 책임이 없다는 법을 만들었다. 독일에서는 산업재해법을 세계에서 최초로 도입하였다. 그 후, 산업재해 프로그램을 도입한 국가의 수는 계속 증가하였다.

산업재해 프로그램은 사회보장 프로그램들 중에서 가장 오래된 프로그램이다. 따라서 많은 국가에서 사회보장 급여를 가장 먼저 받은 사람은 산업재해를 겪은 사람이었다. 현재의 경우, 대부분의 선진국에서는 산업재해 피해자를 보상하는 통일된 전국적인 프로그램을 갖추고 있다. 예를 들어 스웨덴의 경우, 사업장에서 다치거나 또는 사업장에 출퇴근하다가 다칠 때에는 산업재해보상보험에서 보상을 받을 수 있다(Social Security Administration, 2015; Gordon, 1994; Pieters, 1993; Barker, 2003; Dixon, 1999; Forsakringskassan, 2006).

우리나라의 경우, 산업이 빠르게 발전되면서 산업재해를 겪는 근로자의 수가 크게 증가하기 시작하였다. 이에 따라 산업재해를 겪은 근로자를 도와주기 위해서 1964년에 산업재해보상보험을 도입하였다. 산업재해보상보험은 우리나라에서 최초로 도입한 사회보험제도이다(노동부 · 근로복지공단, 2008).

정리

- 산업재해보상보험의 목적은 일시적으로 근로 능력을 상실하거나 장애 상태에 놓이거나 사망한 때에 도움을 주는 데 있다.
- 근로자가 사업장에서 산업재해를 겪어서 다치거나 사망하면 근로자 · 가족에 대해 보호 · 보상할 필요가 있는데, 이를 위한 사회보장제도가 산업재해보상보험이다.
- 근로자가 사업장에서 산업재해를 겪을 때에 고용주가 법적 책임을 진다는 내용을 담은 산업재해법이 1840년대에 등장하기 시작하였고, 위험한 사업장에서 일하는 근로자가 산업재해를 겪을 때에 근로자는 과실 책임이 없다는 법을 그 후에 만들었다.
- 산업재해 프로그램은 사회보장 프로그램들 중에서 가장 오래된 프로그램인데, 대부분의 국가에는 산업재해 프로그램이 있다.

3. 산업재해보상보험과 관련된 이론과 특징

1) 산업재해보상보험과 관련된 이론

앞에서 설명한 바와 같이, 산업재해보상보험제도에서는 '무과실 원칙'을 토대로 삼고 있다. 산업재해와 관련된 영역에서 '무과실' 원칙이 필요하다는 점을 증명하기 위해서, 그동안 몇 가지 이론을 제시해 왔다. 이런 이론을 구체적으로 살펴보면 다음과 같다(Rejda, 1999).

(1) 직업위험 이론

직업위험 이론(occupational risk theory)의 경우, 기업은 근로자가 자신의 사업장에서 일하다가 장애 상태에 놓일 때에 부담하는 비용을 생산비로 간주하여야 한다고 보고 있다. 따라서 직업위험 이론에서는, 일과 관련된 재해나 질병에 대한 비용을 제품 가격에 반영하여야 한다고 보고 있다.

(2) 최저 사회비용 이론

최저 사회비용 이론(least social cost theory)의 경우, 산업재해보상보험제도는 산업재해 때문에 생기는 경제적 손실을 최소로 줄이는 기능을 한다고 보고 있다. 산업재해보상보험에서는 기업에서 산업재해가 발생한 빈도에 따라서 기업이 산업재해보상보험제도에 납부하는 보험료(기여금)를 정하고 있다. 이런 탓에, 최저 사회비용 이론에서는 기업은 산업재해를 줄이려 한다고 보고 있다.

(3) 사회타협 이론

사회타협 이론(social compromise theory)의 경우, 산업재해보상보험제도는 근로자와 고용주 모두에게 이득을 주는 측면이 있다고 보고 있다. 우선, 산업재해를 겪은 근로자의 입장에서는 법정에서 회사를 상대로 소송할 권리를 포기하고, 그 대신에 양은 적지만 확실하게 받는 장애급여로 보상을 받을 수 있게 된다.

그리고 기업의 입장에서는 기업이 책임이 없을지도 모르지만, 근로자에게 산업재해급여를 제공하고 그 대신에 다음과 같은 이득을 얻을 수 있게 된다.

① 비용이 많이 드는 소송에서 벗어난다.

② 산업재해를 겪은 근로자가 소송에서 이겨서, 회사는 근로자에게 산업재해급여를 더 많이 제공하여야 하는 상황에서 벗어난다.

2) 산업재해보상보험의 특징

앞에서 제시한 이론에서 보듯이, 산업재해보상보험은 다른 사회보험 프로그램과는 차이가 나는 특징을 몇 가지 지니고 있다. 이런 점을 구체적으로 살펴보면 다음과 같다.

(1) 별도 제도의 운영

산업재해와 관련된 제도는 여러 가지 방식으로 운영될 수 있다. 일반적으로 산업재해를 다루는 방식을 다음과 같이 세 가지로 구분할 수 있다(Pieters, 2006).[65]

① 산업재해만을 다루는 별도의 사회보험제도를 운영한다.

② 산업재해와 관련된 제도를 근로 능력 상실, 유족급여, 의료를 다루는 다른 사회보장제도에 통합해서 운영한다.

③ 산업재해를 의료와 관련된 사회보험제도에서 다룬다.

하지만 대부분의 국가에서는, 산업재해 때문에 소득이 없어지는 위험을 다루기 위해 별도의 사회보험제도를 갖추고 있다. 즉, 산업재해라는 사회적 위험에 대비하는 제도는 '별도의' 제도로 되어 있는 경우가 많다. 이것은 폭넓은 사회보장제도를 도입하기 이전에, 이미 민법에 근거해 산업재해에 대해 보상하고 있었기 때문이다(Pieters, 2006; International Labor Organization, 1984; Dixon, 1999).

(2) 급여의 유리한 제공

다른 사고의 피해자에 비해서, 산업재해의 피해자는 산업재해보상보험에서 급여를 더 받는 경우가 많다. 구체적으로 다음과 같은 점에서, 산업재해보상

65) 물론, 여기에 민간이 운영하는 방식을 추가할 수 있다.

보험은 근로 능력을 잃는 것과 관련된 일반 제도와 크게 차이가 나고 있다 (Pieters, 2006; Gordon, 1994).

① 산업재해보상보험에서는 급여를 더 많이 제공하거나 또는 급여를 더 유리하게 제공하고자 하는 계산 공식을 사용하고 있다. 이런 예를 구체적으로 제시하면 다음과 같다.

㉠ 산업재해의 피해자는 의료서비스를 완전히 무료로 이용할 수 있는 경우가 많다.

㉡ 산업재해보상보험에서 급여를 받을 수 있는 최대 기간은 의료 프로그램에서의 최대 기간보다 더 긴 경우가 많다.

② 산업재해보상보험에서는 단순하게 건강이 나빠진 것에 대해서도 보상해 주는 경우가 많다. 즉, 산업재해보상보험에서는 소득을 얻지 못하게 되는 측면뿐만 아니라 단순하게 건강이 나빠지는 측면도 고려하는 경우가 많다.

③ 산업재해보상보험에서는 퇴직하고 나서도 급여를 계속해 제공하는 경우가 많다.

④ 산업재해보상보험에서는 유급 일자리에서 얻은 소득이 있어도 급여를 제공할 수 있다.

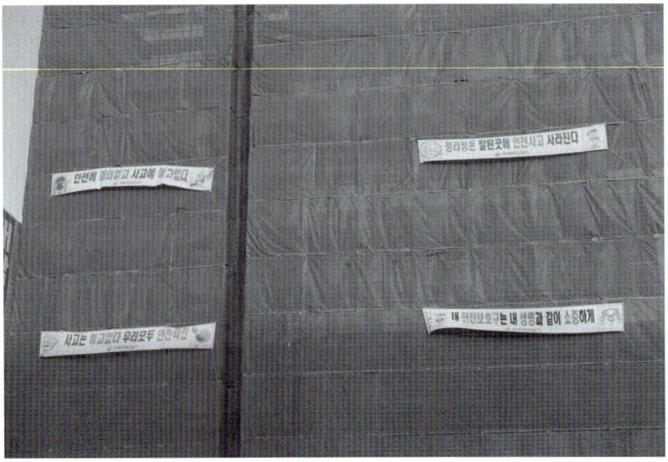

산업재해에 조심하라는 안내가 붙은 공사 현장 : 산업재해의 피해자는 산업재해보상보험에서 급여를 더 받는 경우가 많다.
출처 : 저자 촬영.

그러므로 일부 학자의 경우, 산업재해보상보험을 통해서 사회보장 엘리트가 형성된 측면이 있다고 지적한 바 있다(Dixon, 1999). 사회보장 엘리트는 산업재해 때문에 생긴 손실을 거의 보상받도록 되어 있는 층을 말한다. 이런 층의 경우, 빈곤을 경험하는 일이 거의 없을 정도로, 산업재해보상보험을 통해서 보호되는 경향이 있다.

3) 별도 제도 운영과 유리한 급여 제공에 대한 이유와 의견

많은 국가에서 산업재해 프로그램은 사회보험의 형태를 취하고 있고, 또한 많은 국가에서 산업재해에 대해서는 더 많은 급여를 주고 있다. 산업재해 이외의 사고와 관련된 제도에 비해서, 산업재해를 위한 특별한 제도를 만들거나 산업재해 피해자를 특별하게 대우하는 이유를 구체적으로 제시하면 다음과 같다(Pieters, 2006).

① 산업재해가 더 자주 발생한 기업은 사회보장 기여금을 더 많이 납부하게 하고자 하기 때문이다.

② 산업재해의 피해자에게는 일반 사고의 피해자보다 더 유리한 급여를 제공하고자 하기 때문이다.

하지만 산업재해와 관련된 제도를 별도로 운영하고 급여를 유리하게 제공하는 것에 대해 반대하는 의견도 존재한다(International Labor Organization, 1984).

사회보장제도에서의 장애인 분류

일반적으로 기여금에 근거해 급여를 제공하는 사회보장제도에서는, 일을 할 수 없는 사람을 다음과 같이 크게 세 가지로 분류할 수 있다(International Labor Organization, 1984).

① 작업을 하다가 또는 전쟁 중에 장애인이 된 사람이 있다. 이런 사람에게는 비교적 유리한 급여를 제공하고 있다.

② 산업재해나 전쟁 때문은 아니지만, 사회보장과 관련된 다른 이유 때문에 장애인이 된 사람이 있다. 이런 사람에게는 보통 수준의 급여를 제공하고 있다.

③ 사회보장의 대상이 아닌 장애인이 있다. 여기에 특히 해당되는 사람으로 주부 장애인이나 일할 나이가 되기 전에 장애인이 된 사람이 있다.

정리

- 산업재해 영역에서 '무과실' 원칙이 필요하다는 점을 증명하기 위해 나타난 이론으로 직업위험 이론, 최저 사회비용 이론, 사회타협 이론이 있다. 직업위험 이론에서는 기업은 근로자가 일하다 장애 상태에 놓일 때에 부담하는 비용을 생산비로 간주하여야 한다고 본다. 최저 사회비용 이론에서는 산업재해보상보험은 산업재해 때문에 생기는 경제적 손실을 최소로 줄이는 기능을 한다고 본다. 사회타협 이론에서는 산업재해보상보험은 근로자·고용주 모두에게 이득을 주는 측면이 있다고 본다.
- 산업재해보상보험은 다른 사회보험 프로그램과는 차이가 나는데, 이와 관련된 특징으로 별도 제도로 운영한다는 점과 급여를 유리하게 제공한다는 점이 있다.

4. 산업재해보상보험의 대상과 급여와 운영 및 재정

1) 산업재해보상보험의 대상

(1) 일반 대상

모든 국가의 경우, 산업재해보상보험의 대상에 정규적으로 일자리에서 일하고 있는 사람을 포함시키고 있다. 즉, 일반적으로 산업재해 프로그램에서는 임금을 받는 근로자를 대상으로 삼고 있고, 자영업자는 대상에서 제외시키고 있다. 그러나 일부 선진국에서 실시하고 있는 산업재해 프로그램에서는 실제적으로 모든 근로자를 대상으로 삼고 있다.

하지만 산업재해 프로그램의 대상이 되는 범위는 국가에 따라 차이가 나고 있다. 이런 예를 몇 가지 제시하면 다음과 같다(Dixon, 1999; Social Security Administration, 1999, 2015; Pieters, 1993; International Labor Organization, 1984).

① 일부 국가의 경우, 농업 영역에서 일하는 근로자를 산업재해 프로그램의 대상에서 제외시키고 있다.

② 일부 국가의 경우, 일자리에서 일하고 있지 않은 사람도 산업재해 프로그램의 대상에 포함시키고 있다. 예를 들어, 일부 국가에서는 학생, 유치

원 아동, 소년원생, 재활을 받고 있는 사람도 산업재해 프로그램의 대상이 되고 있다.

③ 일부 국가의 경우, 무급으로 일하는 사람을 산업재해 프로그램의 대상에 포함시키고 있다. 예를 들어, 일부 국가에서는 사회복지 분야에서 자원봉사를 하는 사람을 산업재해 프로그램의 대상에 포함시키고 있다.

④ 일부 국가의 경우, 특정 층을 대상으로 하는 특별 산업재해 프로그램을 운영하고 있다. 이런 특별 산업재해 프로그램의 대상은 공무원인 경우가 가장 많다. 그리고 이 외에도, 일부 국가에서는 특정한 직업층, 특정한 산업계 종사자, 농장 근로자, 자영업자, 학생, 농부가 특별 산업재해 프로그램의 대상이 되고 있다.

한편 산업재해급여를 제공할 때에는 고용 상태에 있던 기간과 같은 조건을 따지지 않는 경우가 많다(Social Security Administration, 2015). 즉, 산업재해 프로그램에서는, 산업재해급여를 받을 자격과 관련해 보험에 가입한 기간이나 고용 상태에 있는 기간에 대한 조건이 붙지 않는 경우가 많다.

(2) 유족

대부분의 산업재해 프로그램에서는 유족에게 급여를 제공하고 있다. 사회보험 방식의 산업재해 프로그램에서는, 급여를 받을 수 있는 유족을 다음과 같이 구분할 수 있다(Dixon, 1999).

① 살아남은 배우자가 있다.

② 살아남은 자녀가 있다.

③ 배우자와 자녀 이외의 살아남은 가족구성원이 있다.

④ 보호가 필요한 기타 사람이 있다.

일반적으로 유족급여는 다음과 같은 사람에게 제공하고 있다(Social Security Administration, 2015).

① 사망한 남성 근로자의 부인(widow)이 있다. 이 경우, 여성의 나이와는 상관없이 급여를 제공하고 있다. 그리고 유족급여는 해당 여성이 사망하거나 재혼할 때까지 제공하고 있다.
② 사망한 여성 근로자의 장애인 남편(disabled widower)이 있다.
③ 특정한 나이보다 적은 고아가 있다.

2) 산업재해보상보험의 급여

산업재해급여는 산업재해를 겪는 상황에서 제공하는 급여를 말한다. 일반적으로 산업재해 프로그램에서는 단기적 급여와 장기적 급여를 제공하고 있다. 대개의 경우, 다음과 같은 요인이 단기적 급여를 제공하는지 아니면 장기적 급여를 제공하는지 여부를 결정하고 있다(Social Security Administration, 2015).

① 일할 수 있는 능력을 상실한 기간이 있다.
② 유족의 나이가 있다.

그리고 산업재해 프로그램이 있는 국가들 중에는, 근로자가 산업재해 때문에 일시적으로나 영구적으로 장애 상태에 놓일 때에 근로자를 보호하는 프로그램과 근로자가 산업재해와 관련해 사망하였을 때에 유족을 보호하는 프로그램을 실시하는 국가가 많다. 따라서 산업재해 프로그램에서 제공하는 급여를 크게 산업재해급여와 유족급여로 나눌 수 있다(Social Security Administration, 1999; Dixon, 1999).

(1) 산업재해급여

거의 대부분의 경우, 산업재해급여는 현금급여와 의료서비스를 포함하고 있다. 따라서 산업재해 프로그램에서는, 현금급여도 제공하고 의료와 관련된 서비스도 제공하고 있다(Social Security Administration, 2015).

우선, 산업재해 프로그램에서 제공하는 현금급여의 형태를 다음과 같이 구분할 수 있다(Social Security Administration, 2015).

① 일시 장애급여가 있다. 이것은 일시적으로 장애를 겪는 근로자에게 제공하는 급여를 말한다.
② 영구 완전장애 급여가 있다. 이것은 완전한 장애 상태에 영구적으로 있는 근로자에게 제공하는 급여를 말한다.
③ 영구 부분장애 급여가 있다. 이것은 부분적인 장애 상태에 영구적으로 있는 근로자에게 제공하는 급여를 말한다.

그리고 산업재해를 겪은 근로자에게는 현금급여 이외에 의료서비스, 병원서비스, 재활서비스를 제공하고 있다. 이런 서비스는 거의 무료이고, 이런 서비스에서는 일반적인 의료 프로그램에서 제공하는 서비스보다 더 폭넓은 서비스를 제공할 수 있다. 그리고 이런 서비스는 근로자가 회복하거나 또는 근로자의 상태가 안정될 때까지 제공하고 있다. 그러나 무료서비스의 양을 제약하는 국가도 있다(Social Security Administration, 1999, 2015).

우리나라에서 산업재해보상보험을 다루는 근로복지공단의 병원 : 산업재해를 겪은 근로자에게는 의료서비스, 병원서비스, 재활서비스를 제공한다.
출처 : 저자 촬영.

(2) 유족급여

근로자가 산업재해 때문에 사망하였을 때에 제공하는 유족급여는, 다른 일반적인 유족급여보다 더 관대한 조건으로 제공하는 경우가 많다. 예를 들어, 산업재해 프로그램에서는 결혼 상태를 유지한 기간, 산업재해가 재혼에 미치는 영향, 나이 등의 측면에서 더 유리하게 유족급여를 제공하는 경향이 있다(Pieters, 1993).

3) 산업재해보상보험의 운영

산업재해보상보험을 운영하는 방식은 국가에 따라 크게 차이가 나고 있다. 그러나 산업재해보상보험을 운영하는 방식에는 기본적으로 다음과 같은 두 가지 형태가 있다(Social Security Administration, 2015).

① 사회보험제도로 운영하는 방식이 있다. 이런 방식에서는 공적 기관이 운영을 맡고 있다. 사회보험 방식의 산업재해 프로그램과 관련된 모든 고용주는 기여금을 납부하여야 한다. 이렇게 납부한 기여금은 근로자에게 급여를 제공하는 데 사용되고 있다.

② 다양한 형태의 민간제도나 반(半)민간 제도로 운영하는 방식이 있다. 민간제도 방식을 따르는 국가의 경우, 고용주는 근로자가 산업재해를 겪을 위험에 대비해 자신의 근로자를 의무적으로 보험에 가입시키도록 되어 있다.

많은 국가에서는 산업재해 프로그램을 사회보험 방식으로 운영하고 있다(Dixon, 1999).

근로복지공단의 야간 모습 : 산업재해보상제도를 운영하는 방식의 하나는 사회보험제도로 운영하는 것이다.
출처 : 저자 촬영.

산업재해의 신고 : 스웨덴의 경우

스웨덴의 경우, 만약에 근로자가 사업장에서 다치게 되면, 이 근로자는 곧바로 고용주에게 이런 사실을 알려야 한다. 그러고 나서 고용주는 스웨덴 사회보험청에 이런 산업재해를 신고하여야 한다 (Forsakringskassan, 2006).

4) 산업재해보상보험의 재정

산업재해급여에 대한 재정은 고용주가 납부하는 기여금으로 주로 확보하고 있다. 따라서 일반적으로 산업재해보상보험제도에서는 고용주가 재정을 모두 책임지는 경향이 있다. 이것은 근로자가 산업재해를 겪을 때에 고용주가 이에 대해 책임을 져야 한다고 전통적으로 인식하는 바를 보여주는 것이다.

사실, 산업재해와 관련된 사회보험제도는 고용주가 근로자의 사고나 질병에 대해 책임지게 되어 있던 보험에 그 뿌리가 있는 경우가 많다. 따라서 산업재해와 관련된 사회보험제도에서는 근로자가 기여금을 납부할 필요가 없다(Social Security Administration, 2015; Pieters, 2006; International Labor Organization, 2014).

그러므로 산업재해와 관련된 사회보험제도에서는 고용주만이 기여금을 납부하고 있다. 이런 면에서, 산업재해와 관련된 사회보험제도는 다른 사회보험제도와 차이가 나고 있다.

정리

- 산업재해보상보험의 대상은 정규적으로 유급 일자리에서 일하는 사람을 포함한다. 하지만 산업재해 프로그램의 대상 범위는 국가에 따라 차이가 난다.
- 산업재해 프로그램에서 제공하는 급여를 크게 산업재해급여와 유족급여로 나눌 수 있다. 산업재해급여는 현금급여와 의료서비스를 포함하는 경우가 많다. 유족급여는 다른 일반적인 유족급여보다 더 관대하게 제공하는 경우가 많다.
- 산업재해보상제도를 운영하는 방식에는 사회보험제도로 운영하는 방식과 민간제도나 반민간제도로 운영하는 방식이 있는데, 많은 국가에서는 사회보험제도로 운영한다.
- 산업재해급여에 대한 재정은 고용주가 납부하는 기여금으로 주로 확보한다.

5. 경향과 과제

1) 경 향

(1) 산업재해의 증가

과거에는 안전장치를 제대로 갖추지 못하거나 작업 상황이 좋지 않아서 산업재해가 많이 발생하였다. 예를 들어 우리나라의 경우, 산업이 발달하던 초기에는 건설과 관련된 사업장과 위험한 기계 기구를 사용하는 사업장에서 산업재해가 많이 발생하였다. 그러다가 산업이 크게 발달하고 또한 정보화 사회로 들어가면서, 새로운 직업병, 과로, 스트레스 등 때문에 생기는 산업재해가 크게 증가하는 방향으로 나아가고 있다(노동부 · 근로복지공단, 2008).[66]

66) 물론 이것은 산업재해와 직업병의 범위를 확대해서 인정해 주는 경향과도 밀접하게 관련되어 있다. 여기에 대해서는 다음에 설명한다.

특히 오늘날에 이르러 산업재해와 직업병이 발생하는 사례가 증가하고 있다. 국제노동기구의 경우, 전 세계에서 매년 수백만 명의 근로자가 산업재해와 직업병을 겪고 있다고 발표한 바 있다(International Social Security Association, 2015).

(2) 산업재해와 직업병 범위의 확대

산업재해에 포함되는 재해의 범위는 국가마다 다르고 또한 시대마다 다르다. 더구나 산업재해는 판단하기가 애매한 경우가 많다. 예를 들어, 국가에서 하는 공공근로 프로그램에서 일하다가 다쳤을 경우, 이것을 산업재해로 인정해 줄 것인지에 대해 논란이 생길 수 있다. 이와 비슷한 문제는 자원봉사자가 복지시설에서 일하다 재해를 겪는 경우나 공익 업무를 하다 재해를 겪을 경우에도 나타나고 있다(Workfare Watch, 1996). 따라서 이런 종류의 문제와 관련해 법적으로 논쟁이 생길 가능성이 크다.

특히 오늘날에는 경제 상황이 빠르게 변하고 있다. 이에 따라 근로자는 사업장과 관련된 여러 가지 건강문제를 계속해서 겪고 있다. 이 경우, 예전부터 존재한 건강문제도 있고 새롭게 등장한 건강문제도 있다.

그 결과, 많은 국가에서는 일과 관련된 재해의 범위를 서서히 확대하고 있다. 따라서 많은 국가의 경우, 출근하는 동안과 퇴근하는 동안에 발생한 재해와 남을 돕다가 당한 사고도 산업재해로 인정하는 방향으로 나아가고 있다(Social Security Administration, 2015; Pieters, 2006; Gordon, 1994; Dixon, 1999; International Social Security Association, 2015). 즉, 시간이 지남에 따라서 산업재해의 범위가 넓어지는 방향으로 나아가고 있다.

한편 산업재해의 범위와 마찬가지로, 제2차 세계대전 이후에 직업병의 범위를 확대하는 방향으로 나아가고 있다. 예전의 경우, 선진국에서 제조업에 종사하는 근로자가 줄어드는 탓에 직업병은 감소할 것이라고 예상하였다. 하지만 최근 들어서 새로운 형태의 근무 환경에서 새로운 직업병이 나타나고 있다. 예를 들어 미국의 경우, 사무직 근로자에게 업무와 관련된 정신적 스트레스를 직업병으로 인정해 달라고 요구하는 사례가 증가하였고, 많은 사례는 법원에서 직업병으로 판정받은 바 있다(Gordon, 1994).

(3) 직업병 예방을 위한 급여의 제공

산업재해와 관련된 사회보장제도와는 다르게, 직업병과 관련된 사회보장제도에서는 직업병이 발생하는 것을 예방하기 위한 급여를 제공하는 경우가 있다. 예를 들어, 건강이 나빠진 후에 급여를 제공하는 대신에, 급여를 미리 제공해서 해당 직업병을 예방할 수 있다(Pieters, 1993).

그러므로 때에 따라서 산업재해보상보험에서는 직업병이 발생하는 것을 예방하기 위한 목적을 가진 급여를 제공하고 있다. 이런 급여의 예로, 근로자가 직업병 때문에 급여가 더 적은 일자리로 옮겼을 때에 소득을 보완해 주는 급여가 있다(Pieters, 2006).

2) 과 제

(1) 산업재해의 예방 측면에 대한 주목

그동안 사회보장에서는 근로자에게 더 안전한 작업 환경을 제공하는 데 관심을 가져 왔다. 그리고 이렇게 됨에 따라서, 산업재해가 많이 발생하지 않게 되었다. 그러나 그럼에도 불구하고 근로자에게 산업재해가 발생할 가능성은 여전히 존재하고 있다(Pieters, 2006).

그러므로 근로자가 산업재해를 겪지 않게 해주기 위해서 가장 바람직한 것은, 사업장에서 산업재해가 발생하지 않도록 예방하는 것이다. 이와 관련해 국제사회보장협회의 경우, 사회보장을 운영하는 것과 관련된 일반적 지침의 하나로 직업과 관련된 위험을 예방하고 사업장에서 근로자의 건강을 더 좋게 하는 것을 포함시킨 바 있다. 또한 국제노동기구의 경우, 사업장에서 안전을 더 강화하는 것을 매우 중요한 주제의 하나로 꼽은 바 있다(노동부 · 근로복지공단, 2008; International Social Security Association, 2015).

이런 탓에, 앞으로 산업재해보상보험에서는 예방 측면에 대해 더 주목할 필요가 있다.

(2) 직업병의 판정

직업병을 판정하는 문제는 산업재해를 판정하는 문제보다 훨씬 더 복잡하다. 직업병은 오랜 기간에 걸쳐 발생할 수 있고, 또한 한 가지 이상의 이유 때문에 발생할 수 있고, 또한 여러 직장에서 일한 근로자에게 영향을 미칠 수 있다. 이런 탓에, 직업병을 판정하는 것은 쉬운 일이 아니다(Gordon, 1994).

대부분의 국가에는 어떤 병이 직업병에 해당되는지에 대해 자세히 설명한 사례법이 있다(Pieters, 1993). 하지만 사례법에서 새롭게 등장하는 직업병을 신속하게 인정해 주지 못하는 경우가 적지 않다. 따라서 산업재해보상보험에서는 직업병에 해당되는 병을 신속히 판정해 줄 필요가 있다.

정리

- 산업이 크게 발달하고 정보화 사회로 들어가면서, 새로운 직업병, 과로, 스트레스 등 때문에 생기는 산업재해가 크게 늘어난다. 많은 국가에서는 일과 관련된 재해와 직업병의 범위를 서서히 확대한다.
- 산업재해보상보험에서는 예방 측면에 대해 더 주목하고, 직업병을 신속히 판정해 줄 필요가 있다.

CHAPTER 08 실업과 관련된 사회보장

CONTENTS

1. 실업보험(고용보험)의 정의와 목적
2. 실업보험의 배경과 의의
3. 실업보험의 대상과 급여와 운영 및 재정
4. 경향과 과제

1. 실업보험(고용보험)의 정의와 목적

실업보험은 실업 상태에 놓이는 경우를 대비해 주는 사회보장 프로그램이다. 그동안 실업보험에 대해 정의한 것을 구체적으로 제시하면 다음과 같다(노동부·근로복지공단, 2008; Barker, 2003).

① 미국의 전국사회복지사협회에서 간행한 사전에 따르면, 실업보험은 근로자가 비자발적으로 일자리를 잃어서 겪는 경제적 어려움으로부터 근로자를 일시적으로 보호하기 위한 프로그램을 말한다.

② 일반적으로 선진국에서는 실업보험이라는 용어를 사용하고 있으나, 우리나라에서는 고용보험이라는 용어를 사용하고 있다. 우리나라의 정부기관에 따르면, 고용보험은 "실직 근로자에게 실업급여를 지급하는 전통적 의미의 실업보험사업 외에 산업구조조정의 촉진, 실업 예방, 고용촉진, 근로자의 생애 직업능력개발 등을 위한 고용안정·직업능력개발사업을 상호 연계하여 실시하는 사회보장제도임과 동시에 국가가 고용

> 정책을 수행하기 위하여 보험의 원리와 방식을 도입하여 법률에 의하여 보험의 가입과 보험료의 납부가 강제되고 실업이라는 보험 사고에 대하여 근로자와 사업주를 지원하는 공적인 사회보험제도"를 말한다.

정리하건대, 실업보험(고용보험)은 근로자의 실업에 대해 일시적으로 보호하는 사회보장제도라고 볼 수 있다.

한편 앞에서 설명한 바와 같이, 실업보험은 실업 상태에 놓인 근로자를 경제적으로 돕는 데 일차적인 목적이 있다. 즉, 실업보험은 비자발적으로 실업 상태에 놓인 탓에 얻지 못하게 된 소득을 보상하는 데 그 주요한 목적이 있다. 이와 관련해, 실업보험이 추구하는 주요한 목적으로 실업자가 빈곤 상태에 놓이지 않게 하는 것이 있다. 예를 들어 영국의 경우, 실업보험을 제공하려는 원래의 목적은 일자리를 잃어버린 사람이 빈곤 상태에 곧바로 놓이는 것을 예방하는 데 있었다(Social Security Administration, 2015; Sainsbury, 1999).

그러나 위와 같은 목적이 실업보험이 추구하는 소극적인 목적이라면, 실업보험은 적극적인 목적도 추구하고 있다. 예를 들어, 실업보험에서는 실업을 예방하거나 고용이 더 잘 되게 하기 위한 목적도 추구하고 있다.

정리

- 실업보험(고용보험)은 근로자의 실업에 대해 일시적으로 보호하는 사회보장제도이다.
- 실업보험은 실업자를 경제적으로 돕는 데 주요한 목적이 있다. 그러나 실업보험에서는 적극적인 목적도 추구한다.

2. 실업보험의 배경과 의의

1) 실업보험의 배경

실업과 관련된 사회보장 프로그램은 선진국에서 주로 실시하고 있다. 실업보험이 나타난 배경에는 여러 가지가 있을 수 있다. 이 중에서 실업보험이 등장한 주요한 배경을 구체적으로 제시하면 다음과 같다.

① 현대 사회에서 실업의 사례와 실업자의 수가 증가하고 있다.

② 실업은 해당 근로자와 가족과 사회에게 경제적·심리적으로 크게 영향을 미치는 사건이다.

각각에 대해 구체적으로 살펴보면 다음과 같다.

(1) 실업과 실업자의 증가

농업 사회에서는 완전한 실업 상태에 놓이는 경우가 드물었다. 그러나 산업이 크게 발달한 이후에 실업은 늘 존재하게 되었고, 실업 상태에 놓이는 것은 현대 사회에서 가장 중요한 사회적 위험의 하나에 속하게 되었다(Pampel, 1992; Ploug & Kvist, 1996).

현대 사회에서 실업을 유발하는 요인에는 여러 가지가 있다. 일반적으로 현대 사회에서 실업을 유발하는 요인으로 다음과 같은 것이 있다(Rejda, 1999).

① 사업장에서 근로자가 덜 필요한 것과 관련된 요인이 있다.

② 경제가 기술적·구조적으로 변하는 것과 관련된 요인이 있다.

③ 계절과 관련된 요인이 있다.

④ 직장을 옮기거나 새로 구하는 상황과 관련된 요인이 있다.

그리고 실업이 발생하는 배경에 대해 그동안 여러 가지 의견을 제시해 왔다. 경제학자들은 실업이 발생하는 배경에 근거해, 실업을 다음과 같이 분류하고 있다(Young, 1989).

① 구조적(structural) 실업이 있다. 이것은 산업 구조가 변화하거나 새로운 과학기술이 발달하기 때문에 나타나고 있다.

② 주기적(cyclical) 실업이 있다. 이것은 경기가 좋은 시기와 좋지 않은 시기가 일정한 간격을 두고 되풀이되기 때문에 나타나고 있다.

③ 과도적(frictional) 실업이 있다. 이것은 직장을 옮기는 사이에 나타나거나, 또는 학교를 졸업하고 취직하기 전에 나타나고 있다.

④ 자발적(voluntary) 실업이 있다. 이것은 임금 수준이 낮거나 기타 이유로 일하려고 하지 않기 때문에 나타나고 있다.

과거에는 주기적 실업이 많았으나, 현대에 들어서는 구조적 실업이 증가하고 있다. 이에 따라서, 경제가 좋아져도 안정되게 고용되지 못하는 층이 항상 존재할 가능성이 예전보다 훨씬 더 커지고 있다. 그러므로 현대 사회에서 실업자는 많아지고 있고 실업률은 높아지고 있다. 이런 탓에, 실업자를 위한 대책이 더 필요하게 되었고, 그 결과로 등장한 것이 실업보험이다(Young, 1989; Ploug & Kvist, 1996).

눈이 내린 아침에 출근하는 직장인 : 현대 사회에서는 안정되게 고용되지 못하는 층이 존재할 가능성이 예전보다 더 크다.
출처 : 일본에서 저자 촬영.

(2) 실업의 부정적 영향

실업 상태에 놓일 경우, 해당 근로자와 가족은 여러 가지를 잃게 된다. 고용은 다양한 차원에서 중요한 의미를 지니므로, 고용 상태에 있던 사람이 실업 상태에 놓이면 여러 가지를 잃을 수밖에 없게 된다.

실업과 이에 따라 잃어버리는 것은 개인과 가족에게 매우 폭넓게 부정적으로 영향을 미치고 있다. 그러므로 실업은 개인과 가족에게 부정적으로 크게 영향을 미치는 사회적 위험에 해당된다. 무엇보다도 일할 능력이 있는 사람이 실업 상태에 놓이면, 실업자는 물질적·심리적으로 어려움을 크게 겪게 된다(노병일, 2014).[67] 이런 문제를 해결하거나 줄이기 위해 실업보험이 필요하게 되었다.

정리하건대, 일자리를 잃거나 또는 일자리를 찾을 수 없는 사람들은, 다른 곳에서 얻어지는 대체 소득에 의존해 생계를 유지하여야 할 것이다. 이에 따라 이런 실업자들을 위해서 실업보험이 등장하게 되었다(Pieters, 2006).

2) 실업보험의 의의

실업보험은 근로자가 일시적으로 실업 상태에 놓일 때에 근로자의 소득을 보장한다는 점에서 큰 의의를 지니고 있다. 그러나 실업보험은 이것 이외에도 여러 가지 의의를 지니고 있다. 실업보험의 의의를 몇 가지 제시하면 다음과 같다(노병일, 2014; 노병일·오영선, 1999; Bryson, 1992; Bonoli, George & Taylor-Gooby, 2000; International Labor Organization, 2014).

① 실업보험은 실업자를 경제적으로 안정시키고 있다. 무엇보다도 실업보험은 정식으로 고용되지 못할 때를 대비하게 해주고 있다. 이를 위해서, 실업보험은 실업자에게 소득을 제공해서 적절한 생활 수준을 유지하게 하거나 빈곤을 예방하고 있다. 이런 점은 실업보험의 목적에도 나타나 있다.

67) 이 부분은 사회복지학 교과 과정의 한 과목인 '산업복지론'에서 자세히 다루고 있다(노병일, 2014).

② 실업보험은 고용 수준을 더 높이고 있다. 고용은 개인이 미래의 소득을 확보하는 데 중요하다. 따라서 현대의 실업보험에서는 유급 일자리에서 일하게 하기 위한 적극적인 정책(즉, 적극적 노동시장정책)을 실시해서, 실업자가 유급 일자리에서 일함으로써 고용 상태를 유지하게 하는 방안을 많이 실시하고 있다.

③ 실업보험은 경제를 조정하고 있다. 실업보험을 통해 제공하는 실업급여는 사회정책과 경제정책에서 중요한 역할을 하고 있다. 무엇보다도 실업급여는 일할 근로자를 공급하는 것과 노동 비용에 영향을 미치고 있다. 또한 실업보험은 경제가 매우 어려운 시기에도 실업자와 가족이 물품을 구입하게 함으로써, 국가 경제가 더 빠르게 회복되게 하고 있다. 이렇게 함으로써, 실업보험은 경제가 체계적으로 잘 변화하도록 도와주고 있다.

④ 실업보험은 사회를 안정시키고 있다. 고용은 사회가 불안정해지는 상황을 예방할 수 있는 중요한 요소이다. 따라서 고용 수준을 더 높이는 데 관심을 가지는 실업보험은 사회가 불안정해지는 것을 예방함으로써, 결과적으로 사회를 안정되게 하고 있다.[68)]

정리

- 현대 사회에서 실업자는 많아지고 또한 실업이 개인 · 가족에게 매우 부정적으로 영향을 미치기 때문에, 실업보험이 필요하게 되었다.
- 실업보험은 실업자를 경제적으로 안정시키고, 고용 수준을 더 높이고, 경제를 조정하고, 사회를 안정시킨다는 데 의의가 있다.

68) 이런 점은 사회보장의 사회적 기능을 다루는 장(제3장)에서 이미 설명한 바 있다.

3. 실업보험의 대상과 급여와 운영 및 재정

1) 실업보험의 대상

(1) 일반적 자격

(가) 근로 능력 보유

우선, 실업급여를 받기 위해서는 일할 능력이 있어야 한다. 따라서 거의 모든 실업보험 프로그램의 경우, 실업급여를 신청하는 사람은 일할 수 있는 능력이 있어야 하고, 또한 일할 준비를 하고 있어야 한다(Social Security Administration, 2015; Pieters, 2006). 이런 탓에, 실업자가 일할 수 있는 능력이 없거나 또는 제시된 일자리를 받아들일 수 없을 때에는, 실업자는 실업급여를 받을 수 없는 경우가 많다. 일할 능력이 없게 된 실업자는 실업급여보다는 근로 능력 상실과 관련된 급여를 받는 경우가 많다.

(나) 비자발적 실업 상태

실업급여를 받을 자격이 있는 근로자가 실업 상태에 놓이면, 일정한 기간 동안 실업급여를 해당 근로자에게 제공하고 있다. 따라서 실업급여를 받기 위해서는 실업 상태에 있어야 한다. 이 경우, 실업은 근로자가 다음과 같은 세 가지 상황에 있는 것을 의미하고 있다(Barker, 2003).

① 일을 할 수 있다.
② 적절한 일을 하려고 한다.[69]
③ 일자리를 찾을 수 없다.

69) 이 경우, 실업자가 일할 의사가 있는지 여부를 조사하게 된다. 이때에는 실업자에게 여러 가지 일자리를 제시할 고용 사무소가 이런 조사를 주로 담당하고 있다.

함께 걸어가는 직장인 : 실업급여를 받기 위해서는 비자발적으로 실업 상태에 있어야 한다.
출처 : 프랑스에서 저자 촬영.

하지만 위에서 제시한 근로 능력, 일하려는 의지, 적절한 일자리에 대해서 주관적으로 판단할 가능성이 있다. 따라서 이런 것을 해석하는 과정에서 문제가 생길 수 있다(Ploug & Kvist, 1996; Pieters, 1993).

그리고 실업 상태에 놓인 근로자가 급여를 받을 수 있는 모든 자격 조건을 갖추었음에도 불구하고, 실제로 이 근로자는 급여를 받을 수 있는 자격을 일시적으로 또는 영구적으로 갖지 못할 수 있다(Social Security Administration, 2015).

원칙적으로 실업은 사회적 위험이라고 볼 수 있다. 따라서 실업자가 자유롭게 선택해서 일자리를 잃은 것이 아닌 경우에만 실업자에게 실업급여를 제공하고 있다. 그러므로 어떤 사람이 실업급여를 받기 위한 첫 번째 조건은, 실업이 자발적 성격을 지니지 않거나 또는 실업을 스스로 선택한 것이 아니어야 한다는 점이다. 그렇지 않을 경우에는 다음과 같이 할 수 있다(Pieters, 2006).

① 실업급여를 제공하지 않는다.

② 실업급여의 양을 줄이거나 몇 주 또는 몇 달 동안 늦춰 제공한다.

이런 탓에, 거의 모든 실업급여제도에서는 다음과 같은 경우에는 근로자에게 실업급여를 받을 수 있는 자격을 주지 않고 있다. 즉, 일반적으로 다음과 같은 경우에는 실업을 비자발적인 것으로 인정하지 않고 있다(Pieters, 2006; Social Security Administration, 2015).

① 근로자가 자발적으로 일자리를 그만두었기 때문에, 실업 상태에 놓인 경우가 있다. 즉, 정당한 이유 없이 일자리를 자발적으로 떠난 근로자에게는 실업급여를 받을 자격을 주지 않고 있다.

② 근로자가 불법적 행위에 가담해서 고용주가 근로자를 해고하였기 때문에, 실업 상태에 놓인 경우가 있다. 즉, 부당한 행동을 하였기 때문에 해고된 근로자에게는 실업급여를 받을 자격을 주지 않고 있다.

③ 근로자가 노동 분규에 가입하였기 때문에, 실업 상태에 놓인 경우가 있다. 즉, 노동 분규 때문에 사업장이 운영을 멈추고 결국에 가서는 근로자가 실업 상태에 놓일 수 있는데, 이런 노동 분규에 관여한 근로자에게는 실업급여를 받을 자격을 주지 않고 있다. 예를 들어, 파업 때문에 일을 못할 경우, 파업에 가담한 근로자에게는 실업급여를 제공하지 않고 있다. 왜냐하면 파업에 가담한 탓에 일을 못해 실업 상태에 놓인 경우는 자발적 실업과 비슷하다고 보기 때문이다. 물론 파업으로 실업자가 되었더라도, 파업에 가담하지 않은 사람에게는 실업급여를 신청할 수 있는 자격을 주고 있다.

④ 근로자가 근로 계약을 일방적으로 종료하였기 때문에, 실업 상태에 놓인 경우가 있다. 즉, 근로 계약을 자신이 끝나게 만든 근로자에게는 실업급여를 받을 자격을 주지 않고 있다.

위와 같은 실업자에게 실업급여를 받을 수 있는 자격을 주지 않는 기간은 크게 차이가 나고 있다. 이런 기간은 몇 주가 될 수도 있고, 영원히 지속될 수도 있다.

그리고 실업이 비자발적이지 않은 경우, 여러 가지 상황을 고려할 수 있다. 이와 관련된 실업 형태를 구체적으로 제시하면 다음과 같다(Pieters, 1993; Gordon, 1994; Dixon, 1999).

① 자발적 실업이 있다. 이런 상황에 있을 때에는 실업급여를 제공하는 것을 거부하는 경우가 많다. 그러나 자발적 실업에서 특이한 상황이 생길 수 있다. 이런 예로 해당 근로자가 자발적으로 또는 과실 때문에 직장을 그만둔 지 얼마 되지 않아서, 새로운 직장을 얻은 경우가 있다. 만약 해당 근로자가 두 번째 직장을 얼마 되지 않아 비자발적으로 그만두었다면, 과연 이 경우에 실업급여를 제공하여야 하는지 여부와 관련해 문제가 생길 수 있다. 해당 근로자가 첫 직장에서 잘 근무하였으면 실업급여를 제공할 상황이 생기지 않았을 것이라는 판단에 근거해서, 일부 사회보장 프로그램에서는 이 경우에 해당 근로자가 실업에 대한 책임이 있다고 보고 있다.

② 과실 실업이 있다. 이 경우에는 급여의 양을 줄이거나 급여를 제공하지 않고 있다.

(다) 보험 가입 기간 또는 고용 기간

실업급여를 받을 자격을 갖고자 할 경우, 근로자는 적어도 최소 기간 동안 기여금을 납부해 왔거나, 또는 적어도 최소 기간 동안 고용 상태를 유지하고 있어야 한다(Social Security Administration, 2015).

우선, 근로자가 실업보험에서 급여를 받고자 할 경우, 해당 근로자는 기여금을 납부하여야 한다. 하지만 어느 경우에는, 유급 일자리에서 실제로 일하지 않은 기간이나 실업보험제도에 기여금을 납부하지 않은 기간을, 고용 상태에 있었던 기간이나 실업보험에 기여금을 납부한 기간으로 인정해 줄 수 있다. 이런 기간의 예로 군에 복무한 기간이 있다.

그러므로 최소 고용 기간이나 최소 보험 가입 기간을 채우기 이전에 실업 상태에 놓인 근로자는, 실업급여를 받지 못하거나 대기 기간을 거친 후에 실업급여를 받는 경우가 많다. 실업자가 실업급여를 받을 수 있는 자격을 얻기 위해 이전에 유급 일자리에서 일하여야 하는 기간은, 국가마다 크게 차이가 나고 있다(Social Security Administration, 1999; Pieters, 1993; Pieters, 2006).

(2) 일자리와 관련된 자격

실업급여를 받는 근로자는 여러 가지를 하여야 한다. 일자리와 관련해 실업급여를 받는 근로자는 다음과 같이 하여야 하는 경우가 많다(Pieters, 2006; Social Security Administration, 2015).

① 일자리를 찾기 위해 고용 사무소에 등록하여야 한다. 대개의 경우, 실업 상태에 놓인 근로자는 다음과 같이 하여야 한다.
   ㉠ 일자리를 찾기 위해 고용 사무소에 등록한다.
   ㉡ 실업급여를 받고 있는 동안 정기적으로 고용 사무소에 보고한다.

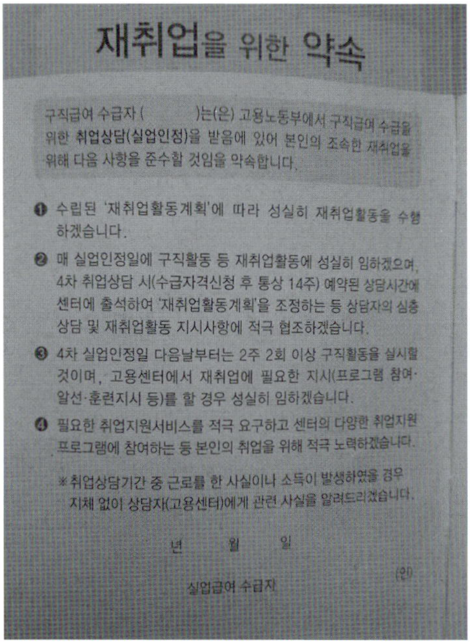
재취업을 위한 약속

구직급여 수급자 (　　　)는(은) 고용노동부에서 구직급여 수급을 위한 **취업상담(실업인정)**을 받음에 있어 본인의 조속한 재취업을 위해 다음 사항을 준수할 것임을 약속합니다.

❶ 수립된 '재취업활동계획'에 따라 성실히 재취업활동을 수행하겠습니다.

❷ 매 실업인정일에 구직활동 등 재취업활동에 성실히 임하겠으며, 4차 취업상담 시(수급자격신청 후 통상 14주) 예약된 상담시간에 센터에 출석하여 '재취업활동계획'을 조정하는 등 상담자의 심층상담 및 재취업활동 지시사항에 적극 협조하겠습니다.

❸ 4차 실업인정일 다음날부터는 2주 2회 이상 구직활동을 실시할 것이며, 고용센터에서 재취업에 필요한 지시(프로그램 참여·알선·훈련지시 등)를 할 경우 성실히 임하겠습니다.

❹ 필요한 취업지원서비스를 적극 요구하고 센터의 다양한 취업지원 프로그램에 참여하는 등 본인의 취업을 위해 적극 노력하겠습니다.

※취업상담기간 중 근로를 한 사실이나 소득이 발생하였을 경우 지체 없이 상담자(고용센터)에게 관련 사실을 알려드리겠습니다.

년　월　일

실업급여 수급자　(인)

재취업을 약속하는 서류 : 실업급여를 받는 사람은 일자리를 찾고 있다는 것을 증명하여야 한다.
출처 : 우리나라 고용보험 수급자격증의 일부.

② 일자리를 찾고 있다는 것을 증명하여야 한다. 일반적으로 고용 사무소는 실업급여를 받을 자격이 있는 실업자에게 자신이 일자리를 찾고 있다는 것을 증명하라고 요구할 수 있다. 예를 들어, 고용 사무소는 실업급여를 받는 실업자가 일자리를 정기적으로 신청하고 있다는 증거를 제출하라고 요구할 수 있다.

③ 자신에게 제공되는 적절한 일자리에서 일할 준비를 하고 있어야 한다. 구체적으로 이것은 실업자는 자신에게 제공되는 적절한 일자리를 받아들여야 하는 것을 의미하고 있다. 실업 상태에 놓인 근로자가 자신에게 제공된 적절한 일자리를 정당한 이유 없이 거절할 때에는, 해당 근로자에게 급여를 일시적으로 또는 영구히 제공하지 않는 경우가 많다.

④ 재판 등에 관여되지 않아야 한다.

적절한 일자리의 기준

대부분의 실업 프로그램의 경우, 제시한 일자리는 해당 근로자에게 적절하여야 한다는 점을 밝히고 있다. 그러나 '적절한 일자리'가 무엇이냐에 대해서는 의견이 매우 다양하다.

일자리가 실업자에게 적절한 정도를 결정하는 기준은 다음과 같이 정하는 경우가 많다(Social Security Administration, 2015; Pieters, 2006).

① 법이나 규정에서 이런 기준을 정한다.
② 고용 사무소와 법원이 이런 기준을 정한다.

그러므로 '적절한 일자리'는 주관적으로 보아 실업자에게 가장 잘 어울린다고 보는 일자리와 반드시 일치하지 않을 수 있다. 일반적으로 적절한 일자리인지 여부를 결정하는 기준을 몇 가지 제시하면 다음과 같다(Pieters, 2006; Social Security Administration, 2015).

① 실업자의 가정과 사업장 사이의 거리가 있다.
② 일자리가 법에 어울리는지가 있다. 이 경우, 노동법에 어울리는지를 특히 따지고 있다.
③ 보수가 있다. 이 경우, 실업 상태에 놓이기 이전에 얻은 소득에 비해서, 현재 제시된 일자리에서 얻을 보수(임금)의 양이 적절한 정도를 따지고 있다.
③ 근로자의 이전 직업, 근로자의 능력, 근로자의 교육 수준과 관련되는 정도가 있다.
④ 일하는 시간과 기간이 있다.
⑤ 일자리가 위험한 작업이나 건강에 해로운 작업을 포함하는 정도가 있다.
⑥ 실업자의 가족 상황이 있다.
⑦ 실업자의 종교가 있다.

그리고 고용주는 다음과 같이 하도록 되어 있을 수 있다(Pieters, 2006).

① 자기 사업장에서 사람을 고용할 계획에 대해 고용 사무소에 신고한다.
② 대규모로 근로자를 해고하였거나 해고할 계획이 있을 경우, 고용 사무소에 이런 사실을 보고한다.

(3) 유급 일자리에서 일할 경우의 실업급여

실업급여를 받고 있는 사람이 유급 일자리에서 일하고 이런 사실을 정해진 절차에 따라 신고할 경우, 실업급여와 관련해 다음과 같이 할 수 있다(Pieters, 2006).

① 유급 일자리에서 일하고 있는 기간에는 실업급여를 제공하지 않을 수 있다.

② 실업급여의 양을 줄여 제공할 수 있다. 즉, 유급 일자리에서 일하고 있는 기간에 얻은 소득의 전부나 일부를 제외한 나머지에 해당하는 양을 실업급여로 제공할 수 있다.
③ 실업자가 일자리를 찾는 것을 격려하기 위해서, 실업자가 유급 일자리에서 일해서 얻은 소득의 일부를 소득으로 인정하지 않을 수 있다.

하지만 실업급여를 받고 있는 사람이 유급 일자리에서 일한 사실을 절차에 따라 신고하지 않을 경우, 이 사람은 불법 노동을 하는 것으로 인정되어 재제를 받게 된다.

2) 실업보험의 급여

(1) 급여의 수준

실업급여의 양을 결정하는 방식에는 여러 가지가 있을 수 있다. 일반적으로 실업급여의 양을 결정하는 방식에는 다음과 같은 것이 있다(Ploug & Kvist, 1996; Gordon, 1994; Pieters, 1993; Social Security Administration, 1999; Social Security Administration, 2015).

① 정액 방식이 있다. 정액 방식에서는 일정한 양을 실업급여로 제공하고 있다. 정액 방식에서는 가족의 현황에 따라 실업급여의 양이 변하는 경우가 많다. 그리고 때에 따라서는, 근로자의 나이에 따라 실업급여의 양이 변하는 경우도 있다.
② 소득에 비례하는 방식이 있다. 소득에 비례하는 방식에서는 실업급여의 양을 근로자가 최근에 얻은 평균 임금의 일정 비율로 정하는 경우가 많다. 또한 소득에 비례하는 방식에서는 급여의 양에 최대치(상한선)가 있을 수도 있고 없을 수도 있다. 그러나 대부분의 국가에서는 최대치를 두고 있다. 만약 최대치를 매우 낮게 정할 경우, 소득 비례 방식의 실업급여는 실제로는 정액 방식의 실업급여와 큰 차이가 없게 된다. 따라서 이때에는 중산층과 고소득층 사이에 실업급여의 양에서 차이가 없게 된다.

그리고 실업급여의 양은 시간이 지남에 따라 줄어드는 경우가 많다. 왜냐하면 실업급여의 양이 시간이 지남에 따라 줄어들면, 실업자가 일하려는 의지를 더 가질 것이라고 보기 때문이다(Pieters, 2006; Ploug & Kvist, 1996). 그리고 일부 국가의 경우, 보호하여야 할 사람이 있는 실업자에게는 급여를 더 많이 제공하고 있다.

(2) 급여 제공 기간

대부분의 국가에서는 실업급여를 계속해서 받을 수 있는 기간을 제한하고 있다. 실업급여를 제공하는 기간은 이전에 기여금을 납부한 기간이나 실업 프로그램에 가입한 기간에 따라 달라질 수 있다(Social Security Administration, 2015).

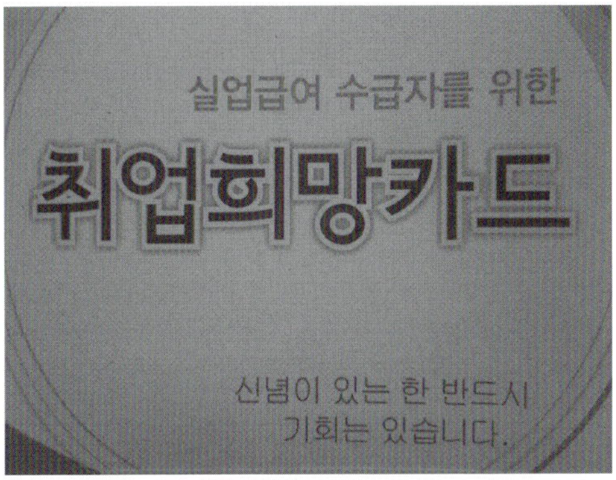

우리나라의 실업급여 수급자 카드(표지 일부) : 많은 국가에서는 실업급여를 계속 받을 수 있는 기간을 제한한다.
출처 : 실업급여 수급자 카드.

한편 실업보험과 관련된 급여를 기간에 제약 없이 제공하는 것에 대해서, 찬성하는 입장과 반대하는 입장이 맞선 바 있다(International Labor Organization, 1984). 찬성하는 입장의 경우, 일정 기간이 지나면 실업급여의 양을 줄일 수 있다고 주장하고 있다. 그러나 반대하는 입장의 경우, 일정 기간이 지난 후에는 공공부조제도를 통해 급여를 제공할 것을 주장하고 있다.

그리고 대개의 경우, 실업급여를 제공하기 전에는 이전에 며칠 동안의 대기 기간을 두고 있다. 이때에 대기 기간은 3~7일인 경우가 많다(Social Security Administration, 2015).

3) 실업보험의 운영

실업보험제도는 다음과 같이 운영할 수 있다(Social Security Administration, 2015).

① 정부의 부서가 운영한다.

② 자율적인 기관이 운영한다. 이런 기관은 근로자의 대표, 고용주의 대표, 정부가 관리하는 경우가 많다.

4) 실업보험의 재정

실업보험에서 재정을 확보하기 위해 사용하는 방식은 기여금을 납부하는 방식인 경우가 많다. 이때에 사용하는 기여금 납부 원칙은 다른 사회보험제도에서 사용하는 기여금 납부 원칙과 같다. 즉, 실업보험의 경우, 대상이 되는 임금의 일정 비율을 정기적으로 기여금으로 납부하여 재정을 확보하고 있다.

실업보험의 재정을 고용주와 근로자의 기여금으로 확보할 때에는, 고용주와 근로자가 납부하는 기여금의 양은 동일한 경우가 많다. 하지만 고용주나 근로자 중에서, 한 측이 기여금을 더 많이 납부하는 경우도 있다.

그리고 국가는 실업보험에 보조금을 제공하는 경우가 많다. 이것은 오랜 기간 동안 제공하는 실업급여의 경우에 특히 그렇다. 국가가 보조금을 주는 방식에는 여러 가지가 있는데, 실업보험의 재정에서 부족한 부분을 메워주는 경우가 많다(Ploug & Kvist, 1996; Gordon, 1994; Social Security Administration, 1999, 2015).

정리

- 실업급여를 받기 위해서는 일할 능력이 있어야 하고, 비자발적 실업 상태에 있어야 한다.
- 실업급여를 받는 근로자는 일자리를 찾기 위해 고용 사무소에 등록하고, 일자리를 찾고 있다는 것을 증명하고, 자신에게 제공되는 적절한 일자리에서 일할 준비를 하고, 재판 등에 관여되지 않아야 하는 경우가 많다.
- 실업급여의 양을 결정하는 방식에는 정액 방식과 소득 비례 방식이 있다.
- 거의 모든 실업보험제도에서는 실업급여를 제공하는 기간에 제한을 둔다.
- 정부의 부서나 자율적 기관이 실업보험을 운영할 수 있다.
- 실업보험에서 재정을 확보하기 위해 사용하는 방식은 기여금 납부 방식인 경우가 많다.

4. 경향과 과제

1) 경 향

(1) 고용 상황의 변화

최근 들어서 고용 상황이 변하고 있다. 최근에 고용 영역에서 나타나고 있는 상황을 몇 가지 제시하면 다음과 같다(International Labor Organization, 2017).

① 실업 상태에 놓이는 기간이 매우 오랫동안 지속되고 있다.

② 자신의 능력보다 낮은 지식·기술이 필요한 일자리에서 매우 오랫동안 일하고 있다.

③ 불안정하고 비공식적인 일자리에서 일하는 경우가 많아지고 있다.

④ 일하면서도 경제적으로 매우 어려운 상태에서 사는 경우가 많아지고 있다.

(2) 실업보험 혜택의 감소

실업과 관련된 프로그램은 선진국에서 많이 실시하고 있다. 그러나 유럽과 미국을 포함한 선진국의 경우, 실업보험에서 제공하는 혜택이 줄어드는 경향을 보이고 있다(Social Security Administration, 2015; International Labor Organization, 2000).

2) 과 제

(1) 일반적 과제

앞으로 실업급여제도를 유급 일자리와 관련된 정책(노동시장정책)과 더 연계시킬 필요가 있다. 이와 관련해, 국제노동기구는 실업보험의 영역에서 다음과 같은 방안을 제시한 바 있다. 이런 방안은 더 많은 실업자에게 소득을 보장해 줄 수 있고, 또한 유급 일자리 시장이 더 융통성 있게 작동하는 데 긍정적으로 이바지할 수 있다(International Labor Organization, 2000).

① 실업급여와 유급 일자리와 관련된 정책을 서로 밀접하게 연계시킨다.

② 실업급여의 대상을 확대한다.

(2) 일자리 찾아주기

앞으로 일자리를 만들고 일자리를 찾아주는 데에도 관심을 가질 필요가 있다. 이런 측면에서 국가의 적극적 노동시장정책이 더욱 중요해진다. 따라서 일부 국가의 경우, 실업급여를 더 이상 받을 수 없는 사람들에게 정부가 마땅한 일자리를 제공하거나 또는 교육이나 훈련을 받을 수 있는 기회를 제공하고 있다(Pieters, 1993).

이와 관련해, 국제노동기구는 새로운 일자리를 만들기 위해 정부가 적극적으로 활동할 필요가 있다고 보고 있다. 그리고 국제사회보장협회의 경우, 사회보장을 운영하는 것과 관련된 일반적 지침의 하나로, 일자리를 시작하고 유급 일자리에서 다시 일하게 하는 것을 포함시킨 바 있다.

특히 국제노동기구의 경우, 실업급여를 제공하는 것보다 정부가 일자리를 만들거나 제공해 주는 것이 비용이 덜 들 수 있다는 점을 강조한 바 있다. 이런 것과 관련되는 것이 공공 고용 프로그램이다. 국제노동기구에 따르면, 공공 고용 프로그램은 일자리를 찾을 수 없는 특정한 범주의 사람들에게 고용 기회를 제공하는 정부 프로그램을 말한다(International Labor Organization, 1984; International Labor Organization, 2014; International Social Security Association, 2015).

정리

- 고용 상황이 변하고 실업보험에서 제공하는 혜택이 줄어드는 경향이 보인다.
- 실업급여제도를 유급 일자리와 관련된 정책과 더 연계시킬 필요가 있고, 일자리를 만들고 일자리를 찾아주는 데 관심을 가질 필요가 있다.

CHAPTER 09

장기요양(의존)과 관련된 사회보장

CONTENTS

1. 장기요양보험의 정의와 목적
2. 장기요양보험의 배경과 역사
3. 장기요양보험의 대상과 급여와 운영 및 재정
4. 경향과 과제

1. 장기요양보험의 정의와 목적

1) 장기요양과 장기요양보험의 정의와 특징

장기요양(장기보호, long-term care)의 의미에 관해서는 서로 의견이 일치하고 있지 않다. 예를 들어 유럽연합의 경우, 장기요양에 대한 정의는 통일되어 있지 않다. 즉, 유럽연합에 소속된 국가들은 장기요양에 대해서 여러 가지 정의를 사용하고 있으나, 이런 정의들이 항상 동일한 것은 아니다. 그동안 장기요양에 대해 정의한 것을 몇 가지 제시하면 다음과 같다(국민건강보험공단, 2020b; European Commission, 2008; The Wisdom Years, 2017).

① 경제협력개발기구(OECD)의 경우, 장기요양은 "기본적인 일상적 생활 활동을 하는 데 오랜 기간에 걸쳐 도움이 필요한 사람들에게 제공하는 여러 가지 서비스"라는 측면에서 정의하고 있다.

② 유럽위원회(European Commission)의 경우, 일반적으로 장기요양은 "신체적 장애나 정신적 장애 때문에 지속적으로 도움이 필요한 개인에게 계속해서 또는 오랜 기간 동안 제공하는 다양한 의료서비스와 사회서비스"라고 정의하는 경향이 있다고 보고 있다.

③ 어느 기관의 경우, 장기요양은 건강 상태가 좋지 않거나 신체적 장애나 지적 장애가 있기 때문에 더 이상 독립적으로 생활할 수 없는 사람에게 제공하는 다양한 의료서비스와 개인적 돌봄서비스와 사회서비스라고 정의하고 있다.

④ 우리나라의 국민건강보험공단의 경우, 장기요양은 "고령 등으로 거동이 불편한 사람이나 다친 사람을 장기간에 걸쳐 수발을 드는 일"이라고 정의하고 있다.

정리하건대, 장기요양은 신체적 · 정신적 장애 때문에 기본적인 일상적 생활 활동을 하는 데 지속적으로 도움이 필요한 사람에게 오랜 기간 동안 제공하는 다양한 서비스라고 볼 수 있다.

한편 장기요양은 의존(dependency)과 관련되고 있다. 왜냐하면 장기요양은 의존에 대해 보호해 주는 것이기 때문이다. 그동안 인간은 의존이라는 새로운 문제를 사회적으로 해결하고자 여러 가지로 노력해 왔다. 이 경우, 이와 관련해 우선적으로 필요한 것은 의존에 대해 정의하는 것이다(Pieters, 2006).

일반적으로 의존은 자율성을 상실한 것이라고 볼 수 있다. 대개의 경우, 자율성은 자신의 규칙과 바라는 바에 따라서, 자신이 매일 생활하는 방식을 통제할 수 있고 이런 생활 방식을 개인적으로 결정할 수 있는 능력을 말한다. 그러나 구체적으로 볼 때, 의존은 일상적 생활 활동을 하는 능력을 완전히 또는 부분적으로 갖추지 못한 것을 말한다. 이 경우, 일상적 생활 활동의 예로 잠자리에 들어가고 나오는 것, 세수하거나 목욕하는 것, 음식을 준비하고 먹는 것, 집안을 청소하는 것이 있다(노병일, 2020a; Pieters, 2006; The Wisdom Years, 2017).

그리고 장기요양보험은 대상자를 장기적으로 보호해서 의존에 대비하게 하는 보험을 말한다. 우리나라의 정부기관에 따르면, 노인장기요양보험은 "고령이나 노인성 질병 등으로 목욕이나 집안일 등 일상생활을 혼자 하기 어려운 노인들에게 신체활동・가사지원활동 등의 급여를 제공하여 노후생활의 안정과 그 가족의 부담을 덜어주어 국민들의 삶의 질을 높여주는 사회보험"을 가리킨다(보건복지부・국민건강보험공단, 2007).

우리나라의 노인장기요양보험제도에 대한 안내문(일부) : 장기요양보험에서는 일상생활을 혼자 하기 어려운 노인에게 여러 가지 급여를 제공한다.
출처 : 해당 포스터를 저자 촬영.

2) 장기요양보험의 목적

장기요양보험의 목적은 장기요양보험에 대해 정의한 내용에 이미 포함되어 있다. 노인의 경우, 장기요양보험의 목적은 고령이나 노인성 질병 등의 이유 때문에 일상생활을 혼자서 하기 어려운 노인에게 급여를 제공해서 노년기에 건강하고 생활이 안정된 상태에서 지내게 하고 가족의 부담을 덜어줌으로써, 노인과 가족의 삶의 질을 높이는 데 있다(국민건강보험공단, 2020a). 이 경우, 급여는 서비스를 포함하고 있다.

한편 일본에서는 우리나라의 장기요양보험에 해당되는 개호보험을 우리나라보다 먼저 도입하였다. 일본 정부는 장기요양보험제도의 목적을 구체적으로 다음과 같이 제시하고 있다[Ministry of Health and Welfare (Japan), 2008].

① 이용자가 서비스를 자유롭게 선택할 수 있게 한다.
② 장기요양과 관련된 복지서비스와 의료서비스를 통합된 방식으로 제공한다.
③ 민간 기업 및 비영리조직과 같은 기관이 참여함으로써, 다양하고 효율적인 서비스를 제공한다.
④ 장기적으로 보호가 필요하기 때문에 일반 병원에 장기적으로 입원하는 경향에서 벗어나게 하고, 더 효율적인 의료서비스 체계를 이룩한다.

정리

- 장기요양은 신체적·정신적 장애 때문에 기본적인 일상생활을 활동을 하는 데 지속적으로 도움이 필요한 사람에게 오랜 기간 동안 제공하는 다양한 서비스이다.
- 장기요양은 의존과 관련되는데, 의존은 자율성을 상실한 것이다.
- 장기요양보험은 대상자를 장기적으로 보호해서 의존에 대비하게 하는 보험이다.
- 노인장기요양보험의 목적은 고령이나 질병 등의 이유 때문에 일상생활을 혼자 하기 어려운 노인에게 급여를 제공해서, 노인과 가족의 삶의 질을 높이는 데 있다.

2. 장기요양보험의 배경과 역사

1) 장기요양보험의 배경

본질적으로 볼 때, 장기요양보험은 인간은 의존하여야 하는 상황에 놓이기 때문에 등장하였다. 그러나 의존이 자율성을 상실하는 것을 의미한다고 볼 경우, 다음과 같은 두 가지 문제가 등장하고 있다(Pieters, 2006).

① 이미 과거부터 사람들은 개인적 자율성을 상실한 적이 많았다. 그렇다면 왜 지금에 와서 의존을 '새로운' 사회적 위험으로 구분할 필요가 있는지에 대해 따져보아야 한다.

② 의존은 문제가 될 수 있다. 그러나 의존을 왜 '별개의' 사회적 위험으로 다룰 필요가 있는지에 대해 따져보아야 한다. 즉, 왜 의존을 우리가 이미 알고 있는 사회적 위험과는 다른 사회적 위험으로 다룰 필요가 있는지에 대해 따져보아야 한다.

다른 말로 하면, 왜 의존을 '새로운 별개의 사회적 위험(new and distinct social risk)'으로 보아야 하는지에 대해 따져볼 필요가 있다는 것이다. 이것은 장기요양보험의 배경과 관련되고 있다.

우리 사회에서 장애인은 항상 존재해 왔다. 그리고 우리 사회에서 자신을 돌볼 수 없는 매우 나이 든 노인도 항상 존재해 왔다. 그러나 지난 몇 년에 걸쳐서 크나큰 변화가 나타나고 있다. 그러므로 다음과 같은 상황 때문에, 장기요양 서비스가 더 필요한 방향으로 나아가고 있다(Pieters, 2006; European Commission, 2008).

(1) 기대 수명의 증가와 고령화

인간의 수명이 늘어남에 따라서, 인간을 장기적으로 보호하는 것이 더 필요해지고 있다. 특히, 노년기에 어려움을 유발하는 여러 가지 요인 때문에, 노인은 홀로 살고 외로워하고 심리적으로 스트레스를 경험할 수 있다. 이런 상황 때문에, 더 오래 사는 오늘날의 노인에게는 장기요양이 더 필요해지고 있다(World Health Organization, 2017).

그리고 인간의 예상 수명이 늘어나는 것은 장기요양이 현재와 미래에 필요한 정도에 영향을 미치고 있다. 무엇보다도 인간의 예상 수명이 늘어날 경우, 미래에 다음과 같은 것이 필요할 것으로 보인다(European Commission, 2008).

① 장기요양과 관련된 의료서비스가 필요하다.

② 다음과 같은 것이 추가로 필요하다.

㉠ 재활이 필요하다.

㉡ 노년기에 건강이 악화되는 것을 예방하는 것이 필요하다.

㉢ 노인에게 적절한 소득을 얻을 수 있는 환경을 마련하는 것이 필요하다. 이와 관련된 것으로 공공부조와 연금이 있다.

㉣ 사회 활동과 능력을 키워주는 활동에 더 많이 참여하게 하기 위한 여러 가지 정책이 필요하다.

특히 사회에서 노인이 많아지는 방향으로 나아갈 경우, 나이 든 사람(노인)과 매우 나이 든 사람(고령 노인)이 인구층에서 차지하는 비율이 높아지게 된다. 실제로 그동안 매우 나이 든 노인의 수가 크게 증가하고 있다. 매우 나이 든 노인들 중에서, 어떤 노인은 매우 건강해서 실제로 의료서비스가 크게 필요하지 않을 수 있다. 그러나 매우 나이 든 노인들 중에서, 어떤 노인은 자신이 스스로 일상생활을 할 수 있는 능력이 없을 수 있다(노병일, 2020a). 이런 노인에게는 장기요양이 더욱 필요하다.

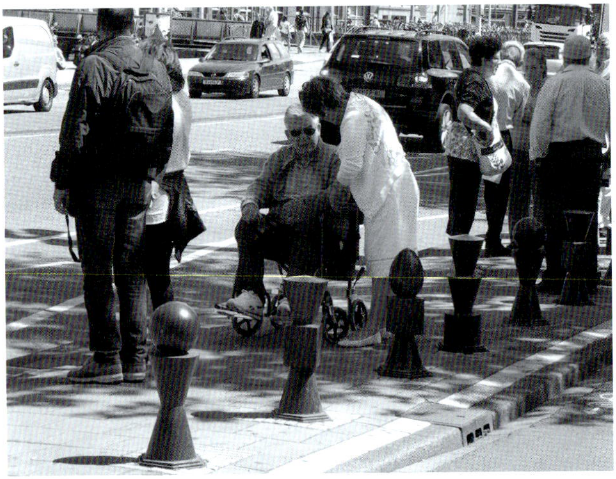

나들이 가는 노인들 : 어떤 노인에게는 장기요양이 더욱 필요하다.
출처 : 네덜란드에서 저자 촬영.

또한 사회에서 노인이 많아질 경우, 새로운 유형의 질병이 나타나게 된다. 이런 질병의 예로 낫지 않고 지속되는 질병이 있는데, 이런 질병은 복합적이고 서로 영향을 주는 질병인 경우가 많다. 유럽에서 장기요양이 필요한 정도를 나이에 따라 조사한 자료에 따르면, 나이가 더 많은 인구층에서 의존 및 장애와 관련된 질병이 더 많이 나타나고 있다. 이에 따라 나이가 많이 들수록, 인간은 장기요양이 더 필요한 상황에 놓이게 된다(European Commission, 2008; International Labor Organization, 2017).

결국, 나이가 들수록 '독립적 생활(independent living)'을 하기가 어려워지므로, 장기요양이 더 필요해지게 된다. 이 경우, 독립적 생활은 계속해서 도움을 받지 않으면서 또한 자신의 활동에 대해 어느 정도 스스로 결정하거나 통제하면서 가정에서 생활하는 것을 말한다(The Wisdom Years, 2017).

그리고 실제로 노인층은 장기요양에 관심이 많다. 예를 들어 오늘날의 경우, 퇴직 후의 생활에서 가장 크게 관심을 가지는 것 가운데 하나는 장기요양에 대한 것이다.

일본 정부의 경우, 장기요양이 더욱 필요한 배경과 관련해 다음과 같이 설명한 바 있다[Ministry of Health and Welfare (Japan), 2008].

① 전체 인구층에서 노인이 차지하는 비율이 계속해서 높아지기 때문에, 앞으로 장기요양이 필요한 사람의 수는 크게 증가할 것이다.

② 장기요양이 필요한 기간은 증가할 것이고, 또한 노인을 보살피는 사람의 나이는 많아질 것이다.

그러므로 전체 인구층에서 노인이 차지하는 비율이 높아지는 경향 때문에, 움직이는 데 어려움을 겪는 노인과 건강하지 않은 노인을 위한 장기요양은 점점 더 중요한 사회문제가 되고 있다.

(2) 생활 방식의 변화

인간의 생활 방식이 크게 변화함에 따라서, 인간을 장기적으로 보호하는 것이 더 필요해지고 있다. 인간의 생활 방식이 변하는 상황을 몇 가지 제시하면 다음과 같다(노병일, 2020b; 노병일 · 노대겸, 2017; Pieters, 2006).

① 여러 세대가 함께 사는 가족의 수가 크게 줄고 있다.

② 지리적 이동이 증가하고 있다. 이에 따라서 가족구성원들이 서로 멀리 떨어진 장소에서 사는 경우가 많아지고 있고, 또한 친구조차도 서로 멀

리 떨어진 장소에서 사는 경우가 많아지고 있다.

③ 한부모 가구와 미혼 가구가 증가하고 있다.

예전에는 주위의 가족구성원이 일시적 · 영구적으로 움직이지 못하는 사람을 보호해 주었다. 그러나 앞에서와 같이 생활 방식이 변함에 따라서, 주위의 가족구성원이 일시적 · 영구적으로 움직이지 못하는 사람을 돕는 사례가 크게 줄어들고 있다(노병일, 2020a).

정리하건대, 장기적으로 돌봄을 제공하는 과거의 여러 가지 방법이 오늘날에는 문제가 됨에 따라서, 의존을 새로운 사회적 위험으로 다룰 필요가 있다. 그러므로 의존을 명백한 사회적 위험으로 인식하고, 이에 따라 이런 사회적 위험에 대해 사회적으로 보호하는 체계를 갖출 필요가 있다(Pieters, 2006).

우리나라 노인장기요양보험제도의 도입 배경

노인장기요양보험제도는 치매 · 중풍 등 노인들을 위해 국가가 운영하는 '사회보험'입니다.

① 우리나라의 노인인구는 [...] 초고령 사회로 진입할 것으로 예상됩니다.

② 우리나라는 핵가족화와 여성의 사회참여 증가로 가족이 돌보는 노인장기요양은 이미 그 한계에 도달한 상태입니다.

③ "오랜 병수발에 효자 없다"라는 말이 있듯이, 보살피는 기간의 장기화로 가족과 요양자의 심리적 · 경제적 · 육체적 부담이 커지고 있습니다.

그러므로 이제부터는 사회적 효도를 실천할 때입니다.

출처 : 보건복지부 · 국민건강보험공단(2007)이 장기요양보험을 도입하면서 내놓은 홍보물을 토대로 노병일이 작성.

2) 장기요양보험의 역사

오늘날, 선진국에서는 장기요양보험을 도입해 실시하고 있다. 무엇보다도, 독일에서는 1994년에 장기요양보험(수발보험)을 도입하였다. 따라서 장기요양과 관련해 독일은 앞서가는 국가라고 볼 수 있다. 그리고 일본에서는 노인에게 돌봄서비스를 제공하기 위한 장기요양보험(개호보험)을 2000년에 도입하였다(국민건강보험공단, 2020a; 국민건강보험공단, 2005b; 최은영 · 권순만 · 김찬우 · 강주희, 2005; 이서영, 2009).

오사카 시에서 발간한 개호보험 안내서(한국어판 표지) : 일본에서는 2000년에 장기요양보험인 개호보험을 도입하였다.
출처 : 오사카 시(n.d.).

일본의 장기요양보험 : 개호보험이란 어떤 제도?

개호가 필요하게 되어도 안심하고 자기 개성을 살리면서 살 수 있는 노후를 바라는 마음은 누구나 다 같습니다. 일본에서는 본격적인 고령사회를 맞이하고 있습니다만, 오사카 시에서도 개호를 필요로 하는 고령자가 급속히 늘고 개호하는 사람의 고령화도 진척되고 있습니다. 또 아이들 수가 적어지는 현상이나 핵가족화 등도 진척하여 가족만으로 개호하는 일은 어렵게 되었습니다. 그래서 2000년 4월부터 고령자의 개호를 사회 전체에서 응원하는 '개호보험 제도'가 스타트했습니다.
출처 : 오사카 시(n.d.). [원문을 그대로 인용]

우리나라에서는 2007년에 '노인장기요양보험법'을 만들었다. 이에 따라 우리나라의 사회보장이 발달한 역사에서, 치매와 중풍 등의 질병을 가진 노인들을 보호하는 문제에 대한 성격이 변하게 되었다. 즉, 그동안은 치매와 중풍 등의 질병을 가진 노인을 가족이 보호하는 분위기이었다. 그러나 노인장기요양보험을 도입함에 따라서, 이런 노인을 보호하는 것에 대한 인식은 '공동체적 효'나 '세대 간 효의 품앗이'로 바뀌게 되었다(보건복지가족부, 2008).

정리

- 장기요양보험은 인간은 의존하여야 하기 때문에 등장하였다. 구체적으로 장기요양보험은 기대 수명이 증가하고 인구가 고령화되고 생활 방식이 변함에 따라 등장하였다.
- 독일에서는 1994년에 장기요양보험인 수발보험을 도입하였고, 일본에서는 2000년에 장기요양보험인 개호보험을 도입하였다. 우리나라에서는 2007년에 '노인장기요양보험법'을 만들었다.

3. 장기요양보험의 대상과 급여와 운영 및 재정

1) 장기요양보험의 대상

일반적으로 장기요양은 다음과 같은 사람에게 제공하고 있다(European Commission, 2008).

① 신체적 장애나 정신적 장애를 가진 사람이 있다.

② 약한 노인이 있다.

③ 일상적으로 생활하는 데 도움이 필요한 기타 사람이 있다.

이 중에서도 고령 노인집단에게 장기요양이 가장 필요하다. 왜냐하면 고령 노인집단은 신체적 장애나 정신적 장애를 유발하는 상태에 장기적으로 계속해서 있을 가능성이 가장 크기 때문이다(노병일, 2020a; European Commission, 2008).

한편 장기요양보험의 대상에 따른 제도는 여러 가지로 분류될 수 있다. 예를 들어 피터스(Pieters, 2006)의 경우, 장기요양보험의 대상과 이에 따른 제도를 다음과 같이 분류하고 있다.

① 장기요양보험의 대상은 모든 시민이 될 수 있다. 이 경우에 장기요양보험은 보편적 제도가 된다.

② 장기요양보험의 대상을 직업적으로 활동하는 사람으로만 정할 수 있다. 이 경우에 장기요양보험은 사회보험제도가 된다.

③ 어느 경우에는 장기요양보험을 일정한 나이에 이른 노인이나 연금 수령자에게만 적용할 수 있다. 예를 들어, 장기요양보험의 대상을 65세가 넘는 노인으로만 할 수 있다.

2) 장기요양보험의 급여

우리나라의 국민건강보험공단에 따르면, 장기요양급여는 고령 등으로 혼자서 일상생활을 하기가 어렵다고 인정된 사람을 대상으로 제공하는 공적 급여이다(국민건강보험공단, 2020b). 대개의 경우, 장기요양을 위한 급여의 양은 보호가 필요한 정도에 근거해 결정하고 있다. 그리고 장기요양급여를 현금으로 제공할 수도 있고, 서비스로 제공할 수도 있고, 현금과 서비스를 합친 형태로 제공할 수도 있다. 따라서 장기요양보험에서 제공하는 급여는 현물급여와 현금급여를 포함할 수 있다. 이것은 사회보험 방식의 장기요양보험에서 제공하는 급여의 경우에 특히 그렇다(Social Security Administration, 2015; Pieters, 2006).

이 경우, 현물급여를 몇 가지 제시하면 다음과 같다(Pieters, 2006).

① 대상자의 집에 사람을 보내서 집을 청소한다.

② 집으로 도시락을 배달한다.

③ 일주일에 일정 시간 동안 요양보호사와 같은 전문가나 간호사가 도와준다.

그리고 현금급여의 경우, 정해진 양을 일시금으로 정기적으로 제공하고 있다. 이때, 제공하는 현금급여의 양은 차이가 나는 경우가 많다. 현금급여는 자산조사를 거쳐 제공할 수도 있고, 자산조사를 거치지 않고 제공할 수도 있다.

장기요양보험에서는 재활과 관련된 서비스, 기본적 의료서비스, 재가 요양과 관련된 서비스, 사회적 돌봄과 관련된 서비스, 주거와 관련된 서비스, 교통과 관련된 서비스, 식사와 관련된 서비스, 직업 활동 및 능력 키우기 활동과 관련된 서비스, 도구적 일상생활과[70] 관련된 서비스를 제공하고 있다(European Commission, 2008).

70) 도구적 일상생활은 노인이 독립적으로 하는 생활을 말한다. 도구적 일상생활의 예로 몸을 단장하는 것, 식사를 준비하는 것, 교통수단을 이용하는 것이 있다(노병일, 2020a).

노인요양시설의 노인들 : 장기요양보험에서는 다양한 서비스를 제공한다.
출처 : 일본에서 저자 촬영.

그리고 장기요양보험에서 한 가지 형태의 급여만 제공하는 경우는 매우 드물다. 즉, 장기요양보험의 경우, 돌봄이 필요한 사람의 욕구를 충족시키기 위해 매우 다양한 형태의 급여를 제공하고 있다(Pieters, 2006).

이 경우, 급여의 형태와 관련해 다음과 같은 점을 고려할 필요가 있다(Pieters, 2006).

① 의존의 정도에 따라서, 여러 가지 형태의 급여가 필요하다.
② 시설에 거주하는 사람과 가정에 거주하는 사람들 사이에는, 제공하는 급여의 형태에서 근본적으로 차이가 있다.

3) 장기요양보험의 운영

돌봄에 대한 욕구를 개인 보호자만 책임지지 않는 방향으로 나아가고자 할 경우, 의존과 관련해 사회보험제도를 실시하는 방법을 고려할 수 있다.

장기요양을 위한 제도를 운영하는 방식을 몇 가지 제시하면 다음과 같다(Pieters, 2006).

① 공적 돌봄 제도를 만드는 방식이 있다. 이 경우, 필요한 서비스와 물품을 이런 제도를 통해서 제공하고 있다.

② 의존을 기존의 사회보장제도에서 통합하는 방식이 있다. 그러나 이 경우, 의존을 사회보험제도에 통합하는 것이 아니라, 공공부조제도에 통합할 수도 있다.

③ 의존을 민간제도에서 다루는 것을 지원하는 방식이 있다. 그리고 이 경우, 의존을 민간제도에서 의무적으로 다루도록 할 수 있다.

한편 장기요양과 관련된 서비스를 제공하는 기간은 다양할 수 있다. 그리고 장기요양과 관련된 서비스는 노인의 가정이나 지역사회나 시설에서 제공될 수 있다(Wisdom Years, 2017).

4) 장기요양보험의 재정

장기요양보험에 필요한 재정을 확보하는 방식에는 여러 가지가 있을 수 있다. 장기요양보험에 필요한 재정을 확보하는 방식을 몇 가지 제시하면 다음과 같다(Social Security Administration, 2015).

① 기여금을 통해 확보한다.

② 정부의 일반 수입(세금)을 통해 확보한다.

③ 정부가 특별세를 부과해 확보한다.

의료보험과 노인장기요양보험의 차이점

의료보험과 노인장기요양보험은 여러 가지 측면에서 차이가 나고 있다. 의료보험과 노인장기요양보험 사이에 차이가 나는 영역을 구체적으로 제시하면 다음과 같다(노인장기요양보험, 2008).

① 주요한 목적에서 차이가 나고 있다. 의료보험의 주요한 목적은 질병이나 부상을 경험한 사람에게 입원·외래 및 재활치료 등의 의료서비스를 제공하는 데 있다. 이에 비해서, 노인장기요양보험의 주요한 목적은 노화나 노인성 질환(예컨대, 치매나 중풍) 탓으로 신체적 기능과 정신적 기능이 나빠져 거동이 불편한 사람에게, 신체적 활동 및 일상적 가사 활동과 관련된 복지서비스를 제공하는 데 있다.

② 서비스와 관련해 차이가 나고 있다. 이에 대해 자세히 살펴보면 다음과 같다.

㉠ 서비스의 내용에서 차이가 나고 있다. 의료보험에서 제공하는 서비스는 질병이나 부상을 치료하고 예방하는 것과 관련된 서비스이다. 이에 비해서, 노인장기요양보험에서 제공하는 서비스는 신체적 활동을 지원하는 서비스(예컨대, 세면, 배설, 목욕)와 일상적 가사 활동을 지원하는 서비스(예컨대, 조리와 세탁)이다. 다만, 노인장기요양보험에서 제공하는 서비스는 의료보험과 관련된 일부 의료서비스(예컨대, 방문간호)를 포함하고 있다.

㉡ 서비스의 대상자에서 차이가 나고 있다. 의료보험의 대상자는 질병이나 부상이 발생한 사람이다. 이에 비해서, 노인장기요양보험의 대상자는 장기요양인정 등급 판정을 받은 사람이다.

㉢ 서비스를 제공하는 한도에서 차이가 나고 있다. 의료보험에서는 질병이나 부상이 의학적으로 치료될 때까지 서비스를 제공하고 있다. 이에 비해서, 노인장기요양보험에서는 한도액의 범위 내에서 서비스를 제공하고 있다.

㉣ 서비스를 제공하는 주요한 인력에서 차이가 나고 있다. 의료보험에서 서비스를 제공하는 주요한 인력은 의료인(의사, 약사, 간호사 등)이다. 이에 비해서, 노인장기요양보험에서 서비스를 제공하는 주요한 인력은 장기요양요원(요양보호사, 간호사 등)이다.

장기요양시설의 시설장과 사무국장이 장기요양과 관련해 노인의 가족과 상담하는 모습 : 우리나라에서 의료보험과 노인장기요양보험은 목적과 서비스에서 차이가 난다.
출처 : 허락을 받고 저자 촬영.

정리

- 장기요양은 신체적 · 정신적 장애를 가진 사람, 약한 노인, 일상적으로 생활하는 데 도움이 필요한 기타 사람에게 제공한다. 이 중에서 고령 노인에게 장기요양이 가장 필요하다.
- 장기요양을 위한 급여의 양은 보호가 필요한 정도에 근거해 결정하는 경우가 많다. 장기요양급여는 현금이나 서비스로 제공할 수 있다.
- 장기요양을 위한 제도를 운영하는 방식에는 공적 돌봄 제도를 만드는 방식, 의존을 기존의 사회보장제도에서 통합하는 방식, 의존을 민간제도에서 다루는 것을 지원하는 방식이 있다.
- 장기요양보험에 필요한 재정을 확보하는 방식으로 기여금 방식, 일반 세금 방식, 특별세 방식이 있다.

4. 경향과 과제

1) 경 향

자신을 스스로 보살필 수 없는 것은 사회적으로 보호할 필요가 있는 욕구의 좋은 예이다. 현재 매우 많은 국가에서는 이런 욕구를 사회적 위험으로 인정하는 방향으로 나아가고 있다. 그리고 이에 따라서, 여러 국가에서는 자율성을 상실한 사람을 제도적으로 보호하는 방안을 실시하고 있거나 계획하고 있다. 무엇보다도 현재의 경우, 많은 국가에서는 일어서기, 옷 입기, 식사하기 등을 스스로 할 수 없는 사람을 사회적으로 보호하는 것을 사회보장제도에 포함시키는 방향으로 나아가고 있다(Pieters, 2006).

2) 과 제

의존이라는 새로운 사회적 위험은 복잡하고, 또한 이런 위험을 해결하는 방법은 복잡하다(Pieters, 2006). 이에 따라서 장기요양을 제공하는 제도와 관련해 여러 가지 문제가 등장하고 있다.

이 중에서도, 연금제도나 의료제도에서와 마찬가지로, 고령화가 진행됨에 따라서 재정문제가 커질 것으로 보인다. 예를 들어 유럽의 경우, 건강과 장기요양에 지출하는 비용은 연금 다음으로 가장 많은 것으로 나타난 바 있다. 그 결과, 건강과 장기요양에 지출하는 비용은 사회적 보호와 관련된 전체 지출에서 상당한 부분을 차지하고 있다(European Commission, 2008). 그러므로 장기요양과 관련된 비용을 마련하는 문제는 앞으로의 과제로 계속 등장할 것으로 보인다. 이런 탓에 앞으로 장기요양과 관련된 재정문제를 해결하는 데 주목할 필요가 있다.

정리

- 여러 국가에서는 자율성을 상실한 사람을 제도적으로 보호하는 방안을 실시・계획한다.
- 장기요양과 관련된 재정문제를 해결하는 데 주목할 필요가 있다.

CHAPTER 10

아동급여(아동수당 · 가족수당)

CONTENTS

1. 아동급여(아동수당 · 가족수당)의 정의와 목적 및 의의
2. 아동급여(아동수당 · 가족수당)의 배경과 현황
3. 아동급여(아동수당 · 가족수당)의 대상과 급여와 운영 및 재정

1. 아동급여(아동수당 · 가족수당)의 정의와 목적 및 의의

1) 아동급여(아동수당 · 가족수당)의 정의

일반적으로 아동급여(child benefit)는 부모나 아동 양육비를 부담하는 사람에게 아동을 양육하는 데 드는 비용의 일부를 보상하기 위해 사회보장제도에서 제공하는 급여를 말한다. 많은 국가에서 아동급여는 사회수당의 가장 일반적인 형태에 속하고 있다(Pieters, 2006). 그리고 이와 관련해 대표적인 아동급여는 아동수당과 가족수당이다.

많은 국가에서 가족에게 제공하는 수당은 아동을 위한 경우가 많기 때문에, 아동수당과 가족수당을 같은 의미로 사용하는 경향이 있다. 이런 예를 몇 가지 제시하면 다음과 같다(Macarov, 1995; Partington, 1989; Gordon, 1994).

① 마커로브(Macarov)의 경우, 아동수당과 가족수당과 사회수당이라는 용어를 서로 같은 의미를 지니는 용어로 사용하는 사례가 많다고 보고 있다.

② 파팅튼(Partington)의 경우, 가족수당은 아동이 있는 가족에게 제공하는 현금급여라고 정의하고 있다.

③ 일부 국가의 경우, 가족수당을 아동수당이라고 부르고 있다.

하지만 아동급여(아동수당)와 가족급여를 구분하는 견해도 있다. 예를 들어 피터스(Pieters, 1993)의 경우, 아동급여를 가족급여의 한 종류로 보고 있다. 왜냐하면 아동은 가족의 한 구성원이기 때문이다. 아동급여가 아동을 양육하는 것과 관련이 있는 급여라면, 가족급여는 아동 이외의 가족을 보호하는 것과도 관련이 있는 급여이다.

가족급여의 대표적인 예는 가족수당이다. 일반적으로 가족수당은 다음과 같은 사람을 돌보는 데 필요한 비용을 부담하고 있다(Pieters, 2006).

① 아픈 가족구성원이 있다.

② 부양이 필요한 부모나 성인 가족구성원이 있다.

일반적으로 가족급여는 어떤 혈연관계가 있는 사람을 가정에서 보호하는 것과 관련되는 경우가 많다. 고든(Gordon, 1994)도 피터스(Pieters)와 비슷한 입장을 취하고 있다. 즉, 가족수당을 여성 한부모나 여성 배우자에게 제공하는 경우도 많기 때문에, 고든은 가족수당과 아동수당을 서로 완전히 같은 것으로 볼 수 없다는 입장을 취하고 있다. 그리고 미국의 전국사회복지사협회가 간행한 사전의 경우, 가족수당은 가족의 재정적 욕구와는 상관없이 자격이 있는 모든 가족에게 정해진 양의 현금을 제공하는 것이라고 보고 있다(Barker, 2003).

따라서 정리하건대, 가족수당은 특정한 욕구가 있는 가족이나 가족구성원에게 소득에 상관없이 제공하는 현금급여라고 볼 수 있다(노병일 · 노대겸, 2017). 하지만 어찌되었건, 많은 국가에서 아동수당과 가족수당은 사회수당의 특성을 지니는 급여이다.[71]

71) 여기에서는 아동급여(아동수당)를 중심으로 다룬다. 왜냐하면 아동급여(아동수당)나 가족급여(가족수당)는 아동과 관련된 경우가 매우 많기 때문이다. 본 장에서 가족수당을 언급할 경우, 가족수당은 아동수당과 비슷한 의미를 지니는 것으로 본다.

2) 아동급여(아동수당 · 가족수당)의 목적

(1) 아동 양육비 및 출산율 증가와 관련된 목적

아동이 생기면, 특별한 비용이 필요하게 된다. 특히 아동이 탄생할 경우, 가족의 지출은 크게 증가하지만, 아동의 부모 중에서 한 사람은 집에서 아동을 돌보아야 하므로 가족의 수입은 줄어들 수 있다. 따라서 이런 상황에서 도움을 주기 위해서, 아동급여(아동수당)를 제공하는 제도가 필요하다(Glennerster, 1997; Pieters, 2006). 그러므로 아동급여(아동수당)의 중요한 목적은 아동 양육과 관련된 비용의 일부를 부모에게 보상해 주는 데 있다. 또는 더 일반적으로, 아동급여(아동수당)의 목적은 실제로 아동 양육비를 부담하는 사람에게 아동 양육과 관련된 비용을 보상해 주는 데 있다고 볼 수도 있다.

아동을 그린 그림 : 아동급여(아동수당)의 중요한 목적은 아동 양육과 관련된 비용을 부모에게 보상해 주는 데 있다.
출처 : 전영신 님(작가) 제공.

아동급여의 목적을 이렇게 보는 예를 몇 가지 제시하면 다음과 같다(Social Security Administration, 2015; International Labor Organization, 1984; Akerstrom, 2017).

① 미국 사회보장청의 경우, 가족수당 프로그램의 일반적 목적은 어린 아동을 양육하는 데 추가로 드는 비용과 관련해 적어도 그 일부를 도와주기 위해, 해당 가족에게 추가 소득을 제공하는 데 있다고 보고 있다.

② 국제노동기구의 경우, 대부분의 사회보장제도에서 현재 제공하는 아동 · 가족수당은 아동을 양육하기 위한 것이라고 설명한 바 있다.

③ 스웨덴의 경우, 아동수당을 받는 부모는 아동수당을 아동을 돌보는 데 드는 비용으로 사용할 수 있도록 되어 있다.

한편 아동급여(아동수당)의 목적이 출산율을 높이는 데 있을 수도 있다. 실제로 과거에는 아이를 많이 낳게 하려는 목적으로 아동급여(아동수당이나 가족수당) 제도를 이용한 경우가 적지 않았다. 예를 들어, 베버리지 보고서를 발간할 당시에 출산율이 낮아지는 경향이 있었는데, 이때에 베버리지는 출산율을 높이는 간접적인 방법으로 가족수당을 이용하고자 하였다(Beveridge, 1942). 특히 아동급여(아동수당) 제도를 실시한 초기의 경우, 아동급여(아동수당)의 목적은 출산율을 높이는 것도 포함하고 있었다(Pieters, 2006).

그러나 현재에도 아동급여(아동수당)를 출산을 장려하려는 목적으로 실시하는 사례가 있기는 하지만, 최근에는 대체로 출산율과 아동급여(아동수당)의 양 사이에는 관계가 거의 없는 것으로 알려져 있다(Pieters, 1993).

(2) 폭넓은 목적

아동이 사회보장 급여의 주요한 대상인 경우, 이런 급여를 제공하는 구체적인 목적은 매우 다양할 수 있다(Ridge, 2004). 따라서 아동급여(아동수당)의 목적은 폭넓을 수밖에 없다.

일부 학자의 경우, 아동을 대상으로 하는 사회보장제도가 추구할 수 있는 목적을 제시하고 있는데, 이것은 아동급여의 목적과 관련된다고 볼 수 있다. 이런 목적을 몇 가지 제시하면 다음과 같다(Ridge, 2004).

① 빈곤을 줄인다. 아동을 위한 급여가 발달하기 시작한 것은 20세기 초이었다. 이 시기의 경우, 빈곤 상태에 있는 아동의 수가 많고 또한 이런 빈곤이 심각하다는 점이 중요한 관심거리로 등장하기 시작하였다. 그리고 이에 따라서 아동의 복리가 중요한 쟁점이 되었다. 그러므로 가장이 임금이 적거나 실업 상태에 있거나 아프거나 장애를 겪거나 사망하였기 때문에 아동과 가족이 빈곤 상태에 놓일 가능성이 있을 경우, 사회보장제도를 통해 제공하는 아동급여는 빈곤을 줄이거나 없애는 데 중요한 역할을 할 수 있다.

② 아동에게 투자한다. 아동에 대한 투자는 미래에 대한 투자를 의미하고 있다. 따라서 국가가 아동에게 사회보장 급여를 제공하는 목적은 미래에 투자하는 데 있다고 볼 수 있다.

③ 아동 양육을 위해 부담하여야 하는 비용을 줄여준다.[72] 실제로 아동을 양육하는 데에는 상당한 비용이 필요하다. 따라서 사회보장제도에서 아동이 있는 가족에게 제공하는 급여는 아동을 출산하고 양육하는 데 드는 비용을 줄여주는 역할을 할 수 있다.

④ 아동권리의 수준을 높인다. 특히 권리의 측면에서 볼 때, 아동은 사회구성원으로서 사회보장제도를 통해 보호받을 권리가 있다. 아동급여는 이런 권리를 더 누리게 하는 역할을 할 수 있다.

3) 아동급여(아동수당)의 의의

아동급여(아동수당)의 목적 속에도 나타나 있듯이, 아동급여(아동수당)는 여러 가지 의의를 가지고 있다. 우선, 아동과 해당 가족에게 아동급여(아동수당)를 제공하는 것은, 아동이 자신의 권리를 누리게 하는 데 중요하다. 이렇게 되는 이유를 몇 가지 제시하면 다음과 같다(International Labor Organization, 2017).

① 아동이 빈곤 상태에 놓이지 않게 하기 때문이다.

② 아동이 사망하는 것을 방지하기 때문이다.

③ 아동이 건강하게 발달하는 데 도움을 주기 때문이다.

④ 아동이 자신에게 필요한 물품과 서비스를 더 잘 이용할 수 있게 되기 때문이다.

⑤ 아동이 유급 일자리에서 일하는 사례를 없애거나 줄이기 때문이다.

그러므로 아동급여(아동수당)는 아동이 다음과 같이 하는 것을 보장해 줄 수 있다(International Labor Organization, 2017).

① 자신이 가진 잠재적 능력을 완전히 발휘한다.

② 인간다운 생활을 한다.

72) 이것은 앞에서 아동 양육비와 관련해 제시한 목적에 해당되는 것이기도 하다.

그리고 더 폭넓게 볼 경우, 아동급여(아동수당)는 다음과 같은 의의를 지니고 있다(조영훈, 2010; Bryson, 1992; Friedlander, 1975; Weldon, 2006).

① 아동 양육과 관련한 급여는 아동의 부모가 아동 양육을 위해 부담하는 비용을 다른 사회구성원들에게 수평적으로 이전한다는 데 의의가 있다.[73] 이것은 아동에 대한 양육을 사회가 책임진다는 인식에 토대를 두고 있다. 따라서 아동급여(아동수당)의 경우, 아동 양육에 대한 비용을 아동이 있는 사람들뿐만 아니라 일반 인구층도 함께 나누어 부담하게 한다는 데 기본적인 의의가 있다.

② 아동이 있는 가족의 빈곤을 줄여준다는 데 의의가 있다.

그러므로 아동급여(아동수당)은 사회 통합을 이루는 데 유리한 것으로 알려져 있다.

정리

- 아동급여는 부모나 아동 양육비를 부담하는 사람에게 아동을 양육하는 데 드는 비용의 일부를 보상하기 위해 사회보장제도에서 제공하는 급여이다. 많은 국가에서 아동급여는 사회수당의 가장 일반적인 형태에 속하는데, 사회수당과 관련해 대표적인 아동급여는 아동수당과 가족수당이다.
- 아동급여의 중요한 목적은 아동 양육과 관련된 비용의 일부를 부모나 양육비 부담자에게 보상해 주는 데 있다. 그러나 아동급여의 목적은 이보다 폭넓을 수 있다.
- 아동급여는 아동 양육 비용을 다른 사회구성원들에게 수평적으로 이전하고, 아동이 있는 가족의 빈곤을 줄여준다는 데 의의가 있다.

73) 이것을 수평적 공평(형평)(horizontal equity)이라고 부르고 있다. 일반적으로 공평은 "개인의 공적이나 가치에 따라 차이가 나게 급여를 제공하는 것"을 말한다(노병일, 2018a).

2. 아동급여(아동수당 · 가족수당)의 배경과 현황

일부 대기업이 가족구성원이 많은 근로자에게 보험료를 지불하기 시작하던 19세기에, 유럽에서 가족수당 프로그램이 처음으로 등장하였다. 그리고 그 후에 가족수당에 대한 인식이 서서히 널리 퍼져 나갔다. 이에 따라 일부 유럽 국가의 경우, 1920년대와 1930년대에 가족수당 프로그램과 관련된 법을 만들었다(Social Security Administration, 2015).

그리고 베버리지(Beveridge, 1942)의 경우, 임금제도는 가족구성원의 수에 토대를 두는 것이 아니라 가장의 노동에 토대를 두기 때문에, 임금제도를 통해서는 가족이 적절한 최저 소득을 확보할 수 없다고 보았다. 따라서 베버리지는 가족수당을 제공할 필요가 있음을 잘 인식하고 있었다. 이런 탓에, 베버리지 보고서에서 가족수당에 대해 건의한 것은 가족수당제도를 도입하는 데 큰 도움이 되었다. 또한 베버리지 보고서의 이런 건의는, 가족수당 프로그램이 부모의 소득이나 고용 상태에 관계없이 모든 아동에게 급여를 제공하는 보편적 프로그램이 되게 하는 데 주요한 역할을 하였다(Gordon, 1994).

또한 1959년에 만든 유엔 아동인권선언의 경우, 아동은 사회보장 급여를 받을 권리가 있다고 밝히고 있다(Freeman, 1983). 따라서 아동도 사회보장제도를 통해서 급여를 받을 수 있는 권리를 가지게 되었다.

한편 세계에서 처음으로 가족수당제도를 실시한 국가는 뉴질랜드이다. 뉴질랜드는 1926년에 가족수당제도를 도입하였는데, 이런 제도를 도입한 목적은 소득이 적은 가족을 도와주는 데 있었다. 뉴질랜드에서 실시한 가족수당제도의 경우, 처음에는 소득조사를 실시하는 제도이었으나, 1946년에 보편적 제도로 바뀌었다. 뉴질랜드의 뒤를 이어, 1927년에 호주가 가족수당제도를 도입하였고, 그 후에 프랑스와 벨기에가 가족수당제도를 도입하였다. 프랑스의 경우, 처음에는 인도적 관점에서 가족수당제도를 도입하였지만, 나중에 가족수당은 인구정책의 하나가 되었다. 그러나 스웨덴과 독일은 인구적 상황 때문에 가족수당제도를 도입하였다. 여기서 알 수 있듯이, 가족수당제도를 도입한 배경은 국가마다 차이가 나고 있다(Friedlander, 1975; Gordon, 1994).

그러나 현재 실시 중인 대부분의 가족수당 프로그램은 1945년 이후에 도입되었다. 고든(Gordon, 1994)의 경우, 선진국에서 1940~1950년 사이에 가장 두드러져 보이는 현상의 하나는 가족수당제도를 도입한 것이라고 지적한 바 있다. 오늘날의 경우, 대부분의 선진국에서는 가족수당 프로그램을 실시하고 있다(Barker, 2003; Social Security Administration, 2015).

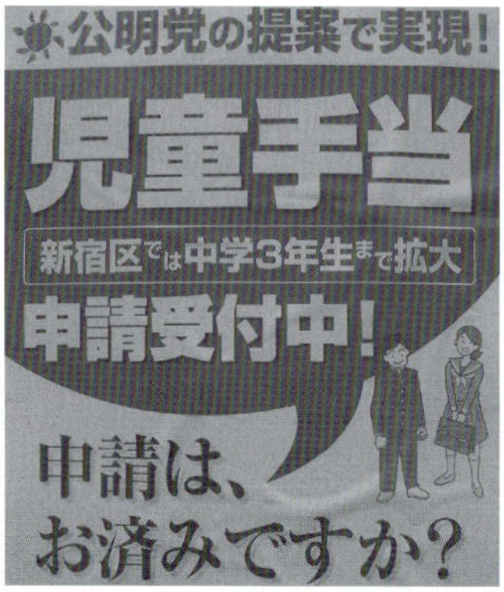

아동수당을 확대하겠다는 선거 포스터: 대부분의 선진국에서는 아동수당(가족수당)제도를 실시한다.
출처 : 일본에서 저자 촬영.

또한 오늘날에 대부분의 선진국에서는 아동수당을 제공하고 있다. 우리나라의 경우, 2018년에 아동수당제도를 처음으로 도입해 실시하고 있다(보건복지부, 2020; 노병일, 2020b).

그리고 대부분의 국가에서는 가족수당을 사회보험제도와 공공부조제도가 어느 정도 갖추어진 다음에 도입하고 있다(조영훈, 2010).

정리

- 일부 대기업이 가족구성원이 많은 근로자에게 보험료를 지불하면서 가족수당 프로그램이 처음으로 등장하였다. 그러다가 뉴질랜드에서 1926년에 가족수당을 세계에서 처음으로 도입하였다. 현재 실시 중인 대부분의 가족수당 프로그램은 1945년 이후에 도입되었다.
- 오늘날, 대부분의 선진국에서는 가족수당 프로그램을 실시한다. 우리나라에서도 아동수당제도를 도입하였다.

3. 아동급여(아동수당 · 가족수당)의 대상과 급여와 운영 및 재정

1) 아동급여(아동수당 · 가족수당)의 대상

아동급여는 여러 사람과 관련되고 있다. 일반적으로 아동급여제도는 다음과 같은 세 가지 형태의 사람과 관련되고 있다(Pieters, 1993).

① 아동급여의 자격을 가진 사람이 있다. 이 경우, 아동급여의 혜택을 실제적으로 받는 사람이 여기에 해당되고 있다. 예를 들어, 아동이 여기에 해당되고 있다.

② 아동급여의 자격을 갖게 해주는 사람이 있다. 예를 들어, 사회보험에 가입한 근로자가 여기에 해당되고 있다.

③ 아동급여를 신청하는 사람이 있다. 이 경우, 급여를 실제로 받는 사람이 여기에 해당되고 있다. 예를 들어, 아동의 엄마가 여기에 해당되고 있다.

아동과 엄마 : 아동급여는 여러 사람과 관련된다.
출처 : 포르투갈에서 저자 촬영.

그리고 대개의 경우, 아동 자신보다는 다음과 같은 사람에게 아동급여(아동수당)를 제공하고 있다(Pieters, 2006).

① 아동을 실제로 돌보는 사람이 있다.

② 아동을 양육하는 비용을 부담하는 사람이 있다.

일반적으로 아동 자신이 사회보장 급여를 받는 주요한 대상이 되는 경우는 드물다. 따라서 아동급여를 실제로 받는 사람은 아동급여를 받을 자격이 있음을 보여주어야 한다(Ridge, 2004; Pieters, 1993). 이때에 아동급여를 실제로 받는 사람과 아동 사이에 가족관계가 있다는 점을 보여주어야 하는 경우가 많다. 그러나 가족관계를 매우 넓게 해석하는 것이 최근의 경향이다.

한편 가족수당(아동수당)을 받을 수 있는 자격을 가족구성원의 수와 연관시키는 경우가 많다. 가족수당(아동수당)제도를 처음 도입할 당시에는, 가족수당(아동수당)을 받을 수 있는 아동에 첫째 아동이나 둘째 아동을 포함시키지 않는 경우가 많았다. 베버리지도 첫째 아동을 제외한 모든 아동에게만 생계 수준의 가족수당(아동수당)을 제공하도록 권장한 바 있다. 하지만 그 후에 가족수당(아동수당)의 대상에 첫째 아동까지 포함시키는 방향으로 나아가게 되었다. 따라서 많은 국가의 경우, 첫째 아동부터 가족수당(아동수당)을 제공하고 있다(Social Security Administration, 2015; Forder, 1984; Gordon, 1994).

2) 아동급여(아동수당 · 가족수당)의 종류와 수준

(1) 아동급여(아동수당)의 종류

아동급여의 경우, 주요한 목적에 따라서 비용부담 급여(cost-covering benefit)와 소득대체 급여(income replacement benefit)로 나눌 수 있다. 각 급여에 대해 구체적으로 살펴보면 다음과 같다(Pieters, 1993).

① 비용부담 급여의 주요한 목적은 아동을 양육하는 데 필요한 비용을 제공하는 것이다. 일반적으로 비용부담과 관련된 아동급여를 정기 급여와 일시 급여로 나눌 수 있다. 이 경우, 정기 급여는 아동에게 정기적으로 제공하는 급여를 말한다. 그리고 일시 급여는 아동에게 특별한 비용이 필요하다고 판단될 때에 제공하는 급여를 말한다. 일시 급여는 아동이 출생하는 것과 관련되는 경우가 많다.

② 아동 양육과 관련해, 일부 사회보장제도에서는 소득대체 급여를 제공하고 있다. 예를 들어, 다음과 같은 상황에 있는 부모에게 소득을 대체해 주기 위해서, 급여를 제공할 수 있다.

㉠ 학교에 다니기 이전의 매우 어린 아동을 양육하기 위해, 집에 머무르고 있는 부모가 있다.

㉡ 특별한 보호가 필요한 장애아동이나 아픈 아동을 일시적으로 또는 정해진 기간 동안 돌보기 위해, 집에 머무르고 있는 부모가 있다.

한편 소득대체 급여는 아동을 보호하는 부모가 경제 활동을 하지 않을 때에만 제공하는 경우가 많다. 그러나 이런 급여를 제공하는 제도는 여성이 유급 일자리에서 일하는 것을 막는 걸림돌로 작용할 수도 있다.

(2) 아동급여(아동수당)의 수준

아동급여(아동수당) 프로그램의 역사나 아동급여 프로그램을 실시하는 목적에 따라서, 아동급여의 양은 다음과 같이 달라질 수 있다(Social Security Administration, 2015).

① 모든 아동에게 동일한 양을 제공할 수 있다.

② 아동의 출생 순위에 따라 급여의 양을 늘리거나 줄일 수 있다.

그리고 일반적으로 아동 양육과 관련된 비용을 부담하는 아동급여(아동수당) 제도에서는 정기 급여와 일시 급여를 모두 제공하고 있다(Pieters, 2006).

우선, 정기 아동급여(아동수당 · 가족수당)의 양은 자격을 갖춘 아동의 수와 아동의 나이에 따라 달라지는 경우가 많다(Pieters, 2006; Social Security Administration, 2015; Akerstrom, 2017). 이 경우, 아동의 수와 아동급여의 양 사이의 관계를 몇 가지 제시하면 다음과 같다.

① 가족에 아동이 몇 명 있는지에 상관없이, 모든 아동에 대해 동일한 양의 아동급여를 제공할 수 있다.

② 아동의 수가 많아짐에 따라 아동급여의 양을 더 많이 제공할 수 있다. 예를 들어, 셋째 아동에 대해 제공하는 아동급여의 양은 첫째 아동이나

둘째 아동에 대해 제공하는 아동급여의 양보다 더 많을 수 있다.

③ 아동의 수가 일정한 기준을 넘을 때에는 추가되는 아동에 대해 아동급여를 더 적게 제공하거나 제공하지 않을 수 있다.

그리고 대개의 경우, 아동의 나이에 따라서 아동급여의 양을 조정하고 있다. 이렇게 하는 이유는 아동의 나이가 많을수록 양육하는 데 비용이 더 많이 들기 때문이다.

한편 일시적으로 제공하는 아동급여의 양은 아동의 출생과 크게 관련되고 있다. 출생한 아동의 수가 많아짐에 따라서, 출산과 관련된 비용이 줄어든다고 볼 수 있다. 그 결과, 출생한 아동의 수가 많아짐에 따라서, 일시적으로 한 번만 제공하는 아동급여의 양은 줄어드는 경우가 많다(Pieters, 2006).

(3) 아동급여(아동수당)의 제공 기간

아동급여(아동수당)를 제공하는 아동의 나이는 국가에 따라 차이가 나고 있다. 대개의 경우, 정기 아동급여는 아동이 정해진 나이에 이를 때까지 제공하고 있다. 예를 들어 스웨덴의 경우, 아동수당을 매달 제공하고 있다. 스웨덴에서는 아동수당을 아동이 일정한 나이가 될 때까지 제공하고 있다(Akerstrom, 2017; Forsakringskassan, 2013).

그러나 대부분의 아동급여 프로그램의 경우, 아동이 학교에 계속 다니거나 실습을 받거나 직업훈련을 받을 때에는 정해진 나이 제한을 넘어서 더 오랜 기간 동안 아동급여를 제공하고 있다. 따라서 정기 아동급여를 받을 수 있는 나이는 아동의 학업 기간에 따라 달라지는 경우가 많다. 즉, 어느 때에는 20대 중반까지도 아동급여를 제공할 수 있다. 아동급여를 받을 수 있는 최대 나이가 있는지 여부는, 교육 보조금 제도가 있는지 여부에 따라 달라지고 있다. 왜냐하면 학교에 다니는 아동에게 아동급여를 받을 수 있는 나이를 연장해 주는 것은, 해당 아동에게 교육 보조금을 제공하는 역할을 하기 때문이다(Pieters, 1993; Pieters, 2006; Social Security Administration, 2015).

그리고 아동급여(아동수당 · 가족수당)와 관련해, 많은 국가에서는 장애아동에 대해서 더 유리하게 해주고 있다. 이런 예를 구체적으로 제시하면 다음과 같다(Social Security Administration, 2015; Pieters, 1993).

① 학교에 다니는 일반 아동보다 더 오랜 기간 동안 아동급여를 제공하고 있다.

② 아동급여를 제공하는 기간에 제한을 두지 않고 있다.

장애아동을 데리고 가는 부모 : 많은 국가의 아동급여제도에서는 장애아동을 더 유리하게 대우한다.
출처 : 스페인에서 지자 촬영.

3) 아동급여(아동수당 · 가족수당)의 운영

아동급여(아동수당 · 가족수당) 프로그램을 운영하는 방식에는 여러 가지가 있을 수 있다. 아동급여 프로그램을 운영하는 방식을 구체적으로 제시하면 다음과 같다(Social Security Administration, 2015).

① 기존의 다른 사회보장 프로그램에 통합해 운영한다.

② 완전히 별도의 프로그램으로 운영한다.

한편 아동급여(아동수당 · 가족수당) 프로그램이 보편적 제도에 토대를 두는지 또는 고용 관련 제도에 토대를 두는지에 따라서, 아동급여 프로그램을 운영하는 주체가 달라질 수 있다. 이것을 가족수당의 경우로 예를 들면 다음과 같다(Social Security Administration, 2015; Pieters, 2006).

① 가족수당을 모든 가족에게 제공하고 또한 가족수당 프로그램에 대한 비용을 정부의 일반 수입(세금)을 통해 확보하는 보편적 제도에서는, 정부의 부서가 가족수당 프로그램을 운영하는 경우가 많다. 이때, 가족수당은 모든 주민을 대상으로 하는 사회보장제도를 통해 제공하는 경우가 많다.

② 가족수당을 고용된 사람의 가족에게 주로 제공하고 또한 고용주가 납부하는 기여금으로 가족수당 프로그램의 재정을 주로 확보하는 고용 관련 제도에서는, 공적으로 감독을 받으면서도 부분적으로는 자율적인 기관이 가족수당 프로그램을 운영할 수 있다.

4) 아동급여(아동수당 · 가족수당)의 재정

일반적으로 아동급여(아동수당 · 가족수당)의 재정을 확보하는 방식을 보편적 제도와 고용 관련 제도로 구분할 수 있다. 이것을 가족수당으로 예를 들면, 가족수당 프로그램의 재정을 확보하는 방식을 보편적 가족수당제도와 고용 관련 가족수당제도로 구분할 수 있다. 보편적 가족수당제도와 고용 관련 가족수당제도는 재정을 확보하는 방법에서 다음과 같이 차이가 나고 있다(Social Security Administration, 2015; Pieters, 2006; Beveridge, 1942).

① 대개의 경우, 보편적 가족수당제도에서는 가족수당 프로그램에 필요한 모든 비용을 세금으로 확보하고 있다. 즉, 보편적 가족수당제도에서는 가족수당 프로그램에 필요한 재정을 정부의 일반 수입(세금)을 통해 확보하고 있다. 베버리지의 경우, 아동수당(가족수당)의 재정을 세금으로 전부 확보하는 방식을 주장한 바 있다.

② 이와는 대조적으로 고용 관련 가족수당제도에서는, 가족수당 프로그램에 필요한 비용의 전체나 상당한 부분을 고용주가 납부하는 기여금으로 확보하고 있다. 대개의 경우, 고용주는 근로자에게 주는 임금의 일정한 비율을 기여금으로 납부하고 있다. 고용주가 납부하는 기여금으로 가족수당 프로그램에 필요한 비용을 모두 확보하지 못할 때에는, 정부의 보조금으로 나머지 부족한 부분을 확보하는 경우가 많다.

정리

- 일반적으로 아동급여제도는 아동급여의 자격을 가진 사람, 아동급여의 자격을 갖게 하는 사람, 아동급여를 신청하는 사람과 관련된다.
- 일반적으로 아동 자신이 사회보장 급여를 받는 주요한 대상이 되는 경우는 드물다. 따라서 아동급여를 실제로 받는 사람과 아동 사이에 가족관계가 있음을 보여주어야 하는 경우가 많다.
- 가족수당(아동수당)을 받을 수 있는 자격을 가족구성원의 수와 연관시키는 경우가 많다.
- 아동급여를 주요 목적에 따라 비용부담 급여와 소득대체 급여로 나눌 수 있다. 비용부담 급여의 주요 목적은 아동 양육 비용을 제공하는 것이고, 소득대체 급여의 목적은 특정한 상황에 있는 부모나 기타 사람에게 급여를 제공하는 것이다.
- 아동급여 프로그램의 역사나 프로그램을 실시하는 목적에 따라서, 아동급여의 양은 달라질 수 있다.
- 일반적으로 아동 양육과 관련된 비용을 부담하는 아동급여제도에서는 정기 급여와 일시 급여를 모두 제공한다.
- 아동급여를 제공하는 아동의 나이는 국가에 따라 차이가 나는데, 정기 아동급여는 아동이 특정 나이에 이를 때까지 제공하는 경우가 많다.
- 아동급여 프로그램을 운영하는 방식의 예로 기존의 다른 사회보장 프로그램에 통합해 운영하는 방식과 완전히 별도의 프로그램으로 운영하는 방식이 있다. 그리고 보편적 제도에서는 정부 부서가 아동급여 프로그램을 운영하는 경우가 많고, 고용 관련 제도에서는 공적으로 감독을 받으면서도 부분적으로는 자율적인 기관이 아동급여 프로그램을 운영할 수 있다.
- 보편적 제도에서는 세금으로 아동급여 프로그램에 필요한 모든 비용을 확보하고, 고용 관련 제도에서는 아동급여 프로그램에 필요한 비용의 전체나 상당한 부분을 고용주가 납부하는 기여금으로 확보한다.

PART 03

빈곤과 관련된 사회보장

제11장 공공부조
제12장 워크페어(Workfare, 근로연계 복지)

CHAPTER 11

공공부조

CONTENTS

1. 빈곤에 대한 관심의 중요성
2. 빈곤의 정의와 특성 및 형태
3. 빈곤선
4. 공공부조의 정의
5. 공공부조의 필요성과 목적 및 의의
6. 공공부조의 특징
7. 공공부조의 원칙과 원리
8. 공공부조의 대상과 급여와 운영 및 재정
9. 경향과 과제

1. 빈곤에 대한 관심의 중요성

역사적으로 빈곤은 사회복지의 여러 영역에서 가장 중요한 주제가 되어 왔다. 사실, 복지국가의 개념과 목적은 빈곤을 없애는 것과 밀접하게 관련되어 왔다. 그리고 당연하게도 빈곤은 사회보장과도 특히 밀접하게 관련되어 왔다. 예를 들어, 미국의 케네디(Kennedy) 대통령은 사회보장법 때문에 '빈곤과의 전쟁(War on Poverty)'을 실시하게 되었다고 사회보장법을 평가한 바 있다. 사실, 사회보장제도를 구성하는 각 프로그램의 주요한 목적이 서로 다를 수는 있으나, 사회보장의 중요한 목적은 빈곤을 없애는 것이라고 볼 수 있다(Rank & Hirschl, 1999; Patterson, 1986; Nolan, 1986).

산업이 크게 발달한 후의 사회에서는 빈곤이 보이지 않게 된다는 견해도 있으나(Lasch, 1972), 선진국에서도 빈곤은 엄연한 현실로 계속 존재해 왔다. 특히 1960년대와 1970년대에 많은 선진국에서는 빈곤을 '공식적으로' 다시 발견하게 되었다. 그리고 이에 따라 국가 차원에서 여러 가지 조치를 취하게 되었다.

그러다가 '풍요한 사회'에 들어서면서 빈곤문제는 해결될 것처럼 보였다. 예를 들어, 1990년대에 미국에서 고용이 안정되고 생산성이 높아지고 실업률이 낮아짐에 따라서, 어느 전문가는 미국에서 빈곤은 문젯거리가 아니라고 예상한 바 있다.

그러나 이런 예상과는 다르게, 미국에서 빈곤에 대한 위험은 줄지 않고 있다. 따라서 어느 전문가의 경우, '빈곤과의 전쟁'을 새로 시작할 필요가 있을 것 같다고 평가한 바 있다. 그리고 빈곤에 대한 위험이 커지는 현상은 유럽이나 우리나라라고 해서 예외가 아니다(노병일, 2018b; Economist, 2000; Rank & Hirschl, 1999; Cousins, 1999; Organization of Economic Cooperation and Development, 2008, Glickman, 2013).

로마의 유적지에서 자고 있는 노숙인 : 오늘날의 선진국에서도 빈곤은 계속 존재한다.
출처 : 이탈리아에서 저자 촬영.

그러므로 전 세계에 걸쳐서, 빈곤은 여전히 중요한 사회문제가 되고 있다. 그리고 이에 따라 빈곤을 줄이고 없애는 것은 사회보장에서 변함없이 관심을 가져야 하는 과제로 자리 잡고 있다(노병일, 2018b).

정리

- 역사적으로 빈곤은 사회복지의 여러 영역에서 가장 중요한 주제가 되어온 탓에, 빈곤은 사회보장과 특히 밀접히 관련되어 왔다.
- 세계적으로 빈곤은 여전히 중요한 사회문제이고, 이에 따라 빈곤을 줄이고 없애는 것은 사회보장에서 변함없이 관심을 가져야 하는 과제이다.

2. 빈곤의 정의와 특성 및 형태

1) 빈곤의 정의

빈곤은 모호한 용어이다. 이런 탓에, 사회보장이나 복지국가를 논의할 때에 빈곤이라는 주제를 중요하게 생각함에도 불구하고, 빈곤이 무엇인지에 대해서는 의견이 일치하고 있지 않다. 따라서 빈곤을 어떻게 정의할 것인가에 대해서는 의견이 일치하지 않고 있다(Alcock, 1997; Deleeck, Bosch & Lathouwer, 1992). 그 결과, 빈곤을 정의할 때에는 주관적 측면이 크게 포함되는 경우가 많다. 그러므로 빈곤에 대한 정의는 사람이나 기관마다 차이가 날 수 있다. 그리고 이에 따라 빈곤층의 수도 달라질 수 있다.

하지만 빈곤은 모호한 용어라는 지적이 있음에도 불구하고, 여러 기관과 학자는 빈곤을 꾸준히 정의해 왔다. 그동안 빈곤에 대해 정의한 것을 몇 가지 제시하면 다음과 같다(Barker, 2003; Encyclopædia Britannica, 2020b; McLoyd, 2000; Ringen, 1988).

사전에서 빈곤에 대해 정의한 예

일반 사전에서 빈곤에 대해 정의한 것을 몇 가지 제시하면 다음과 같다.

① **빈곤** : 가난해서 살림이 어려운 것과 필요한 것이 없거나 부족한 것(한컴사전).

② **빈곤**(poverty) : 일반적이거나 사회적으로 인정되는 양의 현금이나 재산을 가지고 있지 않은 사람이 놓여 있는 상태(Merriam-Webster 사전).

③ **빈곤**(pauvreté) : 재산이 부족한 것(프랑스 Littré 사전).

① 미국의 전국사회복지사협회에서 간행한 사전의 경우, 빈곤은 금전이나 생계 수단이 좋지 않거나 부족한 상태라고 보고 있다.

② 브리태니커(Britannica) 백과사전의 경우, 빈곤은 일반적이거나 사회적으로 필요하다고 인식되는 양의 현금이나 재산을 가지고 있지 않은 사람이 놓여 있는 상태라고 보고 있다.

③ 맥로이드(McLoyd)의 경우, 빈곤은 "소득이 기본적 욕구를 충족시키기에 충분하지 못할 때에 생기는 경제적 박탈"이라고 보고 있다.

④ 린근(Ringen)의 경우, 빈곤을 다음과 같이 두 가지로 구분하고 있다.

㉠ 생존적(subsistence) 측면에 주목한 빈곤(생존적 빈곤)이 있다. 생존적 빈곤은 최저 수준의 소비를 하는 데 필요한 자원을 가지지 않은 상태에 있는 것을 말한다. 이에 따르면, 빈곤은 자원이 충분하지 않은 상태라고 볼 수 있다.

㉡ 박탈적(deprivation) 측면에 주목한 빈곤(박탈적 빈곤)이 있다. 박탈적 빈곤은 소비 수준이 사회에서 합당하다고 인정하는 수준보다 훨씬 낮은 상태에 있는 것을 말한다.

위에서의 내용을 정리하면, 빈곤의 정의를 자원(금전) 관점에서의 정의와 박탈 관점에서의 정의로 크게 나눌 수 있다. 자원 관점에 따른 빈곤에서는 사람이 무엇을 가졌는지 또는 가지지 않았는지에 주목하고 있다. 그리고 박탈 관점에 따른 빈곤에서는 사람이 무엇을 하는지 또는 하지 않는지에 주목하고 있다(Alcock, 1997).

그동안 빈곤에 대해 정의한 것들은 강조하는 관점에서 차이를 보이고 있다. 예를 들어, 미국의 전국사회복지사협회가 빈곤에 대해 정의한 것에서는 빈곤을 주로 자원 관점에서 보고 있다. 그러나 맥로이드가 빈곤에 대해 정의한 것에서는 빈곤을 박탈 관점에서 보고 있다.

한편 빈곤과 관련된 용어는 항상 변하고 있다. 이와 관련해, 오늘날에는 '사회적 배제(social exclusion)'라는 용어도 널리 사용하고 있다(노병일, 2006; 노병일, 2013; 노병일 · 손정환, 2011). 단순하게 볼 때, 사회적 배제는 개인이 연령, 빈곤, 장애, 인종과 같은 요인 때문에 사회에 완전하게 참여하지 못하는 상황을 말한다(The Wisdom Years, 2017).

사회적 배제는 박탈과 밀접하게 관련되어 있다. 즉, 경제가 좋지 않게 되고 인구 구조가 변화하고 유급 일자리의 상황이 크게 바뀌기 때문에 일반 사회에 참여하지 못하는 현상을 나타내기 위해서, 경제적 측면에 주목하는 빈곤보다 더 넓고 역동적인 용어인 '사회적 배제'를 최근 들어서 자주 사용하고 있다(Eardley, Bradshaw, Ditch, Gough & Whiteford, 1996).

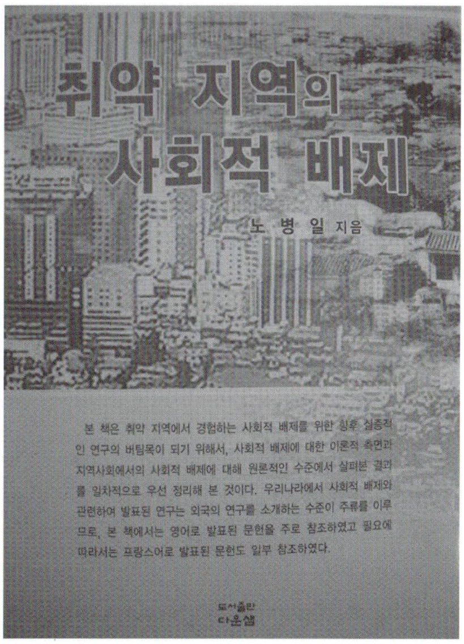

사회적 배제를 다룬 저서 : 최근 들어서 사회적 배제라는 용어도 널리 사용한다.
출처 : 노병일(2006)의 표지.

'사회적 배제' 용어의 등장과 의의

최근 들어서 '사회적으로 배제된'이라는 표현이나 '사회적 배제'라는 용어를 자주 사용하고 있다. 사회적 배제라는 용어는 프랑스에서 처음으로 나타났지만, 사회적 배제라는 용어는 유럽뿐만 아니라 라틴 아메리카와 아프리카와 아시아로까지 퍼져 나갔다.

사회적 배제라는 용어는, 빈곤을 측정할 때에 소득이 적은 측면에만 초점을 두는 것은 적절하지 못하다는 인식에서 등장하였다. 왜냐하면 물질적 빈곤은 사회적 배제와 서로 관련이 있고, 또한 물질적 빈곤은 사회적 배제의 중요한 요소이기 때문이다. 간단히 말해서, 사회적 배제는 더 넓은 사회에 완전히 참여할 수 없는 것을 가리킨다(Anonymous, 2003; de Haan, 1999; Vaux, 2004).

2) 빈곤의 특성

빈곤의 대해 명확하게 정의하기 어려운 이유는 빈곤이 가지는 특성과 관련이 있다고 볼 수 있다. 일반적으로 빈곤은 여러 가지 특성을 지니고 있다. 빈곤이 지니는 특성을 몇 가지 제시하면 다음과 같다(노병일, 2013; Deleeck, Bosch & Lathouwer, 1992).

① 빈곤은 상대적(relative)이다 즉, 빈곤은 시간과 공간에 따라 차이가 나고 있다. 예를 들어, 우리나라에서 빈곤한 사람은 우리나라보다 훨씬 못사는 국가에서는 빈곤하지 않을 수도 있다.

② 빈곤은 점진적(gradual)이다. 즉, 빈곤을 빈곤 상태에 있는 것과 빈곤 상태에 있지 않은 것의 두 가지 범주로만 나눌 수는 없다. 왜냐하면 빈곤의 정도에는 여러 가지가 있고, 이에 따라 빈곤층도 여러 층으로 구분할 수 있기 때문이다.

③ 빈곤은 다차원적(multi-dimensional)이다. 즉, 빈곤 상태는 모든 생활 영역에서 나타나고 있다.

④ 빈곤은 지속적(durable)이다. 즉, 빈곤에 대해 주목할 때에 시간 차원은 중요하다. 이 경우, 빈곤을 단기적 빈곤과 장기적・구조적 빈곤으로 구분할 수 있다. 단기적 빈곤은 갑자기 소득을 얻지 못하는 것과 같은 상황에 놓이기 때문에 발생하고 있다. 그리고 장기적・구조적 빈곤은 사회적・경제적으로 영구히 불리한 위치에 있기 때문에 발생하고 있다.

3) 빈곤의 형태

빈곤의 형태에는 여러 가지가 있다. 그러나 기본적으로 빈곤의 형태를 '절대적 빈곤(absolute poverty)'과 '상대적 빈곤(relative poverty)'으로 구분할 수 있다. 절대적 빈곤은 소득이 최저의 생계 수준보다 낮은 것을 말하고, 상대적 빈곤은 소득이 일반 사회의 생활 수준보다 낮은 것을 말한다(Barker, 2003).

정리

- 빈곤의 정의에 대해서는 의견이 일치하지 않는다. 그러나 빈곤의 정의를 크게 자원 관점과 박탈 관점에서 살펴볼 수 있다. 자원 관점에 따른 빈곤에서는 사람이 무엇을 가졌는지에 주목하고, 박탈 관점에 따른 빈곤에서는 사람이 무엇을 하는지에 주목한다.
- 오늘날에는 '사회적 배제'라는 용어도 널리 사용한다. 사회적 배제는 경제적 측면에 주목하는 빈곤보다 더 넓고 역동적인 용어이다.
- 빈곤의 특성으로 상대성, 점진성, 다차원성, 지속성을 들 수 있다.
- 기본적으로 빈곤의 형태를 절대적 빈곤과 상대적 빈곤으로 구분할 수 있다. 절대적 빈곤은 소득이 최저의 생계 수준보다 낮은 것이고, 상대적 빈곤은 소득이 일반 사회의 생활 수준보다 낮은 것이다.

3. 빈곤선

1) 빈곤선의 정의와 의의

앞에서 이미 설명한 바와 같이, 빈곤에 대해서는 의견이 일치하는 정의가 없는 편이다. 따라서 빈곤을 측정하는 방법에 대해서도 의견이 일치하기 어렵다. 그리고 빈곤에 대한 정의가 통일되어 있는 경우에조차도, 빈곤을 측정하는 것은 복잡하고 어려울 가능성이 크다(Spicker, 2020).

그러나 빈곤과 관련된 정책을 설계하고 이런 정책을 실시하기 위해서는, 빈곤을 측정하는 작업이 필요하다. 빈곤의 측정과 관련해 우선적으로 등장하는 용어가 '빈곤선(poverty line 또는 poverty threshold)'이다(노병일, 2013).

그동안 빈곤선에 대해 정의한 것을 몇 가지 제시하면 다음과 같다(U.S. Census Bureau, 2009; Barker, 2003; Deleeck, Bosch & Lathouwer, 1992).

① 미국의 인구조사국에 따르면, 빈곤선은 가족의 빈곤 상태나 개인의 빈곤 상태를 결정하기 위해 사용하는 현금의 양을 말한다.

② 미국의 전국사회복지사협회에서 간행한 사전에 따르면, 빈곤선은 인간이 최저 생계 수준이나 최저 생활 수준에서 살고자 할 때에 정부나 사회가 필요하다고 생각하는 현금의 양을 말한다.

③ 디릭(Deleeck) 등에 따르면, 빈곤선은 어떤 가구가 빈곤 상태에 있는지 여부를 결정하기 위해 사용하는 기준을 말한다.

그러므로 빈곤선은 빈곤 상태에 있는지를 판단하기 위한 기준으로서, 구체적으로는 최저 생계비를 일컫는다고 볼 수 있다(노병일, 2013). 우리나라 국민기초생활보장법의 경우, 최저 생계비는 "국민이 건강하고 문화적인 생활을 유지하기 위하여 필요한 최소한의 비용"이라고 정의하고 있다(국가법령정보센터, 2020).

빈곤한 지역주민에게 연탄을 배달하는 모습 : 빈곤선은 빈곤 상태에 있는지를 판단하는 기준이 된다.
출처 : 저자 촬영.

이런 탓에, 빈곤선은 빈곤 상태를 알기 위한 잣대가 되고 있다. 따라서 빈곤선은 빈곤을 '측정'하기 위한 필수적인 도구가 되고 있다. 또한 빈곤선은 빈곤층에 대한 정확한 실태를 파악하는 것에서 더 나아가서, 빈곤층을 도와주거나 빈곤을 없애기 위한 정책이나 프로그램을 구상하기 위해서도 꼭 필요하다. 따라서 빈곤선은 사회보장정책과 관련해 의의가 있다.

그리고 빈곤선은 그 사회에서 허용하는 최저 생활 수준이나 최저 생계 수준을 나타내고 있다. 이런 맥락에서, 베버리지(Beveridge)는 라운트리(Rowntree)의 '빈곤선' 개념을 '최저 생계선'으로 바꾸어 사용한 바 있다(Marshall, 1981).

2) 빈곤선 등장의 역사

빈곤선이나 최저 생계비가 등장한 역사를 몇 개의 국가를 중심으로 살펴보면 다음과 같다(국가법령정보센터, 2020; Gilbert & Kahl, 1987; McLoyd, 2000; Corcoran, 2000; Barker, 2003; Robson, 1976).

(1) 미국

미국의 경우, 케네디(Kennedy) 대통령이 정권을 잡고 있던 1961년에, 인종을 차별하는 문제를 해결하고 빈곤이 지속되는 문제를 해결할 필요가 있었다. 당시의 경우, 비참한 상태에서 살고 있는 미국인이 수백만 명이나 된다는 주장에 대해, 많은 미국인이 공감하고 있던 터이었다. 이런 분위기 속에서, 다음과 같은 목적을 위해서 공식적 빈곤선이 필요하게 되었다.

① 빈곤문제가 얼마나 심각한지를 측정한다.

② 빈곤문제를 해결하기 위한 정책이 얼마나 효과가 있는지를 파악한다.

그리고 빈곤선을 사용할 경우에는 다음과 같은 장점이 있다고 판단해서, 미국에서는 공식적 빈곤선에 관심을 더 가지게 되었다.

① 인구 통계를 통해 빈곤층의 수를 정확히 추정할 수 있다.

② 빈곤을 유발하는 구체적인 요인이 무엇인지를 파악할 수 있다.

③ 빈곤층의 수와 빈곤의 원인에 대한 자료에 근거해, 빈곤층을 도와줄 수 있는 프로그램을 개발할 수 있다.

그러다가 미국의 사회보장청에서 근무하던 오션스키(Orshansky)가 빈곤선을 제시하였다. 미국에서 최초의 빈곤선은 생계를 유지하기 위한 식품비의 3배로 정해졌다. 미국에서 1989년 이후부터는, 해당 연도의 빈곤선은 이전 연도의 빈곤선에다 소비자 물가가 변한 것을 조정해서 정하고 있다.

(2) 기타

영국의 경우, 자유당이 권력을 잡고 있던 시기인 1906~1914년에, 빈곤과 관련해 최저 생계 수준(minimum standard of subsistence)과 같은 용어가 등장하였다. 그리고 우리나라의 경우, 예전에는 공식적으로 인정한 최저 생계비가 없었다. 그러다가 1999년에 국민기초생활보장법을 만듦에 따라서, 최저 생계비를 결정하는 것이 필요하게 되었다. 우리나라의 국민기초생활보장법에 따르면, 최저 생계비를 결정하기 위한 조사를 정기적으로 실시하도록 되어 있다.

3) 빈곤선을 결정하는 방법

앞에서 설명한 것처럼, 빈곤이 정확히 무엇을 의미하는지에 대해서는 모호한 측면이 있다. 따라서 빈곤선은 여러 가지 방식으로 결정될 수밖에 없다. 실제로 그동안 빈곤층의 수를 파악하기 위해서 여러 가지 방법을 사용해 왔다(Deleeck, Bosch & Lathouwer, 1992; Spicker, 2020).

빈곤선을 결정하는 방법을 몇 가지 제시하면 다음과 같다(Spicker, 2020).[74]

① 임의 기준 방법이 있다. 임의 기준 방법은 문자 그대로 임의로 기준을 정하는 방법이다. 이때에 가장 많이 사용하는 방법은 소득에 근거해서 빈곤 여부를 따지는 것이다. 예를 들어, 한 달에 100만 원이라는 기준을 임의로 정하고, 이만큼의 소득을 얻지 못하는 사람은 빈곤 상태에 있다고 볼 수 있다.

74) 빈곤선을 결정하는 방법에 대한 구분은 학자마다 다소 차이가 나고 있다. 그리고 각 방법의 명칭도 학자에 따라 차이가 나고 있다.

② 예산 기준 방법이 있다. 예산 기준 방법의 경우, 필요한 최저 물품에 대한 비용에 근거해 빈곤을 측정하고 있다. 구체적으로 예산 기준 방법에서는 전문가가 필요하다고 보는 여러 물품과 서비스를 선정한 후에, 이런 물품과 서비스의 전체 비용을 빈곤선으로 정하고 있다.

③ 상대적 방법이 있다. 상대적 방법의 경우, 빈곤선을 경제적 지표의 일정 비율로 정하고 있다. 예를 들어, 상대적 방법에서는 빈곤선을 개인당 소득, 평균 가구 소득, 중위 가구 소득 등의 일정 비율로 정하고 있다.[75)]

④ 주관적 방법이 있다. 주관적 방법의 경우, 사람이 자신을 빈곤하다고 보는지 여부에 근거해서 빈곤 상태에 있는지를 파악하고 있다.

⑤ 합의적 방법이 있다. 합의적 방법의 경우, 최저 소득 수준에 대해서 일반인에게 설문조사를 실시해 얻은 답변에 근거해 빈곤선을 정하고 있다. 구체적으로 합의적 방법에서는 여론조사를 실시해서 사회에 있는 사람들이 필수적으로 필요하다고 보는 것을 파악하고 있다. 그러고 나서 이런 필수품을 가질 수 없는 사람은 빈곤 상태에 있다고 보고 있다.

한편 빈곤 갭(빈곤 격차, poverty gap) 방법은 빈곤선과 관련시켜 빈곤의 정도를 측정하는 방법이다. 평균 빈곤 갭은 빈곤층의 소득과 빈곤선 사이의 거리를 말한다. 그리고 총체적 빈곤 갭은 모든 빈곤 가구의 소득을 빈곤선까지 올리고자 할 경우에 필요한 전체 비용을 말한다(노병일, 2013).

75) 예를 들어, 중위(median) 가구 소득의 50%를 빈곤선으로 정할 수 있다. 중위 가구 소득은 구성원의 가구 소득을 순서대로 나열했을 때에 중간에 오는 가구 소득을 말한다.

정리

- 빈곤의 측정과 관련해 우선적으로 등장하는 용어는 빈곤선이다. 빈곤선은 빈곤 상태에 있는지를 판단하기 위한 기준으로서, 구체적으로는 최저 생계비를 일컫는다.
- 빈곤선은 빈곤 상태를 알기 위한 잣대이고, 빈곤층을 도와주거나 빈곤을 없애기 위한 정책·프로그램을 구상하기 위해 꼭 필요하다.
- 미국에서는 오션스키가 빈곤선을 제시하였는데, 최초의 빈곤선은 생계를 유지하기 위한 식품비의 3배로 정해졌다. 우리나라에서는 국민기초생활보장법을 만들면서 최저 생계비를 결정하는 것이 필요하게 되었다.
- 빈곤선을 결정하는 방법으로는 임의로 기준을 정하는 임의 기준 방법, 필요한 최저 물품에 대한 비용에 근거해 빈곤을 측정하는 예산 기준 방법, 빈곤선을 경제적 지표의 일정 비율로 정하는 상대적 방법, 자신을 빈곤하다고 보는지 여부에 근거하는 주관적 방법, 최저 소득 수준에 대해 일반인에게 설문조사를 실시한 결과에 근거하는 합의적 방법이 있다.
- 빈곤 갭(빈곤 격차) 방법은 빈곤선과 관련시켜 빈곤의 정도를 측정하는 방법이다.

4. 공공부조의 정의

1) 공공부조와 유사한 용어

공공부조(public assistance)는 사회부조(social assistance)라고 불리는 경우도 많다. 그리고 국가에 따라 공공부조를 국가부조, 사회연금 등으로 부르는 경우도 있다. 또한 미국에서는 공공부조를 '복지(welfare)'라고 부르는 경우가 많다(노병일, 2013; 노병일, 2018a; Barker, 2003; Rejda, 1999; DiNitto, 2007; International Labor Organization, 2014; Social Security Administration, 2015).

2) 공공부조의 정의

여러 기관과 법에서는 공공부조(사회부조)에 대해 정의해 왔다. 그동안 공공부조에 대해 정의한 것을 몇 가지 제시하면 다음과 같다(국가법령정보센터, 2020;

Barker, 2003; International Labor Organization, 2014; Pieters, 2006).

① 미국의 전국사회복지사협회에서 간행한 사전의 경우, 공공부조는 자신을 부양할 수단이 없는 사람들에게 정부가 최소로 재정적으로 도와주는 것이라고 보고 있다.

② 국제노동기구의 경우, 사회부조는 사회의 취약한 층에게 급여를 제공하는 제도라고 보고 있다.

③ 우리나라 사회보장기본법의 경우, 공공부조는 "국가와 지방자치단체의 책임 하에 생활 유지 능력이 없거나 생활이 어려운 국민의 최저생활을 보장하고 자립을 지원하는 제도"라고 보고 있다.[76)]

정리하건대, 공공부조는 경제적으로 생활이 어려운 사람들을 국가가 도와주는 제도라고 볼 수 있다.

정리

- 국가에 따라 공공부조를 사회부조, 국민부조 등으로 부르기도 한다. 미국에서는 공공부조를 '복지'라고 부르는 경우가 많다.
- 공공부조는 경제적으로 생활이 어려운 사람들을 국가가 도와주는 제도이다.

76) 우리나라의 경우, 사회보장기본법을 만들기 전에는 '공공부조'라는 용어보다는 '공적부조'라는 용어를 더 사용하였다. 그러나 '공공'이나 '공적'은 영어의 'public'을 옮긴 것이므로, 그 의미에는 아무런 차이가 없다.

5. 공공부조의 필요성과 목적 및 의의

1) 공공부조의 필요성

공공부조가 필요한 이유에는 여러 가지가 있을 수 있다. 공공부조가 필요한 이유를 몇 가지 제시하면 다음과 같다(Rejda, 1999).

① 사회에는 사회보험이나 기타 관련 제도를 통해 급여를 받지 못하는 어려운 사람이 있기 때문이다. 따라서 사회보험이나 기타 공적 프로그램을 통해 급여를 받을 자격이 없는 빈곤한 개인과 가족에게 현금급여, 의료서비스, 사회서비스를 제공할 필요가 있다.

② 일부 층에게는 보조 소득이 필요하기 때문이다. 예를 들어, 다음과 같은 사람에게는 보조 소득을 제공할 필요가 있다.

㉠ 재정적 자원이 적거나 없는 사람이 있다.

㉡ 특별한 욕구 때문에 소득을 보조받을 필요가 있거나 관련 서비스가 필요한 사람이 있다.

③ 어떤 개인과 가족은 신체적 문제나 심리적 문제나 정서적 문제를 가진 탓에 최저 생활 수준을 누리지 못할 수 있기 때문이다. 따라서 이런 사람이 자신의 힘으로는 해결하기 어려운 신체적·심리적·정서적 문제와 경제적 문제에 대처하도록 도와줄 필요가 있다.

2) 공공부조의 목적

공공부조에 대한 정의에서도 알 수 있듯이, 공공부조의 목적은 사회구성원이 적절하게 생활할 수 있는 수단을 제공하는 데 있다. 더 구체적으로 공공부조의 목적은 상황이 좋지 않은 사회구성원이 최저 생활을 할 수 있게 하는 데 있다. 따라서 공공부조는 특정한 욕구를 충족시켜 주는 것을 목적으로 삼고 있다(Pieters, 2006; Premier Reseau Ouvert sur les Services Publics en Europe, 2006).

3) 공공부조의 의의

공공부조는 빈곤을 줄이거나 없애는 것과 밀접하게 관련되어 있다. 따라서 공공부조는 빈곤을 없애려는 정책에서 주요한 역할을 하고 있다(Stoesz, 2007). 그러므로 공공부조는 사회보험과 더불어 사회보장에서 중요한 기둥을 이룬다는 데 의의가 있다.

그리고 빠르게 변하는 현대 사회에서 예기치 않은 사회적 위험이 많이 발생함에 따라서, 공공부조의 의의는 더 커지고 있다. 사실, 베버리지 보고서를 발간할 당시에, 베버리지는 공공부조에 의존하는 사람의 수는 줄어들 것이라고 예측한 바 있다. 하지만 그 후의 현실은 베버리지가 예측한 바와는 다르게 진행되어 왔다(Alcock, 1997).

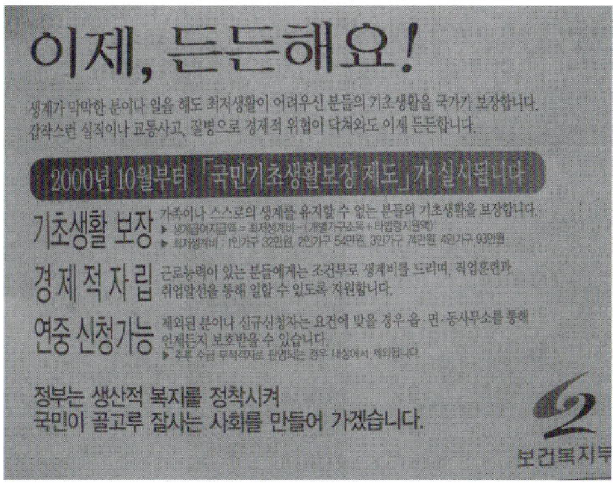

우리나라의 공공부조인 국민기초생활보장 제도의 안내문 : 공공부조는 빈곤을 줄이거나 없애는 것과 밀접하게 관련된다.
출처 : 신문의 홍보문.

무엇보다도 현대 사회에서 실업자가 많아지고 한부모가족이 증가하고 결혼이 불안정한 탓에, 빈곤 상태에 놓이는 사람이 많아지고 있다. 그 결과, 현대 사회에서 공공부조의 역할은 커지고 있다. 특히 공공부조는 한부모가족과 관련해 의의가 있다. 왜냐하면 한부모가족이 되면 경제적 자원이 적어지는 경우가 많기 때문이다(노병일, 2020b; 노병일 · 노대겸, 2017). 또한 공공부조는 실업과 관련해 특히 의의가 있다. 이런 점은 실업률이 높아지면 공공부조에 의존하는 사람의 수가 증가한다는 사실에서 잘 드러나고 있다.

이런 측면에서 볼 때, 사회의 경제 영역에서 제외되는 사람의 수가 많아질수록, 공공부조는 더 중요한 의의를 지니게 된다(Walz & Tracy, 1994).

이 외에, 공공부조가 지니는 의의를 몇 가지 더 제시하면 다음과 같다(Walker, 2005; Premier Reseau Ouvert sur les Services Publics en Europe, 2006).

① 공공부조는 역사가 깊다. 일반적으로 공공부조는 사회보장의 형태를 갖추고 도입한 첫 번째 제도인 경우가 많다.

② 공공부조는 경제가 위기를 맞이할 때에 취약층을 도와주는 역할을 하고 있다.

③ 공공부조는 사회의 기본적인 연대를 보여주고 있다. 일반적으로 공공부조는 가장 취약한 층에 대해서 국가가 연대감을 표시한 것이라고 볼 수 있다.

정리

- 공공부조는 사회보험이나 기타 제도를 통해 급여를 못 받는 어려운 사람이 존재하고, 일부 층에게는 보조 소득이 필요하고, 일부 개인과 가족은 신체적 · 심리적 · 정서적 문제를 가진 탓에 최저 생활 수준을 누리지 못하기 때문에 필요하다.
- 공공부조의 목적은 상황이 좋지 않은 사회구성원이 최저 생활을 할 수 있게 하는 것이다.
- 공공부조는 사회보험과 더불어 사회보장에서 중요한 기둥을 이룬다. 사회의 경제 영역에서 제외되는 사람의 수가 많아질수록, 공공부조가 더 중요한 의의를 지닌다.

6. 공공부조의 특징

1) 공공부조의 일반적 특징

공공부조는 나름의 특징을 가지고 있다. 공공부조의 특징을 몇 가지 살펴보면 다음과 같다(Social Security Administration, 2015; Rejda, 1999; Premier Reseau Ouvert sur les Services Publics en Europe, 2006).

① 공공부조에서는 소득, 자산, 경제적 가치가 있는 기타 소득이 공식적 수준보다 적은 층에게 여러 가지 급여를 제공하고 있다. 따라서 공공부조

급여를 받을 수 있는 대상은 소득이 적은 층이나 빈곤층으로 제한되는 경우가 많다.

② 위에서 이미 설명한 바와 같이, 공공부조의 목적은 특정한 욕구를 충족시켜 주는 데 있다. 따라서 공공부조에서는 급여를 신청하는 사람의 개인적 상황과 재정적 상황을 고려하고 있다. 이런 탓에, 공공부조 급여를 신청하는 사람은 자산조사를 거쳐야 한다. 구체적으로, 공공부조 급여를 신청하는 사람은 자신이 가진 소득과 자산이 공식적 기준보다 적다는 것을 보여주어야 한다. 그러므로 공공부조 급여는 타고난 권리(earned right)에 토대를 두어 자동적으로 제공하는 급여가 아니다.

③ 일반적으로 공공부조는 정부의 일반 수입(세금)에서 재정을 대부분 확보하고 있다.

④ 자산조사에는 임의적 측면이 있고 또한 공공부조 급여를 받을 수 있는 자격 조건은 엄격하다. 따라서 공공부조에서 제공하는 현금급여의 양을 미리 예측하기 어려운 경우가 많다.

2) 사회보험과 공공부조의 차이점

사회보험과 공공부조는 사회보장제도를 구성하는 두 개의 주요한 틀이다. 그러나 사회보험과 공공부조는 다음과 같은 점에서 서로 차이가 나고 있다 (Pieters, 2006; Rejda, 1999; Kingson, 2011; Gilbert & Terrell, 2014).

① 사회보험과 공공부조는 급여의 양을 예측할 수 있는 정도에서 차이가 나고 있다. 사회보험에서는 일반적으로 급여의 양을 예측할 수 있다. 그러나 공공부조에서는 급여의 양을 예측하기가 더 어렵다. 왜냐하면 공공부조에서 제공하는 급여의 양은 급여를 받는 사람의 욕구에 따라 달라지기 때문이다.

② 사회보험과 공공부조는 욕구를 보여주어야 하는지 여부에서 차이가 나고 있다. 사회적 위험이 발생한 경우, 사회보험에 가입한 사람은 자산조사를 신청할 필요가 없이 사회보험 급여를 받을 자격을 가지고 있다. 따

라서 사회보험에 가입한 사람은 자신이 사회보험 급여가 실제로 필요한지 여부에 상관없이 사회보험 급여를 받을 자격이 있다. 이와는 반대로, 공공부조와 관련된 행정기관은 공공부조 급여를 신청한 사람에 대해서, 이 사람이 공공부조 급여를 신청하는 것이 적절한지 여부를 평가하여야 한다. 이 경우, 공공부조 급여를 신청한 사람이 이용할 수 있는 자산을 항상 따져보고 있다. 그러므로 공공부조에서는 자산조사가 항상 필요하다. 즉, 공공부조 급여를 신청한 사람은, 자신의 소득과 자산이 어떤 정해진 수준보다 적다는 것을 보여주어야 한다.

③ 사회보험과 공공부조는 재정을 확보하는 방식에서 차이가 나고 있다. 일반적으로 사회보험에서는 특정한 목적세(사회보장세)나 기여금을 통해서 재정을 확보하고 있다. 그러나 공공부조에서는 정부의 일반 수입에서 재정을 확보하고 있다. 또한 공공부조의 경우, 급여를 받는 사람은 자신이 공공부조 급여를 받을 자격을 갖추기 전에 공공부조 프로그램에 특별하게 기여금을 납부하지 않고 있다.

④ 사회보험과 공공부조는 참여자의 수에서 차이가 나고 있다. 사회보험 프로그램에 참여하는 사람들은 모두가 보험에 가입한 사람들이다. 그러나 공공부조 프로그램에 직접적으로 참여하고 있는 사람들은 급여를 받는 사람들뿐이다. 따라서 공공부조에 비해서, 사회보험에 더 많은 사람들이 참여하고 있다.

⑤ 사회보험과 공공부조는 급여에 오명이 따라붙는지 여부에서 차이가 나고 있다. 사회보험 급여를 받는 것에는 어떤 오명도 따라붙지 않고 있다. 왜냐하면 사회보험 급여를 받을 수 있는 조건을 충족할 때에는, 욕구를 보여주지 않고서도 사회보험 급여를 받을 수 있는 법적 권리를 가지기 때문이다. 그러나 공공부조 급여를 받는 것에는 오명이 따라붙고 있다. 왜냐하면 공공부조 급여를 받기 위해서는 자산조사를 거쳐야 하는데, 여기에는 오명이 따라붙기 때문이다. 이런 탓에, 공공부조 급여를 받을 자격이 있는 사람들 중에는 공공부조 급여를 신청하지 않는 사람도 적지 않다.

⑥ 사회보험과 공공부조는 주목하는 측면에서 차이가 나고 있다. 사회보험에서는 경제적 어려움을 예방하고자 한다. 이에 비해서, 공공부조에서는 경제적으로 크게 어려운 문제에 대해 즉시 도와주고자 한다.

3) 오 명

정서적 측면에 초점을 둘 때, 공공부조가 가지는 특징으로 오명(낙인감, stigma)이 따라붙는다는 점을 꼽을 수 있다. 사회보장 급여를 선별적으로 제공할수록 급여에는 오명이 더 따라붙게 되고, 이에 비해서 사회보장 급여를 보편적으로 제공할수록 급여는 권리로 인식되고 있다(노병일, 2018a; Bryson, 1992; Gilbert & Terrell, 2014). 따라서 급여를 선별적으로 빈곤층에게 제공하는 공공부조에 오명이 따라붙는 것은 어쩔 수 없는 현상이다. 아마도 일반인이 자신의 생계를 꾸리는 대책에 공공부조 급여를 받을 수 있는 가능성을 포함시키지 않는 주요한 이유들 가운데 하나는, 공공부조에 따라붙는 오명 때문일 수 있다.

공공부조에서 오명과 관련된 역사는 길다. 이런 예를 몇 가지 제시하면 다음과 같다(Mashaw, 1997; Keithley, 1989; Alcock, 1997; Bryson, 1992).

① 영국의 엘리자베스 시대에 빈곤법을 통해서 도움을 받는 빈곤층에게는 오명이 따라붙었다.

② 베버리지는 자산조사를 널리 실시하는 것을 반대하였는데, 그 이유들 가운데 하나는 자산조사에 오명이 따라붙기 때문이었다.

③ 보편주의를 추구하는 경향이 있는 스웨덴에서도, 스웨덴 사람은 사회부조(공공부조) 자체와 사회부조 급여를 받는 사람에 대해 부정적으로 인식하는 것으로 밝혀진 바 있다.

마음이 따뜻한 사람을 기다리는 사람 : 공공부조에는 오명이 따라붙는다.
출처 : 오스트리아에서 저자 촬영.

공공부조 급여를 받을 수 있는 조건이 까다로울수록, 오명은 더 따라붙는 경향이 있다. 우선, 공공부조 급여를 받고자 하는 사람은 자산조사를 거쳐야 하는데, 이것이 오명을 유발하는 첫 번째 요인이 되는 경우가 많다. 그리고 공공부조에서는 신청자 본인의 소득이나 재산에 대한 정보뿐만 아니라, 배우자와 자녀를 포함한 다른 사람들의 소득이나 재산에 대한 정보까지 요구하는 경우가 많다. 이런 경우, 자산조사는 개인과 가족에 대한 조사를 포함하는 셈이 된다. 이런 상황에서는, 개인과 가족의 사생활이 드러나게 되고, 더 나아가서 기본적인 인권에 문제가 생길 가능성이 있다(Rimlinger, 1971; Pieters, 1993).

이런 문제는 사회보험에서도 나타날 수 있지만, 공공부조에서 훨씬 더 심각하게 나타나고 있다. 생활이 어려운 사람에게는 공공부조 급여가 그냥 포기하기에는 너무 큰 양이므로, 빈곤층은 공공부조 급여를 받기 위해 자신의 개인 정보가 드러나는 것을 받아들일 수밖에 없고, 이에 따라 빈곤층이 느끼는 수치감은 커질 수 있다. 그 결과, 공공부조 급여를 받는 개인과 가족은 오명을 경험할 가능성이 크다.

정리

- 공공부조는 대상을 소득이 적은 층이나 빈곤층으로 제한하고, 특정한 욕구를 충족시켜 주고자 하기 때문에 자산조사를 실시하고, 재정을 정부의 일반 수입으로 확보하고, 현금 급여의 양을 미리 예측하기 어렵다는 특징이 있다.
- 사회보험과 공공부조는 급여의 양을 예측할 수 있는 정도, 욕구를 보여주어야 하는지 여부, 재정을 확보하는 방식, 참여자의 수, 급여에 오명이 따라붙는지 여부에서 차이가 난다.
- 공공부조 급여를 받는 개인과 가족은 오명을 경험할 가능성이 크다.

7. 공공부조의 원칙과 원리

1) 공공부조의 원칙

그동안 공공부조의 영역에서는 원칙과 원리를 몇 가지 제시해 왔다. 이런 원칙과 원리는 공공부조와 관련된 제도나 법에 반영되고 있다.

(1) 일반적 원칙

일부 학자의 경우, 경제협력개발기구(OECD)에 속한 국가들의 사회부조(공공부조)와 관련된 정책 목표들을 종합한 결과를 토대로 해서, 다음과 같은 공공부조 원칙을 제시하고 있다(Eardley et al., 1996).

① 공공부조는 소득이 충분하지 못한 층에게 최저 생활 수준을 보장해 주어야 한다.

② 공공부조의 대상자는 다른 수단이나 자원을 통해 자신을 적절히 보호할 능력을 가지고 있지 않아야 한다.

③ 공공부조는 의존심을 길러주지 말아야 하며, 또한 공공부조는 자립과 독립심을 키우는 조치를 포함하여야 한다.

(2) 열등 처우의 원칙

공공부조와 관련된 주요한 원칙으로 열등 처우의 원칙(principle of less eligibility)이 있다(노병일, 2018a). 열등 처우의 원칙은 빈곤한 사람에게는 그 사회에서 임금이 가장 적은 근로자가 받는 임금보다 더 많은 양의 급여를 제공하지 말아야 하는 원칙을 말한다(Barker, 2003). 즉, 열등 처우의 원칙은 빈곤층을 도와주기 위해 국가가 제공하는 원조의 양은 임금이 가장 적은 근로자가 받는 임금의 양보다 더 적어야 한다는 것을 의미하고 있다.

열등 처우의 원칙에 대해서는 오래전부터 관심을 가져 왔다. 열등 처우의 원칙에 관심을 가진 사례를 구체적으로 제시하면 다음과 같다(Alcock, 1997; Gordon, 1994; Beveridge, 1942; Ridge, 2004).

① 영국에서 1834년에 개정한 빈곤법의 특징들 중에서 '열등 처우의 원칙'은 가장 중요한 특징에 속하고 있다.

② 베버리지는 열등 처우의 원칙을 지지하고 있다. 예를 들어 베버리지의 경우, 국가부조(공공부조)에서 제공하는 급여는 사회보험을 통해 제공하는 급여보다는 덜 바람직한 것으로 인식되어야 한다고 주장하고 있다.

공공부조에서 열등 처우의 원칙을 적용하는 목적은, 국가의 원조에 의존하는 것은 바람직하지 않다는 것을 강조하는 데 있다. 즉, 공공부조에서 열등 처우의 원칙을 적용하는 목적은, 일하지 않는 것이 불리하다는 것을 보여주고자 하는 데 있다. 따라서 많은 사람들은 공공부조 급여가 적절하지 않은 수준이어야 한다고 주장하고 있다. 왜냐하면 그렇지 않을 때에는 사람들이 일하지 않거나 일을 적게 하려는 동기가 강해질 것이라고 보기 때문이다. 그러므로 열등 처우의 원칙은 사회복지정책의 사회적 가치들 중에서 형평(비례적 평등, equity)과 관련되고 있다(노병일, 2018a).

2) 공공부조법과 관련된 원리와 원칙

(1) 공공부조법의 기본 원리

공공부조와 관련된 법의 규정은 국가마다 차이가 나고 있다. 하지만 생존권을 보장하는 사상에 토대를 둔 공공부조법의 원리로서, 다음과 같은 기본적 원리를 끄집어낼 수 있다(조추용 · 조석연 · 신창식 · 변보기 · 노병일 · 김준환, 2011).

① 생존권 보장의 원리가 있다. 이 원리는 국민에게 보호를 받을 권리를 보장하는 것을 말한다. 구체적으로 이 원리는 국가가 생활이 어려운 국민에게 어려운 정도에 따라 필요한 보호를 제공해, 국민의 최저 생활을 보장하는 생존권 보장의 이념을 실현하는 것을 의미하고 있다.

② 국가 책임의 원리가 있다. 이 원리는 생활이 어려운 모든 국민에게 공공부조와 관련된 법을 통해서 국민의 생존권을 실현하는 것을, 국가가 최종적으로 책임지는 것을 말한다.

인도의 정부 건물 : 국가 책임의 원리는 공공부조법과 관련된 기본 원리에 속한다.
출처 : 인도에서 저자 촬영.

③ 최저 생활 보호의 원리가 있다. 이 원리는 최저 생활을 모든 국민에게 똑같이 보장해 주는 것을 말한다. 이 경우, 최저 생활은 건강하고 문화적인 수준을 유지할 수 있는 생활을 말한다.

④ 무분별 평등의 원리가 있다. 이 원리는 공공부조와 관련된 법이 정한 조건을 충족할 때에는, 보호 상태에 놓이게 된 이유, 인종, 믿음, 성별, 사회적 신분에 상관없이, 모든 국민은 공공부조와 관련된 법에서 차별 없이 보호받는 것을 말한다.

⑤ 보족성의 원리가 있다. 이 원리는 생활의 어려움과 관련해 보호받아야 할 국민에 대해서는, 개인적으로 이용할 수 있는 모든 수단을 찾아본 후에도 최저 생활을 유지할 수 없을 때에만, 국가가 최종적으로 부족한 부분을 보충하는 것을 말한다. 따라서 공공부조와 관련된 법을 통해서 국가로부터 보호를 받을 경우, 해당 국민은 자신이 이용할 수 있는 모든 수단을 활용해 생계를 유지하도록 노력하여야 한다.

⑥ 자립 성장의 원리가 있다. 이 원리는 국민이 가진 가능성을 장려함으로써, 국민이 자신의 힘으로 사회생활에 적응할 수 있게 하는 것을 말한다. 즉, 이 원리는 경제생활을 하는 데 있어, 다른 사람의 도움을 받지 않고도 자기 힘으로 정상적인 사회인으로 생활할 수 있도록 도와주는 것과 관련되고 있다.

보족성의 원리

경제적 안정을 추구하는 프로그램에서 근본적으로 등장하는 문제들 가운데 하나는, 정부(국가)가 얼마나 책임을 져야 하고 개인이 얼마나 책임을 져야 하는지를 결정하는 것이다. 즉, 사회는 현재의 사회문제를 정부가 해결하여야 하는지 또는 개인이 해결하여야 하는지를 결정하여야 한다. 이 경우, 위와 같은 문제에 대한 지침으로 보족성의 원리(principle of subsidiarity)를 활용할 수 있다. 보족성은 대상자와 가장 가까운 개인이나 기관이 대상자에게 복지와 관련해 우선적으로 도와주는 것을 말한다(Rejda, 1999; Alcock, Erskine & May, 1999).

구체적으로 보족성의 원리는 다음과 같은 것을 의미하고 있다(Rejda, 1999).

① 경제적 안정의 영역에서는, 정부는 사회구성원 개인이 효율적으로 할 수 없는 업무만을 하여야 한다.

② 정부가 개입할 필요가 있을 경우, 정부는 처음에는 지역사회의 수준에서 개입하고, 그러고 나서 지방정부의 수준에서 개입하고, 마지막으로 중앙정부의 수준에서 개입하여야 한다.

(2) 공공부조법의 기본 원칙

공공부조와 관련된 법의 경우, 위에서 제시한 기본 원리에 토대를 두어 법을 실시하는 데 실제적인 근거가 되는 원칙으로, 다음과 같은 기본적 원칙을 제시하고 있다(조추용 외, 2011).

① 신청 보호의 원칙이 있다. 이 원칙은 공공부조와 관련된 사업을 실시하는 기관이 마음대로 보호를 시작하는 것이 아니라, 보호가 필요한 사람의 신청에 의해 보호를 시작하는 것을 말한다.

② 기준 및 정도의 원칙이 있다. 이 원칙은 국민의 생활이 어렵다는 것을 나타내는 기준을 결정하는 것을 말한다. 그러나 이 경우, 생활이 어려운 것을 판단하는 기준과 더불어, 자산의 범위와 관련된 기준도 함께 있어야 한다.

③ 필요 즉응(卽應)의[77] 원칙이 있다. 이 원칙은 빈곤선이 보호를 제공하는 기준이기는 하지만, 구체적으로 제공하는 보호는 보호가 실제로 필요한 정도에 따라 개인 각각에게 맞추는 것을 말한다.

④ 세대 단위의 원칙이 있다. 이 원칙은 보호가 필요한 정도를 세대를 단위로 해서 결정하는 것을 말한다. 이 원칙은 생활의 단위를 이루는 것은 현실적으로 세대라는 점에 근거하고 있다.

⑤ 금전부조(金錢扶助)의 원칙이 있다. 이 원칙은 현금으로 도와주는 것을 말한다. 현물급여에 비해서 현금급여는 여러 가지 장점을 가지기 때문에, 여러 국가에서는 이 원칙을 공공부조와 관련된 법의 원칙으로 정하고 있다.

⑥ 거택(居宅)[78] 보호의 원칙이 있다. 이 원칙은 보호가 필요한 사람이 거주하는 곳에서 보호를 제공하는 것을 말한다.

77) 즉응은 곧바로 응하는 것을 말한다(한컴사전, 2020).

78) 거택은 주택을 말한다(한컴사전, 2020).

정리

- 공공부조의 원칙으로 소득이 충분하지 못한 층에게 최저 생활 수준을 보장해 주고, 대상자는 다른 수단·자원을 통해 자신을 적절히 보호할 능력을 갖지 않아야 하고, 자립과 독립심을 키우는 조치를 포함하여야 하는 것이 있다.
- 공공부조와 관련된 주요한 원칙은 열등 처우의 원칙이다. 열등 처우의 원칙은 빈곤층에게는 임금이 가장 적은 근로자가 받는 임금보다 많은 양의 급여를 제공하지 않아야 하는 원칙이다.
- 생존권을 보장하는 사상에 토대를 둔 공공부조법의 기본 원리로 생존권 보장의 원리, 국가 책임의 원리, 최저 생활 보호의 원리, 무분별 평등의 원리, 보족성의 원리, 자립 성장의 원리가 있다.
- 공공부조와 관련된 법을 실시하는 데 실제적 근거가 되는 원칙으로 신청 보호의 원칙, 기준 및 정도의 원칙, 필요 즉응의 원칙, 세대 단위의 원칙, 금전부조의 원칙, 거택 보호의 원칙이 있다.

8. 공공부조의 대상과 급여와 운영 및 재정

1) 공공부조의 대상과 공공부조제도의 분류

(1) 공공부조의 대상

말할 것도 없이, 공공부조 급여를 받을 수 있기 위해서는 빈곤 상태에 있어야 한다. 일반적으로 공공부조의 대상은 자산이 정해진 기준보다 적은 개인이나 가구이다. 따라서 대개의 경우, 개인이나 가구가 가진 자원을 정해진 기준과 비교함으로써, 급여를 받을 수 있는 자격을 결정하고 있다. 이때에는 생존적 욕구에 근거한 기준을 사용하는 경우가 많다.

이런 기준을 가지고 실시하는 조사를 자산조사라고 부르고 있다. 그러므로 공공부조 급여를 받으려는 사람은 자산조사를 거치도록 되어 있다. 이런 탓에, 공공부조 급여를 신청하면, 급여를 신청한 사람의 상황과 기회를 구체적으로 조사하게 된다. 공공부조에서는 자산조사를 통과한 사람에게만 급여를 제공하고 있다(Pieters, 2006; Alcock, 1997; Social Security Administration, 2015; International Labor Organization, 2014).

그리고 공공부조 급여를 받을 수 있기 위해서는 빈곤 상태에 있어야 하지만, 빈곤 상태에 있다고 해서 모두가 급여를 받는 것은 아니다. 이런 상황을 몇 가지 제시하면 다음과 같다(Pieters, 2006).

① 어느 경우에는 공공부조 급여를 받으려는 사람에게 소득을 일부 얻도록 노력하라고 요구할 수 있다.

② 어느 경우에는 공공부조 급여를 받으려는 사람에게 자신이 다른 사람에게 빌려준 자금을 회수하라고 요구할 수 있다.

③ 어느 경우에는 공공부조 급여를 받을 자격이 있는 사람에게, 공공부조를 신청하기 전에 자신에게 소득을 보장해 줄 수 있는 사람에게 도움을 청하라고 요구할 수 있다.[79)]

(2) 대상에 따른 공공부조제도의 분류

공공부조 급여를 받는 대상에 따라서, 공공부조제도를 일반적 제도와 범주적 제도로 나눌 수 있다(Pieters, 2006).

① 일반적 제도는 모든 사람을 대상으로 하고 있다. 따라서 일반적 제도를 보편적 제도라고도 부르고 있다. 일반적 제도의 목적은, 생활하는 데 필요한 수단이 부족한 모든 사람에게 그렇게 된 원인이 무엇이든 상관없이 이들에게 적절한 생활을 하도록 보장하는 데 있다.

② 범주적 제도는 특정한 집단에 속하는 사람을 대상으로 하고 있다. 범주적 제도의 목적은, 특정한 사회적 위험 때문에 어려움을 겪고 있는 집단에게 적절한 생활을 하는 데 필요한 수단을 제공하는 데 있다. 대표적인 범주적 제도를 구체적으로 살펴보면 다음과 같다.

㉠ 실업자에게 부조를 제공하는 제도가 있다.

㉡ 노인에게 부조를 제공하는 제도가 있다.

79) 이것은 앞에서 설명한 '보족성의 원리'와 관련되고 있다.

2) 공공부조의 급여

(1) 급여의 형태

(가) 내용에 따른 형태

공공부조에서는 개인에게 현금급여와 기타 급여를 제공하고 있다. 공공부조에서 제공하는 급여의 형태를 구체적으로 제시하면 다음과 같다(Rejda, 1999).

① 현금급여가 있다.

② 의료서비스가 있다.

③ 사회서비스가 있다. 사회서비스의 예로 가족문제에 대해 상담하는 것, 일자리를 얻거나 더 좋은 주택을 얻도록 도와주는 것, 지역사회 자원에 의뢰하는 것이 있다.

기본적 형태에 주목할 경우, 공공부조 급여를 현금급여와 현물급여로 구분할 수 있다. 그리고 여기에 바우처(voucher)를 추가할 수 있다. 따라서 공공부조와 관련된 급여의 형태를 현금급여, 현물급여, 바우처로 크게 나눌 수 있다. 각 급여의 특징과 장단점을 살펴보면 다음과 같다(노병일, 2018a; Pieters, 2006; Veit-Wilson, 1987; Barker, 2003; Gilbert & Terrell, 2014).

① 현금급여는 현금으로 제공하는 급여를 말한다. 현금급여는 선택의 폭이 넓다는 장점이 있다. 왜냐하면 현금을 가지고 물품을 어느 곳에서나 바로 구입할 수 있기 때문이다. 그러나 현금급여는 다음과 같은 단점을 가지고 있다.

㉠ 현금급여를 바람직하지 않은 곳에 사용할 수 있다. 예를 들어, 현금급여를 알코올을 구입하는 데 사용할 수 있다.

㉡ 현금급여는 시장에서 충족할 수 있는 욕구만 충족시킬 수 있다.

② 현물급여는 물품으로 제공하는 급여를 말한다. 현물급여는 오명이 따라붙을 가능성이 있다는 단점이 있다.

③ 어느 경우에는 공공부조 급여를 현물급여와 현금급여의 중간에 위치한 형태로 제공할 수 있다. 이와 관련되는 형태가 바우처이다. 바우처는 증서(쿠폰)의 형태로 제공되는 경우가 많다. 바우처는 특정한 물품을 구입

하는 데에만 사용할 수 있다. 바우처는 현금급여가 가지는 문제점(즉, 원래 목적과 다른 목적으로 사용할 수 있다는 점)과 현물급여가 가지는 문제점(즉, 오명이 크게 따라붙는다는 점)을 줄여보고자 등장한 것이다. 미국에서 사용하는 바우처의 대표적인 예는 푸드 스탬프(food stamp)이다. 우리나라에서도 바우처를 사용하는 경우가 늘어나고 있다.

(나) 제공 시기에 따른 형태

공공부조 급여를 정기적으로 제공하는지 여부에 따라서, 공공부조 급여를 정기 부조와 임시 부조로 나눌 수 있다(Pieters, 2006). 각각에 대해 구체적으로 살펴보면 다음과 같다.

① 정기 부조는 정기적으로 제공하는 공공부조 급여이다. 일반적으로 정기 부조의 목적은 적절한 생활을 유지하는 데 필요한 자원을 대상자에게 제공하는 데 있다.

② 임시 부조는 임시로 제공하는 공공부조 급여이다. 일반적으로 임시 부조의 목적은 특정한 비용을 보상해 주는 데 있다. 예를 들어, 세탁기와 같은 물품이 파손되었을 때, 이것을 대체하는 데 필요한 비용을 제공할 수 있다.

그리고 의료부조(medical assistance)는 임시 부조의 특별한 형태이다. 의료부조에서는 적절한 의료서비스를 보장받지 못하는 사람에게 의료서비스를 제공하고 있다.

의료부조(우리나라에서는 의료급여라 부름) : 의료부조에서는 빈곤층에게 의료서비스를 제공한다.
출처 : 저자 촬영.

(2) 급여의 수준

공공부조에서 제공하는 급여의 양은 법의 범위 내에서 행정부서가 결정하고 있다. 그리고 공공부조 급여의 양은 개인이나 가족의 재정적 자원과 욕구를 고려하여 결정하고 있다. 따라서 공공부조 급여의 양은 대상자의 재정적 자원과 재정적 욕구에 따라 조정되는 경우가 많다(Rejda, 1999; Social Security Administration, 2015).

일반적으로 공공부조 급여는 일정한 양으로 제공하고 있다. 그러나 급여를 받는 사람의 욕구를 고려해서, 공공부조를 담당하는 기관에서 정한 양에 급여를 추가로 더 제공하는 경우도 있다(Pieters, 1993).

그리고 대부분의 선진국에서 공공부조 급여의 양은 매년 증가하고 있다. 대개의 경우, 공공부조 급여를 소비자 물가와 연계시켜 늘리고 있다(Eardley et al., 1996).

3) 공공부조의 운영

(1) 일반적 운영

공공부조를 중앙정부 수준에서 운영할 수도 있지만, 일반적으로 공공부조는 지방정부 수준에서 운영하고 있다(Social Security Administration, 2015).

공공부조 급여 신청에 대한 안내문 : 공공부조는 지방정부 수준에서 운영하는 경우가 많다.
출처 : 저자 촬영.

(2) 자산조사

공공부조를 담당하는 행정 부서는 자산조사를 실시하고 있다. 실제로 대부분의 공공부조제도에서는 자산조사를 거치고 있다. 이 경우, 자산조사를 개인이나 가구가 가진 자원이 정해진 기준보다 적은지를 파악하기 위해 사용하고 있다(International Labor Organization, 2014).

자산조사에서는 공공부조를 받을 수 있는 자격을 깐깐하게 조사하는 경우가 많다. 자산조사의 대상이 되는 항목과 관련해 몇 가지 제시하면 다음과 같다(Social Security Administration, 2015; Alcock, 1997; Pieters, 2006).

① 공공부조에서 실시하는 자산조사에서는 모든 것을 따져보는 경우가 많다. 따라서 자산조사에서는 주요한 직업에서 얻는 소득 이외의 것도 조사할 수 있다.

② 자산조사에서 주로 고려하는 소득과 재산은 급여를 신청하는 사람의 소득과 재산인 경우가 많다.

③ 자산조사에서는 다른 가족구성원의 소득과 재산도 조사하는 경우가 많다. 따라서 배우자나 동거인이 가진 소득이나 재산도 자산조사의 대상 항목에 포함시키는 경우가 있을 수 있다. 그리고 심지어는 자녀, 기타 가족구성원, 함께 사는 사람의 소득이나 재산도 자산조사의 대상 항목이 되는 경우도 있을 수 있다. 이것은 어떤 의미에서 '개인'에 대한 자산조사가 아니라, '가족과 친척'에 대한 자산조사를 실시하는 것이라고 볼 수 있다. 이 경우는 일부 국가에서 적용하는 '보족성의 원리'와 관련되고 있다.

자산조사는 여러 가지 방식으로 실시할 수 있다. 자산조사를 실시하는 방식을 구체적으로 제시하면 다음과 같다(Pieters, 2006).

① 직업 활동에서 얻은 소득이나 임금만을 자산조사의 대상 항목에 포함시킬 수 있다.

② 모든 소득을 자산조사의 대상 항목에 포함시킬 수 있다.

③ 어느 때에는 가상 소득(fictive income)까지 자산조사의 대상 항목에 포함시

킬 수 있다. 예를 들어, 자신이 소유한 집에 거주할 때에는 집세를 지출하지 않으므로, 집세를 가상 소득에 포함시킬 수 있다.

④ 자산조사에서는 소득 이외의 것도 조사할 수 있다. 예를 들어, 자산조사에서 재산도 따져볼 수 있다.

그러나 일부 공공부조의 경우, 특정한 자산을 자산조사의 대상 항목에서 제외시켜 줄 수도 있다. 이런 상황을 몇 가지 제시하면 다음과 같다(Pieters, 2006).

① 공공부조를 받는 실업자가 일을 해서 소득을 일부 얻도록 장려하기 위해서, 유급 일자리에서 얻은 소득의 일부는 자산조사의 대상 항목에서 제외시킬 수 있다.

② 자산조사에서 재산이나 자본을 일반적으로 조사할 경우, 개인이 거주하는 수수한 주택은 자산조사의 대상 항목에서 제외시킬 수 있다.

③ 어느 때에는 특별한 목적을 위해 모아온 소규모 저축이나 개인적으로 받은 기부금은 자산조사의 대상 항목에서 제외시킬 수 있다.

한편 자산조사를 효과적으로 실시하는 것은 실제로 매우 어려울 수 있다. 자산조사를 효과적으로 실시하는 것이 어려운 이유를 몇 가지 제시하면 다음과 같다(Pieters, 2006).

① 자료를 구하는 문제가 있기 때문이다. 조세기관이 수집한 자료를 사용함으로써, 자산조사를 가장 쉽게 할 수 있는 경우가 많다. 따라서 자산조사에서 고려하는 소득은 조세기관이 세금을 납부하게 할 수 있다고 판단한 소득인 경우가 많다. 하지만 세금을 매길 수 있는 소득만을 고려할 때에는, 개인의 부(wealth)를 잘못 나타낼 수도 있다.

② 다른 사람(예컨대, 가족구성원)의 소득이나 재산을 조사하여야 할 때에는 자산조사를 효과적으로 실시하기 어려울 수 있기 때문이다. 예를 들어, 자신의 소득이나 재산을 밝혀야 하는 사람은 순순하게 협조하지 않을 수 있다.

③ 자산조사를 너무 깐깐하게 실시하면 많은 사람이 공공부조 급여를 신청하지 않을 수 있고, 자산조사를 너무 융통성을 두어 실시하면 부정이 개

입할 가능성이 있기 때문이다. 결국 어느 정도 타협할 필요가 있는데, 가장 적절하게 타협하는 것은 쉽지 않다.

4) 공공부조의 재정

앞에서 여러 차례 설명한 바와 같이, 공공부조에 대한 재정은 정부의 일반 수입(세금)으로 확보하고 있다. 그러므로 공공부조 급여와 관련된 비용은 고용주와 근로자가 직접 부담하지 않고 있다(Rejda, 1999; Social Security Administration, 2015).

정리

- 공공부조에서는 자산조사를 통과한 사람에게만 급여를 제공한다.
- 공공부조 급여를 받는 대상에 따라서, 공공부조제도를 일반적 제도와 범주적 제도로 나눌 수 있다. 일반적 제도에서는 모든 사람이 대상이고, 범주적 제도에서는 특정한 집단에 속하는 사람이 대상이다.
- 공공부조와 관련된 급여의 형태를 현금급여, 현물급여, 바우처로 크게 나눌 수 있다. 현금급여는 현금으로 제공하는 급여이고, 현물급여는 물품으로 주는 급여이고, 바우처는 증서의 형태로 제공하는 급여이다. 바우처는 특정한 물품을 구입하는 데에만 사용할 수 있다.
- 공공부조 급여를 정기적으로 제공하는지 여부에 따라서, 공공부조 급여를 정기 부조와 임시 부조로 나눌 수 있다. 의료부조는 임시 부조의 특별한 형태이다.
- 공공부조 급여의 양은 대상자의 재정적 자원과 재정적 욕구에 따라 조정되는 경우가 많다.
- 공공부조는 지방정부 수준에서 운영하는 경우가 많다.
- 공공부조를 담당하는 행정부서는 자산조사를 실시한다. 그러나 자산조사를 효과적으로 실시하는 것은 실제로 매우 어려울 수 있다.
- 공공부조에 대한 재정은 정부의 일반 수입으로 확보한다.

9. 경향과 과제

1) 경 향

(1) 공공부조 급여의 미수급

사회보장제도에서 급여를 받지 않는 문제[즉, 미수급(non-take-up) 문제]는 어느 급여에나 존재하고 있다. 하지만 사회보장 급여를 받지 않는 것은 공공부조 급여의 경우에 특히 문제가 되고 있다. 사실, 공공부조제도에서는 공공부조 급여를 받지 않는 문제가 등장하고 있다(Alcock, 1997; Pieters, 2006).

실제로, 공공부조 급여를 받는 사람의 수는 공공부조 급여를 받을 자격이 있는 사람의 수보다 적은 경향을 보이고 있다. 공공부조 급여를 받은 사람의 수가 공공부조 급여를 받을 자격이 있는 사람의 수보다 적은 이유는 국가마다 다를 수 있다. 이런 이유를 몇 가지 제시하면 다음과 같다(Alcock, 1997; Pieters, 2006; Irwin, 1994; Thompson, 1994; Ditch, 1999).

① 개인적 권리가 무시되기 때문이다. 이것은 사회에서 가장 약한 집단에게서 나타나는 경우가 많다. 공공부조 급여를 신청하는 사람이 어쩔 수 없이 자기의 소득과 자산에 대해 조사받는 것은, 자신의 사생활을 드러내는 것이고 또한 자신의 인권에 상처를 받는 것일 수 있다.

② 공공부조 급여를 받는 것에 대해서 오명이 따라붙는 경우가 많기 때문이다. 예를 들어, 사람들은 자산조사가 비위를 거스르게 하고 자존심을 상하게 한다고 생각하는 경우가 많다. 무엇보다도 장기적으로 실업 상태에 있는 사람이 공공부조 급여를 받으려 할 때에 이렇게 생각하는 경우가 많다. 한마디로, 많은 사람들은 공공부조 급여를 권리보다는 자선으로 보는 경향이 있고, 이에 따라서 사람들은 공공부조 급여를 신청하는 것을 꺼릴 수 있다.

③ 자신이 공공부조 급여를 신청하면 가족구성원의 소득이나 재산도 조사되는 것에 대해 부담을 가지기 때문이다. 사실, 이런 가족구성원도 빈곤한 경우가 많다.

④ 공공부조 급여를 신청하는 것과 관련된 복잡한 관료적 절차에 부담을 가지기 때문이다.

⑤ 자신이 공공부조 급여를 받을 수 있는 자격이 있다는 사실을 알지 못하기 때문이다.

(2) 공공부조 급여의 신청

일반적으로 공공부조 급여는 급여를 받을 자격이 있는 사람이 신청하여야 하지만, 공공부조법에서는 이런 원칙을 그대로 지키지 않는 경우가 있을 수 있다. 그러므로 때에 따라서는 공공부조를 담당하는 행정 부서는 자발적으로 대상자에게 공공부조 급여를 제공하는 식으로 처리할 수도 있다. 즉, 공공부조를 다루는 행정 부서가 스스로 판단해 결정하는 경우가 있을 수 있다. 이것은 임시 부조의 경우에 특히 그렇다(Pieters, 2006).

2) 과 제

(1) 빈곤의 함정

공공부조가 가지는 특징 때문에 발생하는 중요한 문제는 빈곤의 함정(빈곤의 덫, poverty trap)이다. 그동안 여러 학자들은 공공부조 때문에 빈곤층이 빈곤의 함정에 놓일 가능성이 크다는 점을 지적해 왔다. 사실, 빈곤의 함정은 자산조사를 실시하는 프로그램에서 자주 볼 수 있다(Timms & Timms, 1982).

빈곤의 함정은 자신의 소득이 약간만 증가하여도 공공부조 급여의 전부 또는 일부를 받지 못할 수 있기 때문에, 공공부조 급여를 받는 사람이 일자리를 구하려고 하지 않는 상황을 말한다. 예를 들어, 공공부조 급여를 받고 있는 사람의 경우, 일자리에서 매우 많은 임금을 받을 수 없다면 차라리 빈곤선 아래의 적은 소득을 그대로 유지해서 공공부조 급여를 받을 수 있는 자격을 유지할 가능성이 있다. 이렇게 될 경우, 이 사람은 빈곤의 함정에 계속해서 놓이게 된다. 한마디로, 빈곤의 함정은 공공부조 급여의 양이 순수한 임금의 양보다 더 많아서 일을 꺼리게 하는 동기를 유발할 때에 발생하고 있다(노병일, 2013).

그러므로 공공부조에서는 빈곤의 함정을 줄이는 방안을 찾는 데 관심을 가질 필요가 있다.

> **빈곤의 함정 : 캐나다의 사례**
>
> 캐나다에서 […] 복지혜택을 받았던 가족은 자녀 수별로 지불된 사회보조금, 거주수당, 무료 의약품처방전, 치과 및 안과 진료 등의 혜택을 받았을 뿐 아니라, 수령하는 모든 보조금 및 수당에 대해 세금을 면제받았으며, 근로수입이 없으므로 소득공제액을 낼 필요 또한 없었다. 이에 반해 복지혜택의 대상이 아닌 저소득층 근로자 가족은 자녀 수와 관계없이 정해진 낮은 소득으로 생활해야 했으며, 의약품혜택이나 주거혜택을 거의 받을 수 없었다. 또한 소득액에 따른 세금 및 국민연금 등의 공제액을 제하게 되면 총 수입은 매우 낮아져, 오히려 일을 하는 것이 손해라고도 할 수 있었다.
>
> 출처 : Weldon(2006). [원문을 그대로 인용]

(2) 급여의 수준

공공부조에서는 '적절성(adequacy)'이라는 사회적 가치를 적용하는 경우가 많다. 그러나 사회에서 최저 생활 수준을 유지하게 하기 위해서 적절한 양의 공공부조 급여를 제공한 경우는 드문 편이다(노병일, 2018a). 이렇게 된 가장 큰 이유들 중의 하나는 열등 처우의 원칙을 적용하기 때문이다. 이런 탓에, 공공부조에서 제공하는 급여의 양은 빈곤선에도 미치지 못하는 경우도 많았다. 그리고 공공부조에서 제공하는 급여의 양이 적은 것은 공공부조 급여를 받는 사람에게 오명을 증가시키는 역할을 하고 있다.

그러므로 앞으로 공공부조 급여의 수준을 사회적으로 적절하게 제공하는 데 관심을 가질 필요가 있다.

(3) 수급자의 정서적 문제

오명이 심하게 따라붙는 공공부조 프로그램은 실패할 가능성이 크다. 예를 들어, 미국의 '빈곤과의 전쟁' 프로그램은 선별적 특성이 너무 많은 탓에, 대상자는 자신을 빈곤층으로 크게 인식하게 되어 오명이 더 따라붙었고, 이에 따라 이 프로그램은 실패하였다는 평가를 받은 바 있다(Bryson, 1992).

이런 탓에, 공공부조와 관련된 프로그램에서는 급여를 받는 사람의 정서적 측면을 잘 고려할 필요가 있다. 구체적으로, 공공부조와 관련된 기관은 공공부조 급여를 받는 사람을 인간적으로 대하고, 빈곤층에게 오명이 따라붙지 않도록 배려할 필요가 있다(노병일, 2013).

빈곤층이 공공부조 급여를 신청하고 받을 때에 겪는 복잡하고 관료적인 행정 절차에서 수치감이나 좌절감을 느낄 경우, 비록 빈곤층이 공공부조 때문에 생활을 유지한다 할지라도 빈곤층의 자신감은 줄어들 수 있다. 그리고 이런 빈곤층은 자활하려는 의욕을 덜 가질 수 있다(노병일, 2013). 그러므로 공공부조에서 제공하는 급여의 양도 중요하지만, 공공부조를 설계하고 운영하는 방식도 대상자의 정서적 욕구를 충족시켜 주는 데 있어 똑같이 중요하다(Veit-Wilson, 1987).

지방정부의 복지 부서 : 공공부조 급여를 신청할 때의 복잡하고 관료적인 행정 절차는, 빈곤층의 자활 의지에 부정적으로 영향을 미칠 수도 있다.
출처 : 저자 촬영.

우리나라의 공공부조

우리나라의 경우, 1961년에 만든 생활보호법에 따라 공공부조인 생활보호제도가 등장하였고, 빈곤층은 이 제도를 통해서 국가로부터 도움을 받았다. 그러나 생활보호제도는 최저 생계비 아래에서 살고 있는 많은 층을 제대로 보호하지 못하는 경우가 많았다.

그러다가 빈곤층이 최저 수준의 생활을 유지하게 해주기 위해서, 1999년 9월에 국민기초생활보장법을 만들었다. 이에 따라서, 2000년 10월부터 국민기초생활보장 제도는 우리나라의 공공부조가 되었다(보건복지부, 2000).

정리

- 공공부조에서는 공공부조 급여를 받지 않는 문제가 등장한다.
- 공공부조 급여는 급여를 받을 자격이 있는 사람이 신청하여야 하지만, 이런 원칙을 지키지 않는 경우도 있다.
- 빈곤의 함정은 자기 소득이 약간만 증가하여도 공공부조 급여의 전부·일부를 받지 못할 수 있기 때문에, 공공부조 급여를 받는 사람이 일자리를 구하려고 하지 않는 상황이다. 공공부조에서는 빈곤의 함정을 줄이는 방안을 찾는 데 관심을 가질 필요가 있다.
- 공공부조 급여의 수준을 사회적으로 적절하게 제공하는 데 관심을 가질 필요가 있다.
- 공공부조에서는 급여를 받는 사람의 정서적 측면을 잘 고려할 필요가 있다.

CHAPTER 12

워크페어(Workfare, 근로연계 복지)

CONTENTS

1. 워크페어의 정의와 특징
2. 워크페어의 배경과 현황
3. 워크페어의 방법과 사례
4. 워크페어에 대한 입장

1. 워크페어의 정의와 특징

1) 워크페어의 정의

워크페어(workfare)라는 용어는 1960년대 말에 미국에서 처음으로 등장하였다(Kildal, 2001) 워크페어는 'work'와 'fare'(wel*fare*의 fare)를 합친 용어로서, welfare와 대비되는 용어이다.[80)]

그동안 워크페어에 대해 정의한 것을 몇 가지 제시하면 다음과 같다(Barker, 2003; Ravallion, 2015; Deacon, 2002; Rejda, 1988).

① 미국의 전국사회복지사협회에서 발간한 사전에 따르면, 워크페어는 근로 능력이 있는 사람이 공공부조 급여를 받는 것을 꺼리게 하기 위해, 많은 경제학자들과 사회계획가들과 정치인들이 제시한 방안을 말한다.

80) 대개의 경우, 우리나라에서는 워크페어를 '노동연계 복지' 또는 '근로연계 복지'라고 번역하고 있다. 그러나 이런 표현은 워크페어의 본질을 제대로 전달하지 못할 가능성이 있어, 여기에서는 '워크페어'라는 표현을 그대로 사용한다.

② 라발리언(Ravallion)에 따르면, 워크페어는 공공부조 급여를 받는 사람에게 근로 의욕을 주기 위해서 일하도록 요구하는 것을 말한다.

③ 디콘(Deacon)에 따르면, 워크페어는 공공부조 급여를 신청하는 사람은 급여를 받는 대신에 정해진 근로 조건을 충족시켜야 하는 것을 말한다.

④ 레이더(Rejda)에 따르면, 워크페어는 공공부조 급여를 받는 사람에게 강제로 일을 시키는 것을 말한다.

정리하건대, 워크페어는 공공부조 수급자(때에 따라서는 실업급여 수급자)가 급여를 받는 대신에, 의무적으로 일하게 하거나 관련 활동에 관여하게 하는 제도라고 볼 수 있다. 그리고 워크페어는 어떤 특정한 프로그램을 가리키는 용어라기보다는 일반적 의미를 지니는 용어로 사용되고 있다(Barker, 2003).

한편 국제노동기구는 사회보장의 특별한 형태로 '조건적(conditional)' 제도를 제시하고 있는데, 이것은 워크페어와 매우 밀접하게 관련되어 있다. 국제노동기구에 따르면, 조건적 제도는 급여를 받는 사람과 가족에게 기타 조건을 추가적으로 요구하는 제도를 말한다(International Labor Organization, 2014).

2) 워크페어의 특징

워크페어에 대한 정의에서도 알 수 있듯이, 워크페어는 여러 가지 특징을 지니고 있다. 워크페어의 특징을 몇 가지 제시하면 다음과 같다.

① 워크페어에서는 일할 능력이 있는 수급자는 의무적인 대상자가 된다.

② 워크페어의 대상자는 급여를 받는 대신에 일을 하도록 되어 있다.

③ 워크페어에서 일하는 조건은 유급 일자리에서 비슷한 일을 할 때의 조건보다 더 좋지 않다.

한편 워크페어는 단기적인 해결 방법으로 인식되는 경우가 많다(Ravallion, 2015).

정리

- 워크페어는 공공부조 수급자(때에 따라서는 실업급여 수급자)가 급여를 받는 대신에, 의무적으로 일하게 하거나 관련 활동에 관여하게 하는 제도이다.
- 워크페어에서는 일할 능력이 있는 수급자는 의무적인 대상자가 되고, 대상자는 급여를 받는 대신에 일을 하도록 되어 있고, 일하는 조건은 유급 일자리에서 비슷한 일을 할 때의 조건보다 더 좋지 않다.

2. 워크페어의 배경과 현황

1) 워크페어의 배경

사회복지정책이 역사적으로 발전된 과정을 살펴볼 때, 사회복지 급여를 제공하는 데 있어 가장 먼저 사용하였고 또한 가장 널리 사용한 기준은 근로 능력이 있는지 여부이었다(송근원 · 김태성, 1995). 이것은 근로 능력이 있는 사람에게는 사회복지 급여를 제한적으로 제공하겠다는 의도를 보여주고 있다. 이런 점은 워크페어의 특징과 밀접하게 관련되어 있다.

그리고 공공부조는 사회에서 빈곤층에 대해 가지는 인식이나 가치와 밀접하게 연관되어 있다. 마찬가지로, 워크페어도 사회적 가치가 변하는 것과 관련되어 있다.

정도의 차이는 있지만, 빈곤층에 대한 사회적 인식은 그동안 좋은 편이 아니었다. 예를 들어 인구학자인 맬더스(Malthus)의 경우, 빈곤층을 도와주면 빈곤층은 자녀를 더 많이 낳아서 빈곤 상태에 더 놓이게 된다고 주장한 바 있다. 이런 주장에 영향을 받아서, 19세기에 영국을 포함한 일부 유럽 국가와 미국에서는 빈곤층을 도와주는 것을 매우 부정적으로 인식하는 경우가 많았다.

빈곤층은 세금으로 마련된 공공부조 급여를 무료로 받는 데 익숙해져서 일할 생각을 하지 않게 되므로, 결국에 가서 공공부조는 빈곤층에게 의존심만 키워준다는 주장은, 현대에 들어서도 끊임없이 등장해 왔다. 또한 일할 능력이 있는 빈곤 여성이 공공부조 급여를 받기 때문에 정부는 복지비를 더 많이 지출하게 되었다는 비판도 계속해서 등장해 왔다(Gordon, 1994; Tracy, 1996).

워크페어는 위와 같은 인식 때문에 나타난 제도이다. 즉, 워크페어의 경우, 빈곤층에게 공공부조 급여를 아무 조건 없이 제공하면, 빈곤층의 근로 의욕은 줄어든다는 인식을 바탕에 깔고 있다. 따라서 공공부조 급여를 받으면 빈곤층의 의존심이 어떻게 변하는지에 대해 사회에서 인식하는 바가, 공공부조 급여를 받기 위한 조건에 영향을 미칠 수 있다는 사실을 실감나게 보여주는 예가 바로 워크페어이다.

그러므로 공공부조 급여를 받을 자격이 있는 사람에게는 먼저 일을 하라고 요구하는 경우가 많다. 즉, 실업급여제도에서와 마찬가지로, 공공부조 급여를 받을 자격이 있고 일할 능력이 있는 사람에게는 일할 준비를 하거나 실제로 직접 일하라고 요구하는 경우가 많다(Pieters, 2006).

2) 워크페어의 현황

유럽에서는 오래전부터 워크페어에 대해 생각해 왔다. 그러나 워크페어는 미국에서 처음으로 나타난 제도이다(Kildal, 2001). 현대에 들어서 여러 국가에서 워크페어를 실시하고 있다. 워크페어를 실시하고 있는 현황을 살펴보면 다음과 같다.

(1) 미국

미국의 경우, 루스벨트(Roosevelt) 대통령은 대공황에 대처하기 위해서 1933년에 뉴딜 프로그램을 실시하였다. 이때에 워크페어는 뉴딜 프로그램에서 중요한 요소가 되었다(Ravallion, 2015).

그리고 미국의 경우, 전통을 중시하는 일부 보수주의자는 가족을 중요하게 생각하고 자립하고 부지런하게 생활하는 가치를 강조해 왔다. 이에 따라 이런 보수주의자는 공공부조 때문에 가족이 불안정해지고 근로 의욕이 줄어들고 사회의 가치에 어긋나는 행동이 나타난다고 주장해 왔다. 머레이[Murray, Stoesz

& Karger(1990)에서 재인용]와 같은 극단적인 보수주의자의 경우, 빈곤층을 위한 공적 프로그램은 빈곤층이 놓인 상황을 오히려 더 악화시켰다고 분석하고 있다. 따라서 머레이는 일할 능력이 있는 사람에게 제공하는 전국 수준의 공공부조 프로그램을 모두 없애야 한다고 주장한 바 있다.

그리고 1980년대에 미국에서는 빈곤을 없애기 위한 개혁 방안에서 관심을 가져야 할 것으로 다음과 같은 점을 제시하였는데, 여기에서도 워크페어의 측면이 크게 나타나 있다(Eardley et al., 1996).

① 각각의 인구층이 가지고 있는 욕구는 서로 차이가 나고 있다.
② 일할 능력이 명백하게 없는 층에게만 급여를 더 많이 제공하여야 한다.
③ 공공부조 수급자는 재활한 후에 일을 하여야 하고, 공공부조 수급자에게는 급여를 제공하는 것보다는 일하도록 하는 데 우선순위를 두어야 한다.
④ 가족과 함께 살고 있지 않은 아버지는 가족 부양과 관련된 비용을 지불하여야 한다.
⑤ 모든 프로그램은 비용 측면에서 효과가 있어야 한다.

한편 미국에서 전통적 자유주의자의 경우, 인종차별과 빈곤과 성차별 등은 사회적 약자가 사회에 참여하는 데 걸림돌이 된다고 보았다. 그리고 이런 자유주의자는 정부만이 사회적 약자가 사회에서 정의롭게 살게 해줄 수 있다고 보았다. 그러나 1980년에 민주당이 대통령 선거와 상원 선거에서 패배함에 따라서, 자유주의 노선을 따르던 많은 민주당원은 국내 정책에서 자유주의적 입장을 가지는 것에 대해 다시 평가하게 되었고, 이에 따라 신자유주의(neoliberalism)라는[81] 관점이 등장하였다. 점점 보수적인 방향으로 나아가고 있는 정치적 분위기에서 지지를 얻기 위해서, 신자유주의자는 규모가 큰 공공부조 프로그램에 대해 찬성하지 않는 방향으로 나아갔다. 그 대신에, 신자유주의자는 개인이 책임지는 것, 일하는 것, 절약하는 것을 강조하는 방향으로 나아갔다. 그러므로 공공부조와 관련해, 신자유주의 관점을 지니는 민주당원은 공공부조의 대상

81) 신자유주의는 시장에서 자유롭게 경쟁하는 것이 가치가 있다는 점을 강조하는 이데올로기를 말한다(Smith, 2020).

자가 유급 일자리에서 일하는 것, 아동을 부양하는 데 가족이 책임지는 것, 공공부조에 필요한 재정을 줄이는 것을 강조하였다. 이런 상황에서 미국의 신자유주의자가 공공부조에 대한 개선 방안으로 내놓은 것들 가운데 하나가 워크페어이다(Karger & Stoesz, 1993; Stoesz & Karger, 1990).

미국에서 워크페어를 실질적인 정책으로 정한 시기는 1981년이다. 즉, 1981년에 이르러서야, 미국의 연방법은 미국의 주정부가 워크페어 프로그램을 도입할 수 있는 길을 터놓았다. 그리고 미국의 경우, 1980년대 동안에 공공부조 급여를 받는 사람의 수가 크게 증가함에 따라서, 워크페어를 찬성하는 입장은 더 힘을 얻게 되었다(Kildal, 2001).

그러다가 1990년대에 들어서, 공공부조 급여를 받기 위한 조건이 까다로워졌다. 예를 들어, 1996년에 미국은 지난 수십 년 동안 실시해 왔던 공공부조제도의 틀을 크게 바꾸었다. 새로운 공공부조제도의 경우, 사회의 책임보다는 개인의 책임을 강조하였다. 그리고 이와 관련해 1996년에 '개인책임 및 근로기회조정법(PRWORA)'을 만들었다. 당연히 이 법에서는 워크페어의 측면을 크게 강조하였다(Child Trends Data Bank, 2005).

그 후에, 워크페어를 강조하는 경향은 계속 이어졌다. 예를 들어 부시(Bush) 대통령의 경우, 공공부조 수급자는 일하여야 한다는 조건을 강화함으로써 이런 방향으로 더 나아가고자 하였다(DiNitto, 2007).

(2) 유럽

영국에서 실시한 구빈원(workhouse) 제도는 워크페어의 하나라고 볼 수 있다(Ravallion, 2015). 오늘날에도 영국을 포함한 유럽의 여러 국가에서는 워크페어를 실시하고 있다. 영국의 경우, 노동당이 선거에서 승리함에 따라 신노동당 정부인 블레어(Blair) 정부가 등장하였다. 블레어 정부의 중요한 노선은 '제3의 길(Third Way)'이었는데,[82] 제3의 길에서 중심이 되는 것들 중의 하나는 '근로연계 복지(Welfare to Work)'이었다. 이 경우, 근로연계 복지는 워크페어의 성격

82) '제3의 길'에 대해서는 사회보장의 역사를 다루는 장(제3장)에서 이미 설명한 바 있다.

을 지니고 있었다. 근로연계 복지의 목적은 폭넓은 '뉴딜(New Deal)' 프로그램을 실시함으로써, '의존 문화'가 증가하는 것을 막는 데 있었다. 뉴딜 프로그램은 공적 영역과 민간 영역에서 서로 함께 가는 동반관계를 형성하는 것을 토대로 삼고 있었다.

또한 워크페어를 강조하는 경향은 스칸디나비아 국가에서도 나타나고 있다(Kildal, 2001).

Workfare Tendencies in Scandinavian Welfare Policies

by

Nanna Kildal

International Labour Office, Geneva

국제노동기구에서 발간한 워크페어 관련 자료 : 워크페어를 강조하는 경향은 스칸디나비아 국가에서도 보인다.
출처 : Kildal(2001)의 표지 일부.

(3) 우리나라

우리나라의 경우, 주위에서 자주 사용하는 '생산적 복지'라는 표현 속에는 워크페어의 요소가 많이 포함되어 있다. 구체적으로, 우리나라의 국민기초생활보장제도에 포함되어 있는 자활사업은 워크페어와 밀접하게 관련된다고 볼 수 있다.

정리

- 공공부조 급여를 받으면 빈곤층의 의존심이 어떻게 변하는지에 대해 사회에서 인식하는 바가, 공공부조 급여를 받기 위한 조건에 영향을 미칠 수 있다는 사실을 잘 보여주는 예가 워크페어이다.
- 워크페어는 미국에서 처음으로 등장하였다. 미국은 1996년에 공공부조의 틀을 크게 바꾸면서, 워크페어의 측면을 크게 강조하였다. 영국과 스칸디나비아를 포함한 여러 국가에서도 워크페어를 실시한다.
- 우리나라의 자활사업은 워크페어와 밀접하게 관련된다.

3. 워크페어의 방법과 사례

1) 워크페어의 방법

(1) 워크페어의 일반적 방법

일반적으로 워크페어는 공적 영역과 민간 영역에 관련 프로그램과 시설을 갖추어서, 근로 능력이 있는 사람이 일하게 함으로써 급여의 일부를 얻을 수 있게 하는 방식으로 진행되고 있다. 그리고 많은 국가에서 워크페어는 공공사업에 참여하는 것과 관련되고 있다. 예를 들어 일부 국가의 경우, 공공부조 급여를 받는 사람은 공공사업에 참여할 의무가 있다고 보고 있다(Pieters, 2006; Barker, 2003).

한편 워크페어의 형태에는 대상자가 일하게 하는 것 이외의 형태도 있다. 워크페어의 경우, 때에 따라서는 대상자에게 다음과 같은 것을 하도록 요구할 수도 있다(Workfare Watch, 1996; Pieters, 2006).

① 일자리를 구하려고 노력한다.

② 교육을 받고 기술을 향상시킨다. 이것을 학습연계 복지(learnfare)라고 부르고 있다. 이런 예로 교육이나 전문적 훈련에 참여하는 것이 있다.

③ 일을 직접 경험해 본다.

④ 보수를 받지 않고 지역사회의 일을 해본다.

⑤ 약물・알코올에서 벗어나 재활하는 프로그램에 참여한다.

학습연계 복지(learnfare)

때에 따라서 학습연계 복지 프로그램은 워크페어의 성격을 지니는 공공부조의 한 부분을 구성하고 있다. 학습연계 복지는 대상자가 급여를 받는 조건으로 특정한 교육 프로그램에 참여하게 하는 것을 말한다. 학습연계 복지의 경우, 공공부조 급여를 받는 사람이 경제적으로 더 많이 자립할 수 있게 해주기 위해, 급여를 받는 사람이 추가 교육을 받도록 장려하고 있다(Barker, 2003).

(2) 실업급여와 관련된 워크페어의 방법

실업급여를 신청하거나 받는 사람에게는 유급 일자리에서 일하는 것과 관련해 다음과 같은 조치를 취할 수 있는데, 이런 것은 워크페어의 방법과 관련될 수 있다(Pieters, 2006; Social Security Administration, 2015).

① 실업급여를 신청하는 사람에게 일자리와 관련된 과정에 의무적으로 참여하라고 요구할 수 있다. 또는 일부 국가의 경우, 장기적으로 실업 상태에 놓인 근로자에게 고용과 관련된 재교육 프로그램에 의무적으로 참여하도록 요구할 수 있다.

② 실업자에게 일자리와 관련된 교육 프로그램을 제공할 수 있다.

실업 상태에 놓인 근로자가 재훈련 프로그램에 참여하기를 거부하거나 또는 교육 프로그램에 정당한 이유 없이 참여하지 않을 경우, 실업급여를 일시적으로 제공하지 않거나 영구적으로 제공하지 않을 수 있다.

2) 워크페어의 실시 사례

(1) 미국

미국에서는 1996년에 공공부조를 개혁하였다. 이것을 '복지(공공부조) 개혁(welfare reform)'이라고 부르고 있다. 그 결과, 개인책임 및 근로기회조정법을 만듦에 따라서, 이전의 공공부조 프로그램은 막을 내리게 되었다. 그리고 그 대신에 새로운 공공부조 프로그램인 '빈곤가족에게의 일시 부조(TANF : Temporary Assistance for Needy Families)'가 등장하였다.

일반적으로 TANF의 목적은 다음과 같다(Child Trends Data Bank, 2005).

① 빈곤한 가족의 아동을 자신의 집이나 친척의 집에서 보살필 수 있게 하기 위해서, 빈곤한 가족을 도와준다.

② 공공부조 수급자가 직장을 구할 준비를 더 하게 하고 일할 준비를 더 하게 하고 결혼할 준비를 더 하게 함으로써, 공공부조에 더 이상 의존하지 않게 한다.

③ 공공부조 수급자가 결혼하지 않은 상태에서 임신하지 않게 하고, 결혼하지 않은 상태에서 임신하는 사례를 줄이게 한다.

④ 공공부조 수급자가 부모 모두가 있는 가족을 꾸리는 것을 장려하고, 이런 가족 형태를 계속해서 유지하게 한다.

그리고 TANF의 경우, 공공부조를 받을 수 있는 기간과 관련해 다음과 같은 조건을 새로 제시하였다(Duncan & Brooks-Gunn, 2000).

① 공공부조를 받고 나서 24개월이 지난 후에, 공공부조 수급자는 '적절한 근로 활동'에 참여하여야 한다. 공공부조 수급자가 이 조건을 지키지 않을 경우, 해당 수급자는 제재를 받거나 처벌을 받게 된다.

② 공공부조 수급자가 일자리를 구하려고 노력하는지 여부에 상관없이, 공공부조 급여를 받을 수 있는 전체 기간을 60개월로 제한한다.

이런 점을 통해서, TANF는 '근로 우선'의 측면을 크게 포함하고 있음을 알 수 있다(Gilbert & Terrell, 2014).

미국의 현실

아마도 미국은 공공부조를 통해 보호를 받을 권리를 없앤 유일한 국가일 것이다. 즉, 미국은 1996년에 TANF(빈곤가족에게의 일시 부조)를 받을 수 있는 기간을 제약하였는데, 이것은 공공부조를 통해 보호받을 권리를 없애버린 셈이라고 볼 수 있다(Walker, 2005).

(2) 우리나라

우리나라에서 워크페어의 측면은 국민기초생활보장법의 자활사업에서 나타나고 있다. 우리나라의 국민기초생활보장법 시행령에서는 자활사업에 참가할 것을 조건으로 해서 생계급여를 받는 사람을 '조건부 수급자'라고 부르고 있다(국가법령정보센터, 2020). 이런 것은 워크페어의 측면을 많이 포함하고 있다.

자활을 돕는 복지기관 : 우리나라에서 워크페어의 측면은 자활사업에서 많이 나타난다.
출처 : 저자 촬영.

근로 의욕을 상실하게 되는 이른바 '복지병'이 나타날 수도 있을 것 같은데, 이에 대한 대책은?

국민기초생활보장법에서는 국민이 일하지 않고 국가에 의존하는 것을 방지하기 위해 근로 유인의 제도적 장치를 마련하고 있습니다.

우선, 근로 능력자에게는 자활공동체 사업, 직업훈련 등에 참여하는 것을 조건으로 생계비를 지급하고 이 조건을 거부하거나 이행하지 않을 경우 생계비 지원을 중지하게 됩니다.

또한 소득산정 시 근로 활동으로 얻은 소득의 일부를 공제해 근로 활동에 대한 인센티브를 제공함으로써 근로 소득이 많은 사람이 적은 사람보다 실제적으로 더 많은 혜택을 받도록 하겠습니다.

출처 : 보건복지부(2000). [원문을 그대로 인용]

정리

- 워크페어는 공적·민간 영역에 관련 프로그램과 시설을 갖추어, 근로 능력이 있는 사람이 일하게 함으로써 급여의 일부를 얻게 하는 방식으로 진행되는 경우가 많다. 많은 국가에서 워크페어는 공공사업에 참여하는 것과 관련된다.
- 미국의 TANF는 근로 우선의 측면을 크게 포함한다.
- 우리나라에서 워크페어의 측면은 자활사업에서 잘 드러난다.

4. 워크페어에 대한 입장

1) 워크페어에 대한 찬성 입장

워크페어에 대해서는 찬성하는 입장도 있고 반대하는 입장도 있다. 워크페어를 찬성하는 입장에서 주로 주장하는 내용을 구체적으로 살펴보면 다음과 같다(Rejda, 1988; Kildal, 2001; Blank, 2002).

(1) 의존심과 관련된 측면

워크페어를 찬성하는 입장의 경우, 워크페어는 공공부조에 의존하지 않게 하는 데 있어 매우 중요하다고 주장하고 있다. 워크페어를 찬성하는 입장에서는, 지금까지의 공공부조는 사실상 빈곤층을 공공부조에 더 의존하게 만들었다고 보고 있다. 워크페어를 찬성하는 입장의 경우, 관대하게 제공하는 공공부조 급여 때문에 공공부조 수급자는 수동적이게 되고, 개인 책임이 부족하게 되고, 의존하는 문화를 지니게 된다고 분석하고 있다.

(2) 효과성과 관련된 측면

워크페어를 찬성하는 입장의 경우, 워크페어가 효과가 있다고 주장하고 있다. 예를 들어 워크페어를 찬성하는 입장에서는, 미국의 많은 주에서 워크페어를 시범적으로 실시한 결과가 좋게 나왔다고 주장하고 있다. 실제로 이런 사례에서는 워크페어가 효과가 있다고 평가한 바 있다.

(3) 빈곤층의 상태와 관련된 측면

워크페어를 찬성하는 입장의 경우, 현재의 공공부조는 빈곤층의 상태를 개선하지 못하였다고 주장하고 있다. 즉, 워크페어를 찬성하는 입장에서는, 현재의 공공부조는 빈곤층의 지위와 위상과 삶의 질을 향상시킨 것이 아니라, 빈곤층을 더 비참한 상태에 놓이게 하였고 빈곤층을 사회로부터 더 고립시켰다고 분석하고 있다.

그러므로 워크페어를 찬성하는 입장의 경우, 공공부조 급여는 오명을 주기 때문에 빈곤층은 수치감을 느끼게 된다고 보고 있다. 그 대신에 워크페어를 찬성하는 입장에서는, 워크페어에 참여할 때에는 일하는 것이 보람이 있게 되고 또한 소득을 당당하게 얻게 된다고 주장하고 있다.

자활사업으로 만든 커피집 : 워크페어를 찬성하는 입장에서는, 워크페어에 참여하면 소득을 당당하게 얻게 된다고 주장한다.
출처 : 저자 촬영.

(4) 사회적 가치와 관련된 측면

워크페어를 찬성하는 입장의 경우, 사회의 가치가 변하였다는 점을 강조하고 있다. 따라서 워크페어를 찬성하는 입장의 경우, 공공부조 급여를 받는 엄마가 집에 남아서 자기 아이를 돌보는 제도는 더 이상 인정받기 어렵다고 보고 있다. 이와 관련해, 워크페어를 찬성하는 입장에서는 공공부조 급여를 받지 않는 직장 여성의 비율이 높다는 점을 지적하고 있다. 그러므로 워크페어를 찬성하는 입장의 경우, 가정에서 자기 아동을 돌보면서 공공부조 급여를 받는 엄마를 위해서, 결혼한 직장 여성이 공공부조에 필요한 세금을 납부하는 것은 공평하지 않다고 주장하고 있다.

2) 워크페어에 대한 반대 입장

워크페어를 찬성하는 입장에서 제시하는 주장에 대해서, 워크페어를 반대하는 입장에서는 다음과 같이 비판하고 있다(Rejda, 1988; Workfare Watch, 1996; Workers World, 1997; Stoesz, 2007; Baker, 2003).

(1) 효과성과 관련된 측면

워크페어를 반대하는 입장의 경우, 워크페어는 효과가 없다고 보고 있다. 이런 사례를 구체적으로 제시하면 다음과 같다.

① 워크페어를 반대하는 입장에서는 미국의 일부 주와 캐나다에서 실패한 경험을 그 예로 제시하고 있다. 따라서 워크페어를 반대하는 입장의 경우, 이러한 실패 경험으로 볼 때에 국가의 모든 지역에서 워크페어를 실시하기는 어려울 것이라고 주장하고 있다.

② 어느 학자의 경우, 공공부조 급여를 받기 위해 일하는 것은 적은 임금의 일자리가 단조롭게 반복되는 것과 거의 다르지 않다고 분석하고 있다. 즉, 워크페어는 효과가 거의 없다는 것이다.

워크페어를 반대하는 입장의 경우, 위와 같은 사례들은 워크페어가 효과가 없음을 보여준다고 주장하고 있다.

(2) 자발성과 관련된 측면

워크페어는 공공부조 급여를 받는 사람을 훈련시켜서 일자리를 얻도록 해 주는 것으로 알려져 있다. 그러나 워크페어를 반대하는 입장의 경우, 워크페어는 강제노동(forced labor)이라고 비판하고 있다. 즉, 워크페어는 노예노동의 한 형태이고 수치감을 불러일으킨다는 것이다. 워크페어는 많지도 않은 공공부조 급여를 받기 위해 공공부조 수급자에게 일하라고 강요하는 셈이라고, 미국의 한 언론은 주장한 바 있다.

그러므로 워크페어를 반대하는 입장에서는, 공공부조를 받는 엄마에게 억지로 일하도록 강요하지 말아야 한다고 주장하고 있다. 또한 워크페어를 반대하는 입장의 경우, 워크페어는 자발적 참여에 어긋나는 것이고, 또한 공공부조를 받는 사람을 범죄자로 취급하는 것이라고 보고 있다. 따라서 워크페어를 반대하는 입장에서는 워크페어가 공공부조 수급자의 오명을 더 증가시킨다고 주장하고 있다.

그리고 워크페어를 반대하는 입장에서는, 공공부조 급여의 양이 너무 많아서 빈곤층이 공공부조에 의존하는 것이 아니라는 점을 강조하고 있다. 즉, 빈곤층에게 제공된 일자리에서 얻는 수입이 너무 적기 때문에 빈곤층에게는 공공부조 이외에 다른 방안이 없게 되고, 이에 따라 빈곤층은 공공부조에 의존하게 된다는 것이다.

그러므로 워크페어를 반대하는 입장의 경우, 강제노동 성격을 지니는 조건을 붙이지 않아도 공공부조 대상자는 안정된 일자리를 구하려고 여러 가지로 이미 힘쓰고 있으므로, 공공부조 급여를 제공하면서 강제노동 조건을 붙일 필요가 없다고 주장하고 있다. 무엇보다도 공공부조 대상자가 일하지 않는 이유는, 게으르기 때문이 아니라 일자리가 없기 때문이라는 것이다.

(3) 빈곤의 함정과 관련된 측면

워크페어를 반대하는 입장의 경우, 공공부조 급여를 받는 사람이 워크페어 때문에 빈곤의 함정에 놓일 가능성이 크다고 주장하고 있다. 공공부조 수급자가 워크페어 프로그램에 참여해서 소득이 더 생기면 공공부조 급여의 양은 줄어들고 의료비 및 보육비와 같은 비용이 추가로 더 필요할 수 있기 때문에, 결국에 가서 빈곤의 함정에 놓일 가능성이 있다는 것이다.

(4) 실시 비용과 관련된 측면

워크페어를 반대하는 입장의 경우, 워크페어는 실시하는 비용이 많이 들기 때문에, 워크페어가 생각만큼 공공부조의 재정을 줄이는 것은 아니라고 주장하고 있다. 또한 워크페어를 반대하는 입장에서는, 어떤 워크페어 프로그램은 실시하는 데 비용이 너무 많이 들고, 이에 따라 재정이 부족한 지방정부는 새로운 프로그램을 실시하기 어렵게 된다고 보고 있다. 예를 들어, 워크페어 프로그램을 실시할 경우, 감독관과 담당자를 임명하여야 하고 또한 보육서비스를 제공하여야 하므로, 추가적인 비용이 꽤 든다는 것이다.

한편 워크페어를 반대하는 입장의 경우, 워크페어를 운영하는 데 필요한 비용 때문에 직업훈련에 사용할 자금이 부족할 수도 있다는 점을 지적하고 있다. 즉, 공공부조 급여를 그냥 제공하여도 될 텐데 보수가 없는 워크페어에 강제로 참여하게 함으로써, 순수한 직업훈련에 사용할 수 있는 자원을 낭비하는 측면이 있다는 것이다.

(5) 실업과 관련된 측면

워크페어를 반대하는 입장의 경우, 워크페어를 실시하면 실업 상태에 놓이는 사례가 늘어날 수 있다고 주장하고 있다. 즉, 공공부조 급여를 받는 사람을 강제로 유급 일자리에서 일하도록 하는 것은, 경제적 상황이 매우 좋지 않은 시기에 실업률을 높이는 요인으로 작용할 수 있다는 것이다. 워크페어를 반대하는 입장의 경우, 공공기관이나 비영리 기관에서 보수를 받고 하던 일을 워크페어 대상자에게 맡기는 사례가 많음을 지적하면서, 실업 상태에 놓이는 사례가 많아질 가능성을 제시하고 있다.

정리

- 워크페어를 찬성하는 입장의 경우, 워크페어는 공공부조에 의존하지 않게 하는 데 매우 중요하고, 워크페어는 효과적이고, 워크페어는 일하는 것을 보람되게 하고, 사회의 가치가 변하였다는 측면에 주목한다.
- 워크페어를 반대하는 입장의 경우, 워크페어는 효과가 없고, 강제노동의 성격을 지니고, 빈곤의 함정을 유발할 수 있고, 실시 비용이 많이 들고, 실업자를 늘릴 수 있다는 측면에 주목한다.

PART 04

사회보장의 문제점과 방향

제13장 사회보장의 문제점과 방향

CHAPTER 13

사회보장의 문제점과 방향

CONTENTS

1. 사회보장제도의 문제점
2. 사회보장과 근로 의욕
3. 사회보장과 경제발전
4. 사회보장의 재정문제
5. 사회보장의 나아갈 방향

1. 사회보장제도의 문제점

현대 사회에서 사회보장은 중요한 역할을 하고 있다. 그러나 현대 사회의 사회보장제도는 많은 비판을 받고 있다. 이런 비판에 제대로 다루지 못할 경우, 사회구성원은 사회보장제도에 대해 덜 지지할 수 있다. 그리고 이런 비판을 제대로 다루지 못할 경우, 사회보장제도의 존재 자체에 의문을 가지는 상황에 이를 수도 있다(Midgley, 1996).

그러므로 현대의 사회보장제도의 문제점을 파악해 대처할 필요가 있다. 현대에 들어 사회보장제도에서 문제가 발생하는 배경과 문제점을 정리하면 다음과 같다.

1) 사회보장제도의 문제 발생 배경

1950년대와 1960년대에 사회보장제도를 확대한 이유는 사회보장제도에 대해 정치적으로 폭넓게 의견이 일치하였기 때문이었다. 이 당시에 거의 모든 정당은 사회보장제도를 확대하는 것에 대해 동의하고 있었다. 그런데 사회보장제도의 확대와 관련해 이렇게 정치적으로 의견이 일치한 것은, 당시에 경제가 크게 발달한 것과 밀접하게 관련되고 있었다.

그러므로 선진국에서 제2차 세계대전 이후에 사회보장제도에 대해 긍정적으로 인식한 것이 1970년대에 들어서 비판을 받게 된 배경에는, 이념적 측면보다는 물질적 측면이 더 크게 자리 잡고 있었다. 왜냐하면 사회보장제도를 확대하는 것에 대해 크게 의문을 가지게 된 계기는, 세계 경제가 어려움을 겪게 만든 석유파동이기[83] 때문이다(International Labor Organization, 1984; George & Miller, 1995).

그리고 1970년대 이후에, 전 세계와 일부 지역에서 재정적 위기를 몇 차례 겪어 왔다.[84] 이런 상황은 고용 영역, 소득 영역, 의료 영역에서 크게 영향을 미쳤다. 그 결과, 이런 영역과 관련된 사회보장제도에서 문제가 발생하게 되었다. 이에 따라 여러 국가에서는 이런 문제에 대해 대처해 오고 있다(Gongcheng & Scholz, 2019).

2) 사회보장제도의 문제점

사회보장과 관련된 여러 학자와 기관은 사회보장제도가 가지는 문제점을 오래전부터 제시해 왔다. 그동안 일부 학자와 기관이 현대 사회보장제도의 문제점으로 정리한 것을 몇 가지 살펴보면 다음과 같다.

(1) 밋글리

밋글리(Midgley, 1996)의 경우, 사회보장제도에 대한 비판의 주요한 내용을 다음과 같이 정리한 바 있다.

83) 석유파동에 대해서는 사회보장의 역사를 다루는 장(제3장)에서 이미 설명한 바 있다.

84) 이와 관련된 사건에 대해서는 사회보장의 역사를 다루는 장(제3장)에서 이미 설명한 바 있다.

① 사회보장은 정부의 재정에 부정적으로 영향을 미치고 있다.
② 사회보장은 노인의 이익을 대변하는 역할을 하고 있다.
③ 사회보장은 효율적이지 않게 운영되고 있고, 이에 따라 사회보장에는 낭비적 요소가 많다.
④ 사회보장은 경제성장에 부정적으로 영향을 미치고 있다.
⑤ 사회보장은 공적으로 도와줄 필요가 거의 없는 사람들에게 자원을 재분배하고 있다.

(2) 아벨 스미스

일부 학자와 전문가의 경우, 1970년대 초기 이후에 선진국에서 경제성장이 더디어진 이유들 가운데 하나는, 사회보장제도에서 비용을 많이 지불한 것이라고 주장해 왔다. 아벨 스미스(Abel-Smith, 2015)의 경우, 이런 주장을 다음과 같은 세 가지 형태로 구분한 바 있다.

① 실업급여의 수준이 높기 때문에, 유급 일자리에서 일하려는 동기가 줄어든다는 주장이 있다.
② 사회보장과 관련된 세금과 기여금(보험료)을 납부하여야 하기 때문에, 근로자는 임금을 더 요구하고 물가는 오르고 정부의 재정은 적자가 더 난다는 주장이 있다
③ 사람들이 사회보장 급여를 받을 수 있는 권리를 가지기 때문에, 사람들이 저축을 할 가능성이 낮아진다는 주장이 있다. 그리고 이런 주장에 따르면, 저축을 할 가능성이 낮아지지 때문에 투자를 더 적게 하게 되고, 그 결과로 경제가 성장하는 비율이 더 낮아지게 된다.

(3) 국제노동기구

현대의 사회보장제도는 보수주의자와 진보주의자 모두에게서 비판을 받고 있는데, 국제노동기구는 이런 비판의 중요한 부분을 다음과 같이 정리한 바 있다(International Labor Organization, 1984).

① 보수주의자의 경우, 사회보장 때문에 다음과 같은 상황이 나타났고, 그 결과로 경제 위기가 발생하였다고 주장하고 있다.

㉠ 저축이 줄어든다.

㉡ 투자가 줄어든다.

㉢ 물가가 오른다.

㉣ 실업률이 높아진다.

㉤ 일하려는 의욕이 줄어든다.

② 진보주의자의 경우, 사회보장은 다음과 문제를 가진다고 비판하고 있다.

㉠ 빈곤문제를 해결하지 못한다.

㉡ 여성에 대한 차별을 없애지 못한다.

㉢ 동일한 욕구를 가진 사람을 똑같이 취급하지 못한다.

(4) 영국의 예

영국의 맥락에서 사회보장제도는 다음과 같은 문제가 있다고 비판을 받은 바 있다(Evans & Piachaud, 1996).

① 사회보장과 관련해 현재 필요한 지출과 미래에 필요한 비용 사이에 균형을 이루기 어렵다.

② 현재의 사회보장에서는 빈곤층이 아닌 사람에게 급여를 제공하고 있고, 이에 따라 사회보장에 낭비하는 측면이 나타나고 있다.

③ 사회보장에서 급여를 잘 제공하기 때문에, 일하려는 의욕과 저축하려는 의욕이 줄어들고 있다. 결국에 가서, 이것은 경제가 발달하는 데 부정적으로 영향을 미치고 있다.

④ 사회보장 때문에, 경제 영역에서 행동이 변할 뿐만 아니라 사회관계도 변하고 있다. 예를 들어, 사회보장에서 제공하는 급여가 너무 관대하거나 급여를 너무 쉽게 이용할 수 있기 때문에, 다음과 같은 현상이 나타나고 있다.

㉠ 미혼모가 늘어난다.

㉡ 이혼하는 사례가 많아진다.

㉢ 젊은 노숙인이 생긴다. 이와 관련해, 사회보장은 '공짜로 받아먹는 사회'를 만든다고, 영국의 사회보장부 장관은 공식적으로 비판한 바 있다.

3) 정 리

앞에서 설명한 내용에 근거할 경우, 일반적으로 현대의 사회보장제도에서 크게 주목하는 문제점을 다음과 같이 정리할 수 있다.[85)]

① 사회보장은 근로 의욕을 줄이고 있다.

② 사회보장은 경제발전에 부정적으로 작용하고 있다.

③ 사회보장은 재정을 악화시키고 있다.

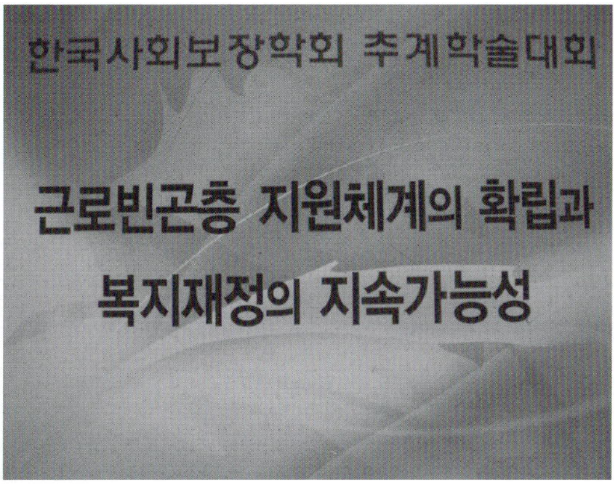

한국사회보장학회의 학술대회 주제 : 사회보장에서 근로 의욕과 재정 확보는 큰 문제점으로 지적되어 왔다.
출처 : 학회의 안내문.

정리

- 오늘날의 사회보장제도가 비판을 받게 된 배경은 이념적 측면보다는 물질적 측면과 더 관련된다.
- 현대의 사회보장제도에서 크게 주목하는 문제로 근로 의욕의 감소, 경제발전에의 부정적 영향, 재정 악화를 들 수 있다.

85) 아래에서 각각에 대해 구체적으로 살펴본다.

2. 사회보장과 근로 의욕

1) 배 경

사회보장을 비판하는 학자들의 경우, 사회보장제도를 너무 잘 갖추면 일하려는 의욕이 줄어든다는 주장을 단골 메뉴처럼 되풀이해 왔다. 그리고 이런 인식은 현대에서뿐만 아니라 과거에도 존재해 왔다.

사회보장이 근로 의욕을 줄인다는 비판을 보여주는 예를 몇 가지 살펴보면 다음과 같다(김한주, 1990; 윤찬영, 2007; 노병일, 2018a; Rimlinger, 1971; Evans & Piachaud, 1996).

① 우리나라 조선시대의 초기와 중기에 백성을 도와주는 제도를 잘 실시한 탓에, 오히려 백성이 게으르고 일하지 않는 분위기를 만드는 결과가 나타났다는 지적이 있었다.

② 영국의 빈곤법은 빈곤층이 더 일하게 하고자 하였다.

③ 영국의 경우, 유급 일자리에서 다시 일하는 비율을 높이고 또한 임금이 적은 근로자가 일을 그만두고 실업급여를 받으려는 것을 꺼리게 하기 위해서, 실업급여의 양을 줄인 바 있다.

④ 우리나라에서는 공공부조법인 국민기초생활보장법을 만드는 것에 대해 찬성하는 입장과 반대하는 입장이 크게 맞선 바 있다. 이때의 논쟁에서 가장 중요한 관심거리가 된 것은, 국민기초생활보장법을 통해 국가로부터 생계급여를 받는 수급자들의 근로 의욕과 관련된 것이었다.

2) 구체적 주장

여러 학자와 기관은 근로 의욕과 관련해 나름의 주장을 펼쳐오고 있다. 이렇게 주장하는 예를 몇 가지 제시하면 다음과 같다(Beveridge, 1942; Stoesz & Karger, 1990; Dixon & Kim, 1992).

① 베버리지의 경우, 사회보장은 국가와 개인 사이에 협력하는 방식으로 이루어져야 한다고 주장하고 있다. 따라서 베버리지는 다음과 같은 점을 강조하고 있다.

㉠ 사회보장을 운영하는 데 있어 동기와 기회와 책임의 측면을 고려하여야 한다.

㉡ 국민 최저 수준과 관련해, 국가는 개인이 자신과 가족을 위해 최저 수준보다 더 많은 소득을 얻고자 스스로 노력하는 것을 장려하여야 한다.

② 길더(Gilder)의 경우, 관대한 복지는 '도덕적 해이'를[86] 유발해, 자본주의에 필요한 모험(도전)을 피하게 만든다고 주장하고 있다. 따라서 길더는 공공부조나 관대한 복지에 의존하지 못하게 하여야 하고, 그 대신에 자극을 주어야 한다고 주장하고 있다.

③ 사회주의자인 스탈린(Stalin)의 경우, 사회보장 급여의 양을 고용 실적, 작업 실적, 작업 태도에 따라 차이가 나게 제공하여야 한다고 주장하고 있다. 즉, 스탈린도 사회보장을 근로 의욕을 키우는 것과 연관시키고 있다.

정리

- 그동안 사회보장은 근로 의욕을 줄인다는 비판을 받아 왔다.

86) 일반적으로 도덕적 해이는 보험에 가입한 사람이 자신을 보호하는 상황을 피하려는 동기가 적은 것을 말한다(노병일, 2018a).

3. 사회보장과 경제발전

1) 배 경

선진국에서는 사회보장과 경제발전 사이에 어떤 관계에 있는지에 대해서 항상 논쟁해 왔다. 이때에 많이 논의되는 것을 구체적으로 제시하면 다음과 같다(Thompson, 1994).

① 경제 상태는 국가의 사회복지(사회보장)제도에 영향을 미치는 경우가 많다. 즉, 경제가 발전하면 사회복지(사회보장)제도는 더 관대해지는 방향으로 나아가고 있고, 경제가 좋지 않으면 사회복지(사회보장) 급여를 더 엄격하게 제한하는 방향으로 나아가고 있다.

② 사회복지(사회보장)제도의 구조와 규모는 경제 활동에 영향을 미치는 경우가 많다. 예를 들어, 사회복지(사회보장)제도를 근로 의욕을 줄이는 식으로 운영할 경우, 개인과 가족의 소득도 줄어들게 된다. 이렇게 소득이 줄어들면 소비도 줄어들어서, 결국 관대한 사회복지(사회보장)제도는 경제에 부정적으로 영향을 미치게 된다.

사회보장과 관련해 자주 등장하는 비판은 위에서 두 번째에 제시한 내용과 관련되고 있다. 특히 사회보장이 경제발전에 걸림돌이 된다는 주장은 그동안 자주 제시되어 왔다. 만약 사회보장이 경제발전에 부정적으로 영향을 미친다는 주장이 사실이라면, 이것은 사회보장정책에서 중요한 과제가 될 수밖에 없다. 이 경우, 이것이 중요한 과제가 되는 이유를 구체적으로 제시하면 다음과 같다(International Labor Organization, 1984).

① 사회보장이 경제에 부정적으로 영향을 미치는 정도를 줄이면서 사회보장제도를 운영하는 방법을 찾아야 하기 때문이다.

② 사회보장과 관련된 비용을 줄여야 한다면, 어떤 사회보장 급여를 줄일 것인지를 따져보아야 하기 때문이다.

2) 구체적 주장

사회보장이 경제발전에 어떤 영향을 미치는지에 대해 여러 가지 견해가 있었지만, 뚜렷한 증거가 구체적으로 일관성 있게 나타나고 있다고 보기는 어렵다. 사실, 사회보장이 경제발전에 미치는 영향에 대한 의견은 복잡한 편이다. 따라서 사회보장이 경제에 미치는 영향에 대해 연구한 결과를 모든 학자와 전문가가 항상 인정하는 것은 아니다(Midgley, 1996; International Social Security Association, 2020a; Gongcheng & Scholz, 2019).

사회보장이 경제발전에 어떻게 영향을 미치는지에 대해서, 일부 학자가 논의하고 정리한 것을 구체적으로 제시하면 다음과 같다.

(1) 밋글리의 정리와 비판

밋글리(Midgley, 1996)의 경우, 사회보장은 경제발전에 부정적으로 영향을 미친다는 주장과 이에 대한 비판을 다음과 같이 크게 세 가지로 정리한 바 있다.

(가) 고용 불리 관련

① 사회보장이 고용에 불리하다는 입장의 경우, 사회보장에 대해 다음과 같이 비판하고 있다 : 사회보장은 일자리를 만들고 경제가 발전하는 데 부정적으로 영향을 미치고 있다. 특히 사회보장 비용이 늘어나면 고용주는 노동 비용을 줄이려 하고, 이에 따라 고용주는 사람 대신에 기계를 사용하거나 또는 사회보장 비용이 적은 국가로 투자 장소를 옮기게 된다. 예를 들어 선진국의 경우, 기업이 사회보장 영역에서 지출하는 비용이 증가함에 따라 생산비가 증가해서 세계에서 경쟁하는 힘이 줄어들게 된다. 그리고 그 결과, 기업은 사회보장 비용의 부담이 적은 국가로 사업장을 옮기게 된다. 이렇게 되면 해당 국가에서 일자리가 줄어들게 되고, 이것은 경제발전과 고용에 좋지 않은 방향으로 영향을 미치게 된다.

② 위와 같은 비판에 대해서, 밋글리는 선진국에서 사람의 힘을 대신하는 기술을 사용하려는 것은 사실이지만, 사회보장 기여금뿐만 아니라 다른

요인도 노동 비용에 영향을 미친다고 주장하고 있다. 즉, 경제가 덜 발전하는 현상을 모두 다 사회보장 탓이라고 보기는 어렵다는 것이다

(나) 저축 감소 관련

① 사회보장이 저축을 줄인다는 입장의 경우, 사회보장에 대해 다음과 같이 비판하고 있다 : 사회보장은 저축과 투자 자본에 부정적으로 영향을 미치고 있다. 근로자는 사회보장제도가 자신의 욕구를 충족시켜 줄 것이라고 믿기 때문에, 자신의 퇴직에 대비해 저축하려고 하지 않는다. 저축은 경제가 발전하는 데 필요한 주요한 자본의 하나이기 때문에, 저축을 장려하지 않게 만드는 사회보장은 경제발전에 부정적으로 영향을 미치게 된다.

② 위와 같은 비판에 대해서, 밋글리는 이런 내용을 모든 경우에 적용하기 어렵다고 주장하고 있다.

(다) 물가 상승과 근로 의욕 감소 관련

① 사회보장이 물가를 올리고 근로 의욕을 줄인다는 입장의 경우, 사회보장에 대해 다음과 같이 비판하고 있다 : 아래와 같은 상황 때문에 사회보장은 물가를 올리고 근로 의욕을 줄이는 식으로 작용하고, 그 결과로 경제가 좋지 않게 된다.

㉠ 근로자가 사회보장 기여금을 납부하여야 하기 때문에, 근로자가 실제로 사용할 수 있는 소득은 줄어든다. 이에 따라 근로자들은 높은 임금을 계속해서 요구하게 되고, 그 결과로 물가가 올라간다.

㉡ 정부가 근로자의 욕구를 충족시켜 줄 것이라는 기대가 커짐에 따라, 근로자는 덜 일하려고 하고 덜 저축하려고 하고 덜 책임지려고 한다.

② 위와 같은 비판에 대해서, 밋글리는 이런 내용이 반드시 합당한 것은 아니라고 주장하고 있다. 예를 들어, 1980년대에 영국의 대처(Thatcher) 정부와 미국의 레이건(Reagan) 정부에서 복지 혜택을 대규모로 줄였음에도 불구하고, 영국과 미국에서 경제가 크게 발전하였다는 증거는 없다는 것이다.

(2) 고든의 정리와 연구

(가) 비판자의 주장

1970년대 초기의 석유파동 이후부터, 유럽 선진국에서는 경제가 좋지 않게 된 이유가 사회보장에 대한 지출을 늘렸기 때문이라고 비판해 왔다. 고든(Gordon, 1994)의 경우, 이런 비판을 다음과 같이 정리한 바 있다.

① 재정 측면에서의 비판이 있다. 이것은 사회보장과 관련된 영역에 자금을 너무 많이 지출하면 소비가 늘어나고 정부의 재정 상태가 더 좋지 않게 되기 때문에, 결국에 가서 물가가 올라간다고 하는 비판을 말한다.

② 근로 의욕 측면에서의 비판이 있다. 이것은 실업급여와 공공부조와 기타 사회보장 급여 때문에, 근로 의욕이 줄어든다고 하는 비판을 말한다.

③ 저축 측면에서의 비판이 있다. 이것은 사회보장 급여를 받을 수 있는 권리가 커지면, 사람들은 저축을 꺼리게 된다고 하는 비판을 말한다.

(나) 실제 연구의 결과

고든이 경제협력개발기구(Organization for Economic Cooperation and Development, OECD)에[87] 속한 국가들을 대상으로 조사한 바에 따르면, 사회보장 지출과 경제성장 사이에는 약한 역(−) 관계가 나타나고 있다. 하지만 이 경우, 사회보장 지출보다는 다른 요인이 경제성장에 더 중요한 영향을 미치는 것으로 밝혀지고 있다. 그러나 고든의 경우, 때에 따라서 특별한 상황에서는 사회보장 비용이 경제성장에 부정적으로 영향을 미칠 수도 있다고 보고 있다. 예를 들어, 장기 실업급여를 제공하는 국가에서는 경제성장이 늦어질 수도 있다고 보고 있다.

한편 코피[Korpi, Gordon(1994)에서 재인용]의 경우, 유럽의 선진국을 32년의 기간에 걸쳐 조사하였지만, 사회보장 영역에 많이 지출하면 경제성장이 불리해진다는 증거를 찾지 못한 바 있다.

그러므로 고든과 기타 학자들이 연구한 결과를 종합해 볼 때, 사회보장 지출과 경제성장(경제발전) 사이에 분명한 관계는 없는 것으로 보인다.

87) 경제협력개발기구는 국제조직의 하나이다.

우리나라에서 복지제도를 잘 갖춘 것으로 알려진 어느 기업 : 사회보장 지출과 경제발전 사이의 관계는 논쟁거리이다.
출처 : 저자 촬영.

3) 사회보장이 경제발전에 긍정적으로 이바지한다는 입장

보수주의자의 견해와는 달리, 일부 전문가와 기관은 사회보장이 경제발전에 긍정적으로 영향을 미친다고 주장해 왔다. 예를 들어, 국제노동기구의 사무총장이었던 블랑샤르(Blanchard, 1983)는 보수주의자와는 다른 의견을 제시한 바 있다. 구체적으로 블랑샤르의 경우, 굳건하고 건전한 토대 위에 세워진 사회보장은 경제발전에 도움을 줄 것이라고 주장하고 있다. 왜냐하면 사회보장을 통해 더 안정된 생활을 하게 되고 내일의 걱정에서 벗어나게 되면, 생산성이 더 높아질 것이기 때문이다. 이런 주장은 사회보장이 경제발전에 긍정적으로 이바지한다는 입장을 보여주고 있다.

그리고 국제사회보장협회의 경우, 사회보장은 경제가 발달하는 데 긍정적으로 작용한다는 점을 인정하는 경우가 더 많은 방향으로 나아가고 있다고 보고 있다(International Social Security Association, 2020a).

사회보장과 경제발전 : 유럽의 교훈

유럽의 역사를 통해서 다음과 같은 점을 알 수 있다(International Social Security Association, 2020a).

① 효율적인 경제제도와 효율적인 사회보장제도는 서로 조화를 이루면서 발달할 수 있다.

② 사회보장제도는 경제가 발전하는 데 걸림돌이 되지 않고 있다.

정리

• 사회보장은 경제발전에 부정적으로 영향을 미친다는 비판을 자주 받아 왔다.
• 일부 전문가 · 기관은 사회보장이 경제발전에 긍정적으로 영향을 미친다고 본다.

4. 사회보장의 재정문제

1) 사회보장의 재정 확보 · 운영 방식

(1) 재원

사회보장 급여를 제공하기 위해서는 상당한 양의 자금이 필요하다. 따라서 사회보장제도를 운영하기 위해서는 사회보장 급여를 제공하는 데 필요한 재원을 확보하여야 한다. 이 경우, 재원은 자금의 출처를 말한다(Gilbert & Terrell, 2014).

사회보장의 주요한 재원을 몇 가지 제시하면 다음과 같다(노병일, 2018a).

① 기여금이 있다.

② 정부의 일반 수입이 있다. 이것은 세금을 통한 수입을 말한다.

③ 정부 보조금이 있다.

그리고 기여금이나 정부 보조금 이외의 재원도 있다. 기여금이나 정부 보조금 이외의 재원을 몇 가지 제시하면 다음과 같다(노병일, 2018a; Pieters, 2006; Gilbert & Terrell, 2014).

① '사회적 수입'이 있다. 이것은 모든 종류의 '목적세'를 말한다. 이와 관련된 예가 담배에 붙는 세금이다. 예를 들어, 담배 제품에 세금을 부과해 얻은 이익을 의료보험 프로그램의 재정으로 사용할 수 있다.

② 사회보장과 관련된 기관의 자본에서 얻어진 이익이 있다. 사회보장기관은 자체적으로 수입을 얻을 수 있는 재원을 가지거나, 시간이 지나면서 자기 나름의 자본을 형성할 수 있다. 이 경우, 이런 것에서 얻은 이익을 사회보장제도의 재정을 확보하는 데 사용할 수 있다.

③ 사회보장제도의 서비스를 이용하는 사람이 납부하는 이용자 비용이 있다. 이용자 비용은 의료서비스와 돌봄의 영역에서 적용되는 경우가 많다. 예를 들어, 사회보험에 가입한 사람이 병원에 가서 의사의 진찰을 받거나 약품을 살 때에 여기에 대한 비용의 일부를 부담하도록 할 수 있다.

(2) 재정 확보의 방식

앞에서 설명한 것처럼, 사회보장의 주요한 재원은 기여금과 정부의 일반수입(세금)이다. 따라서 재정을 확보하는 가장 일반적인 방식은 기여금에 의존하거나 정부의 일반 수입에 의존하는 것이다.

그러므로 사회보장의 재정을 확보하는 주요한 방식을, 자금의 출처(즉, 재원)에 따라서 기여금 재정 방식(contribution financing)과 세금 재정 방식(tax financing)으로 크게 나눌 수 있다. 각 방식에 대해 구체적으로 살펴보면 다음과 같다(Pieters, 2006; Social Security Administration, 2015; Ploug & Kvist, 1996; Ditch, 1999).

(가) 기여금 재정 방식

기여금 재정 방식은 기여금으로 재정을 확보하는 방식을 말한다. 대부분의 사회보험제도에서는 근로자나 고용주나 근로자・고용주 모두가 납부하는 기여금으로 적어도 재정의 일부를 확보하고 있다. 따라서 근로자를 대상으로 하는 사회보험제도의 경우, 기여금을 고용주가 납부하는 기여금과 근로자가 납부하는 기여금으로 구분할 수 있다.

고용주가 납부하는 기여금의 양은 근로자가 받는 임금의 일정 비율로 정하는 경우가 많다. 그리고 근로자가 납부하는 기여금도 자신이 받는 임금을 근거로 해서 정하고 있다.

기여금의 양을 계산할 때에는 다음과 같이 할 수 있다.

① 실제로 받는 임금을 기준으로 삼는다.

② 실제로 받는 임금을 기준으로 하되, 기여금을 내도록 할 수 있는 임금에 상한선(최대치)을 정한다. 이 경우, 실제로 받는 임금이 상한선을 넘을 때에는 넘는 임금에 대해서는 기여금을 납부하지 않는다.

재분배의 측면에서 볼 때, 사회보장 기여금은 소득에 비례하는 특성을 지닐 수 있다. 그러나 기여금의 양을 결정하는 데 기준이 되는 임금에 상한선을 둘 경우, 사회보장 기여금은 역진적 성격을 지니게 된다.[88] 이런 역진적 사회보장 기여금은 소득세와는 대조가 되고 있다. 왜냐하면 대부분의 국가에서 소득세는 누진적 성격을 지니기 때문이다.

정부나 사회보험제도를 관리하는 사회보장기관은, 임금 중에서 기여금으로 납부되는 비율이나 기여금의 양을 정하고 있다.

(나) 세금 재정 방식

세금 재정 방식은 직접세와 간접세에서 얻는 수입으로 사회보장의 재정을 확보하는 방식을 말한다. 따라서 세금 재정 방식은 정부와 밀접하게 관련되어 있다. 정부가 사회보장제도의 재정을 지원하는 일반적 경향을 몇 가지 제시하면 다음과 같다.

① 정부는 사회보험에 필요한 재정의 상당 부분을 지원하는 경우가 많다.

② 정부는 공공부조에 필요한 재정의 전부를 지원하는 경우가 많다. 그리고 많은 국가의 경우, 정부는 자산조사를 실시하는 급여의 전부 또는 일부에 대한 재정을 정부의 일반 수입(세금)으로 확보하고 있다.

③ 일반적으로 정부는 사회수당에 필요한 재정의 전부를 정부의 일반 수입(세금)으로 확보하고 있다.

그리고 정부가 사회보장의 재정을 정부의 일반 수입(세금)으로 확보할 경우, 정부가 사회보장의 재정을 지원하는 방식을 몇 가지 제시하면 다음과 같다.

① 사회보장제도에서 지출하는 모든 비용을 지원할 수 있다.

② 사회보장제도에서 지출하는 비용의 일정 비율을 지원할 수 있다. 이 경우, 사회보장제도에 필요한 나머지 비용에 대한 재정은 기여금으로 확보할 수 있다.

---

88) 역진적 제도는 소득이 적은 사람들이 소득이 많은 사람들에 비해서 소득의 높은 비율을 기여금으로 납부하는 제도를 말한다. 그리고 이와 반대로, 누진적 제도는 소득이 많은 사람들이 소득이 적은 사람들에 비해서 소득의 높은 비율을 기여금으로 납부하는 제도를 말한다(노병일, 2018a).

③ 특히 책임질 필요가 있다고 생각하는 특정한 사람들이나 특정한 상황과 관련된 지출에 대해서 지원할 수 있다. 이런 특정한 사람의 예로 장애인이나 전쟁 피해자가 있다.
④ 사회보장제도의 적자 부분에 대해서 지원할 수 있다.

(3) 재정 운영의 방식

사회보장의 재정을 운영하는 주요한 방식에는 부과(pay-as-you-go) 방식과 적립(funded) 방식이 있다. 선진국에서 실시하고 있는 사회보험의 경우, 초기에는 적립 방식으로 운영하였으나, 적립 방식을 곧 포기하고 부과 방식을 도입하는 방향으로 나아갔다(원석조, 2006; Pieters, 2006; Social Security Administration, 2008; Midgley, 1996; Gough, 1999).

부과 방식은 현재의 기여금을 현재의 사회보장 급여를 제공하는 데 사용하는 방식을 말한다. 예를 들어 부과 방식을 따르는 연금 프로그램의 경우, 현재 납부하는 기여금을 가지고 현재 제공하는 연금의 재정을 확보하고 있다. 부과 방식은 1년을 단위로 해서 운영하는 경우가 많다. 이때에는 금년에 급여 등으로 지출할 금액을 근거로 해서, 금년의 기여금을 계산하는 경우가 많다. 따라서 부과 방식은 인구학적 변화에 취약하다는 단점이 있다.

그리고 적립 방식은 현재의 기여금을 쌓아놓았다가, 이런 자금을 그동안 기여금을 납부한 사람에게 나중에 사회보장 급여를 제공하는 데 사용하는 방식을 말한다. 그러나 일부 국가에서는 부분 적립 방식(partial funding system, 수정 적립 방식)을 실시하고 있다. 부분 적립 방식은 기여금으로 납부하는 비율을 부과 방식보다는 높게 정하여, 제도를 실시하는 초기에 적립금을 모아두는 방식을 말한다.

(4) 연금제도 : 확정 급여 방식과 확정 기여금 방식

연금제도의 경우, 급여의 수준을 고정하느냐 또는 기여금의 수준을 고정하느냐에 따라서, 확정 급여 방식(defined benefit plan)과 확정 기여금 방식(defined contribution plan)으로 구분할 수 있다(Silverman, 1995; Ploug & Kvist, 1996; Bonoli, George & Taylor-Gooby, 2000).

확정 급여 방식은 일정 수준의 연금을 보장하는 방식을 말한다. 확정 급여 방식을 통해서 받는 연금의 양은, 유급 일자리에서 실제로 일한 기간에 근거해서 이전 소득에 비례해 고정되는 경우가 많다. 확정 급여 방식의 장점은 나중에 받을 연금의 양을 확신할 수 있다는 데 있다.

이에 비해서, 확정 기여금 방식은 기여금의 양을 미리 정하는 방식을 말한다. 확정 기여금 방식을 통해서 받는 연금의 양은, 이미 납부한 기여금과 이 기여금에서 나온 이자 소득을 합친 액수가 된다.

일부 국가의 경우, 연금제도의 재정문제를 해결하기 위해 확정 급여 방식에서 확정 기여금 방식으로 바꾸고 있다. 예를 들어, 연금의 재정문제를 해결하기 위한 방안의 하나로, 이탈리아와 스웨덴에서는 확정 급여 방식을 확정 기여금 방식으로 바꾼 바 있다.

2) 사회보장 재정문제의 배경과 원인

(1) 사회보장 재정문제의 배경

오늘날에 대부분의 사회보장제도는 심각한 재정문제를 겪고 있다. 특히 1970년대 중반부터 사회보장제도의 재정과 관련해 문제점을 많이 제시해 왔다(Pieters, 2006). 예를 들어 미국의 경우, 21세기에 사회정책과 관련해 쟁점이 되는 주제들 중에서 가장 지속적이고 가장 중요한 주제는, 사회보장의 재정을 확보하는 것이었다(Gilbert & Terrell, 2014).

실제로 현재의 사회보장에 대한 '비판'의 많은 부분은 비용(재정)과 관련되고 있다. 이때에 비판의 핵심을 이루는 것은, 사회보장의 비용이 많이 드는 탓에 사회적 · 경제적으로 좋지 않은 상황이 나타나고, 이렇게 좋지 않은 사회적 · 경제적 상황은 사회보장의 재정에 불리한 방향으로 다시 영향을 미친다는 것이다(International Labor Organization, 1984).

그동안의 경우, 사회보장의 재정과 관련된 논쟁에서 여러 가지 의견을 제시해 왔다. 하지만 사회보장의 재정문제를 가장 완전하게 해결하는 방안을 아직까지 찾지 못하고 있다.

(2) 사회보장 재정문제의 원인

사회보장의 재정문제는 의료와 관련된 사회보장제도와 노령연금과 관련된 사회보장제도에서 특히 심각하다. 사회보장제도가 재정문제를 겪는 원인을 몇 가지 제시하면 다음과 같다.

(가) 인구의 고령화

사회보장제도가 장기적으로 재정문제를 겪는 주요한 이유는 인구학적 요인 때문이다. 무엇보다도 전체 인구층에서 노인이 차지하는 비율이 높아지고 있기 때문에, 사회보장제도에서 재정문제가 심각해지고 있다. 특히 현재의 경우, 노인이 퇴직한 후에 생존하는 기간이 점점 늘어나고 있는 탓에, 사회보장제도는 재정적으로 어려움을 겪고 있다.[89)]

89) 사회보장은 노인과 밀접하게 관련되고 있다. 예를 들어, 선진국에서는 의료 및 연금 영역에서의 비용이 사회보장 지출에서 가장 높은 비율을 차지하는데, 이 두 가지 프로그램은 노인과 크게 관련되고 있다. 또한 일부 학자는 선진국에서 고령화, 장수, 조기 퇴직이라는 세 가지 현상은 사회보장의 재정에 부담을 주는 요인이라고 주장하는데(Gruber & Wise, 1999), 이 세 가지 현상은 모두 노인과 밀접하게 관련되고 있다.

여행을 다니는 노인들 : 인구의 고령화는 사회보장제도에 재정적으로 어려움을 유발한다.
출처 : 스웨덴에서 저자 촬영.

말할 것도 없이, 유급 일자리에서 일해서 세금을 납부하는 사람의 수가 퇴직하는 사람의 수만큼 증가할 경우에는, 사회보장제도는 재정문제를 겪지 않을 것이다. 그러나 최근의 경우, 사회보장 기여금을 '납부하는' 근로자와 사회보장 급여를 '받는' 퇴직자의 비율은 사회보장제도의 재정에 더 '불리한' 방향으로 나아가고 있다(Social Security Administration, 2008; Pieters, 2006; Gilbert & Terrell, 2014). 예를 들어 미국의 경우, 연금급여로 나가는 액수가 기여금으로 들어오는 액수보다 더 빨리 늘어났고, 이에 따라 1970년대 말에 연금제도에서 재정문제가 발생하였다. 이런 재정문제를 해결하기 위해 1977년에 사회보장법을 개정하였으나, 사회보장의 재정문제를 크게 개선할 수 없었다. 그러다가 미국의 사회보장제도는 1983년에 크게 적자를 내었다. 2000년대 초에 이르러서는, 한 명이 연금을 받기 위해서 두 명 이상이 세금(기여금)을 납부하여야 하는 상황을 맞이하였다.

그리고 유럽연합에 속한 모든 국가들의 경우, 사회보장에서 가장 큰 비중을 차지하는 영역은 노인에게 제공하는 급여와 관련된 영역이었다. 이 중에서도 크게 개선할 필요가 있는 영역은 노령연금과 관련된 영역이었다. 물론 이렇게 된 이유의 하나는 인구의 고령화 때문이다(Bonoli, George & Taylor-Gooby, 2000).

대부분의 선진국에서 노인층의 퇴직과 관련해 지출하는 비용은 커질 것으로 보인다. 여기에다 결코 적지 않은 의료 비용과 장기요양 비용이 추가로 필요할 것으로 보인다. 그러므로 고령화 현상 때문에, 납부하여야 하는 세금이나 기여금을 더 늘려야 하는 상황을 맞이하고 있다. 게다가 출산율이 낮아짐에 따라서, 사회보장의 재정은 더 불리해지고 있다(Pieters, 2006; Tracy, 1996; International Labor Organization, 1984; Midgley, 1996; Standing, 2000).

결과적으로 볼 때, 연금과 같은 사회보장 급여를 받고 있는 노인의 수는 상당히 많은 반면에 기여금을 현재 납부하고 있는 근로자의 수는 상대적으로 적기 때문에, 사회보장의 재정문제는 심각해지고 있다.

(나) 대상자와 프로그램의 확대

사회보장제도에서 다루는 대상자의 범위와 사회적 위험의 범위가 넓어졌기 때문에, 사회보장에서 재정문제가 발생하고 있다. 예를 들어, 유급 일자리에서 일하지 않는 층(예컨대, 아동)을 위한 사회보장 급여가 늘어나고 있다. 또한 장애인을 위한 사회보장 급여는 예전에 비해 더 관대해지고 있다. 특히 사회보장 급여를 권리로 점점 인식함에 따라서, 사회보장 급여를 받을 수 있는 자격도 관대해지는 경향을 보이고 있다. 그 결과로 사회보장제도에서 재정적 자원이 더 필요하게 되었고, 이것은 사회보장제도에서 재정문제를 유발하는 요인이 되고 있다(Midgley, 1996; Pieters, 2006; International Labor Organization, 1984).

(다) 의료비의 증가

오늘날에 의료비가 크게 올라가고 있기 때문에, 사회보장의 재정문제는 더 심각해지고 있다. 실제로 여러 국가에서 의료비는 크게 증가하고 있다. 의료비가 증가하게 되는 요인의 예로 의료기술이 발달하는 것, 의료 영역이 더 전문적으로 되는 것을 꼽을 수 있다[90]. 의료 영역에서의 사회보장 비용은 앞으

90) 이것에 대해서는 의료와 관련된 사회보장을 다루는 장(제6장)에서 이미 설명한 바 있다.

로 계속해서 증가할 것으로 보인다. 특히 노인의 수가 더 많아지면서 의료서비스가 더 필요해지기 때문에, 사회보장에서 재정이 문제가 될 가능성은 더 커지고 있다(Pieters, 2006; Gordon, 1994; International Labor Organization, 1984).

(라) 실업자의 증가

실업자가 많아지고 있기 때문에, 사회보장의 재정문제는 더 심각해지고 있다. 예를 들어 많은 국가에서는, 실업자가 많아짐에 따라서 사회보험 급여와 공공부조 급여를 지출하는 경우가 더 많아지고 있다(Ditch, 1999; Pieters, 2006).

무엇보다도 다음과 같은 이유 때문에, 실업자가 많아지는 것은 사회보장의 재정에 이중으로 불리하게 작용하고 있다(Singletary, 2020; Midgley, 1996; International Labor Organization, 1984).

① 실업자가 많아지면, 실업과 관련된 사회보장제도에서 비용을 더 많이 지출하기 때문이다.

② 실업자가 많아지면, 고용주와 근로자가 납부하는 사회보장 기여금이 줄어들기 때문이다.

또한 점점 더 많은 젊은층이 더 오랜 기간 동안 공부하고 있다. 이에 따라서 청년층은 늦게 취업하는 경향이 있다. 이런 상황에서, 일반 근로자는 일찍 퇴직하므로 사회보험 기여금은 줄어들고, 반면에 관련 급여(예컨대, 연금이나 직업훈련비)는 더 필요하게 된다. 그 결과, 사회보장의 재정에 대한 부담은 더 커지게 된다(Pieters, 2006; International Labor Organization, 1984).

(마) 새로운 생활 양식의 등장

결혼이 불안정해지는 사례가 많아지고 동거가 결혼 대신에 새로운 형태로 등장함에 따라서, 여성이 가장 역할을 하는 한부모가족(모자가족)의 수가 늘어나고 있다(노병일, 2020b; 노병일 · 노대겸, 2017). 이에 따라 이런 가족을 위한 공공부조 프로그램과 기타 프로그램이 크게 증가하고 있는데, 이것은 사회보장제도에 재정적으로 부담을 주고 있다(Midgley, 1996; International Labor Organization, 1984).

(바) 기타

앞에서 제시한 것 이외에도, 사회보장의 재정문제를 유발하는 요인에는 여러 가지가 있을 수 있다. 사회보장에 재정문제를 유발할 수 있는 기타 요인을 몇 가지 제시하면 다음과 같다(Midgley, 1996; Silverman, 1995; Thompson, 1994).

① 사회보장기금을 잘못 투자해 사회보장의 재정 수입이 예상보다 적어지거나 손해를 보는 것이 있다. 이것은 경제가 발달하지 않은 국가에서 많이 나타나고 있다.

② 정부가 사회보장제도에 모아놓은 기금을 매우 유리한 조건으로 빌려와서 사회보장과 관련이 없는 공공사업에 활용하는 것이 있다.

③ 정치인이 자신의 정치적 목적을 위해 사회보장 급여를 증가시키려 하는 것이 있다.

3) 사회보장의 재정문제에 대한 전망과 과제

(1) 일반적 전망과 과제

일부 학자의 경우, 사회보장제도의 재정문제를 해결할 수 있을 것이라고 주장해 왔다. 그러나 일부 학자와 기관의 경우, 사회보장제도는 재정 위기를 크게 겪을 것이라고 주장해 왔다. 특히 일부 학자의 경우, 무엇보다도 확정급여 방식의 연금제도에서는 재정문제가 크게 나타날 수 있다고 주장해 왔다(Midgley, 1996; Mauldin, 2019).

그리고 국제사회보장협회(International Social Security Association, 2008)의 경우, 사회보장제도는 오래전에 경험한 어려움과는 크게 다른 새로운 어려움을 겪고 있다고 분석한 바 있다. 또한 국제사회보장협회는 이런 어려움은 사회보장제도의 재정에 크게 영향을 미치고 있다고 주장한 바 있다. 국제사회보장협회에 따르면, 사회보장제도에서 기대하는 바에 대해서는 크게 의견이 일치하고 있다. 구체적으로 국제사회보장협회는 사회보장제도에서 대상자를 확대하고 적절한 급여를 제공할 필요성에 대해서는 의견이 일치한다고 보고 있다. 그러나 국제사회보장협회의 경우, 사회보장제도는 중장기적으로 재정적 측면에서 문제가 없도록 하면서, 사회보장에서 최종적으로 추구하는 목적을 달성하여야 한다고 주장하고 있다. 이 경우, 사회보장이 최종적으로 추구하는 목적은 사회보장의 대상자가 사회보장 급여를 받을 시기가 될 때에 사회보장 급여를 제공하는 것이다. 국제사회보장협회에 따르면, 이것은 무엇보다도 사회보장제도는 재정적으로 건전하여야 한다는 것을 의미하고 있다.

(2) 사회보장의 재정문제에 대한 해결 방안

1970년대부터 사회보장의 재정문제가 등장하였는데, 선진국에서는 사회보장의 비용이 증가하는 문제를 해결하기 위해 처음에는 사회보장의 기여금을 늘리는 방법을 사용하였다. 그러나 1970년대 말기에는 씀씀이를 줄이는 조치를 취해서 사회보장의 재정문제를 해결하려고 하였다. 예를 들어, 선진국에서는 병원비와 의료비를 통제하고 환자가 부담하는 비용을 늘리는 방법을 사용해서, 사회보장의 재정문제를 해결하고자 하였다(Gordon, 1994). 현재의 경우, 미래에 사회보장에서 더 많이 지출하여야 하는 상황에 대비해서, 많은 국가에서는 사회보장제도를 개선할 방법을 찾고 있다.

이 경우, 사회보장의 여러 제도들 중에서 연금제도의 재정문제는 특히 심각하다. 즉, 사회보장의 재정과 관련해 특히 문제가 되는 영역은 연금 영역이다. 실제로 우리나라와 미국에서는 연금을 제공할 재정이 조만간 바닥날 것이라는 예측이 자주 나타난 바 있다(Singletary, 2020).

이에 따라 그동안 여러 학자와 기관은 연금제도의 재정문제를 해결할 수 있는 방안을 제시해 왔다. 그리고 실제로 재정문제를 해결하려는 국가들은 비용을 절약하기 위해 연금제도를 개혁하고 있다. 그동안 연금제도의 재정문제를 해결할 수 있는 방법으로 제안된 것을 몇 가지 제시하면 다음과 같다(Ploug & Kvist, 1996; Standing, 2000; Dattalo, 2007; International Labor Organization, 2014).

① 플로그와 크비스트(Ploug & Kvist)의 경우, 연금제도에서 공적으로 지출하는 액수를 줄이기 위해 다음과 같은 방안을 제시한 바 있다.

㉠ 연금급여를 받을 수 있는 사람의 수를 줄인다. 예를 들어, 연금을 받을 수 있는 나이를 늦추거나, 자산조사 방식의 연금제도를 도입함으로써, 연금을 받는 사람의 수를 줄일 수 있다.

㉡ 연금의 양을 줄인다. 예를 들어, 연금의 양을 물가나 소득에 연결시키지 않거나, 또는 연금의 양을 결정하는 기준을 바꾸어 연금의 양을 줄일 수 있다.

㉢ 복지혼합[91] 방식을 적용한다. 예를 들어, 민간 연금제도에 세금 혜택을 주거나 또는 민간 연금제도를 의무적으로 실시하게 할 수 있다.

② 스탠딩(Standing)의 경우, 연금제도의 재정문제를 해결하기 위해 다음과 같은 방안을 제시한 바 있다.

㉠ 퇴직하는 나이를 높인다.

㉡ 공적 연금이 소득을 대체하는 정도를 줄인다.

㉢ 기여금을 더 많이 납부하게 한다.

㉣ 연금을 받기 위해서 기여금을 납부하여야 하는 기간을 늘린다.

㉤ 조기에 퇴직하는 것을 더 어렵게 하거나, 또는 조기퇴직이 재정적으로 더 불리하게 한다.

㉥ 노인 근로자가 유급 일자리에서 계속해서 일하게 한다.

③ 미국의 경우, 연금제도의 불확실한 미래를 해결하기 위해 다음과 같은 방안을 제시한 바 있다.

㉠ 기여금을 더 많이 납부하게 한다.

㉡ 연금의 양을 줄인다.

㉢ 공적 기금을 사용한다.

그러나 정부의 일반 수입(세금)을 사용해서 부족한 재정을 확보하는 방안은 연금제도의 재정문제를 해결하는 좋은 방안이 될 수 없다. 그러므로 정리하건대, 공적 연금제도의 재정문제를 현실적으로 해결할 수 있는 일반적인 방법은 다음과 같은 세 가지 방법밖에 없다고 볼 수 있다.

91) 복지혼합은 공적 영역과 민간 영역의 수단 모두를 사용해 복지를 생산하는 것을 말한다(노병일, 2018a).

① 연금을 받을 수 있는 나이를 늦춘다.

② 기여금(보험료)을 납부하는 기간을 늘린다.

③ 연금의 양을 줄인다.

앞에서 제시한 여러 가지 방법은 실제로 많은 국가에서 사용하고 있는 방법이다. 하지만 현재까지는 위와 같은 세 가지 방법 이외에 뾰족한 수가 없는 실정이다.

그러나 최근 들어서 시장이 연금제도와 관련해 할 수 있는 역할에 대해 관심이 커지고 있다. 이런 맥락에서 연금의 재정문제를 앞에서와 다르게 접근하는 또 하나의 방법은, '공적' 사회보장제도를 '민간' 사회보장제도로 바꾸는 것이다. 즉, 연금제도를 민영화하는 것이다. 1980년대와 1990년대에 일부 국가에서는 연금제도를 민영화하였다(Dattalo, 2007; International Labor Organization, 2014). 예를 들어, 칠레에서 이런 방법을 이미 실시한 바 있다(노병일, 1999).

그러나 최근에는 연금제도를 민영화하지 않는 경향을 보이고 있다. 왜냐하면 연금제도를 민영화하였으나 기대한 결과가 나오지 않았기 때문이다. 이에 따라 일부 국가에서는 공적 연금제도로 다시 돌아간 바 있다(International Labor Organization, 2017).

의료 민영화를 반대하는 서명 모임 : 사회보장에서 민영화는 쟁점이 되고 있다.
출처 : 저자 촬영.

정리

- 사회보장제도를 운영하기 위해서는 재원이 필요하다. 사회보장의 주요한 재원은 기여금과 정부의 일반 수입(세금)이다. 따라서 사회보장의 재정을 확보하는 주요한 방식을 기여금 재정 방식과 세금 재정 방식으로 크게 나눌 수 있다.
- 사회보장의 재정을 운영하는 주요한 방식에는 부과 방식과 적립 방식이 있다. 부과 방식은 현재의 기여금을 현재의 사회보장 급여를 제공하는 데 사용하는 방식이다. 적립 방식은 현재의 기여금을 쌓아놓았다가, 이런 자금을 기여금을 납부한 사람에게 나중에 사회보장 급여를 제공하는 데 사용하는 방식이다.
- 연금제도는 급여의 수준을 고정하느냐 또는 기여금의 수준을 고정하느냐에 따라서, 확정 급여 방식과 확정 기여금 방식으로 구분할 수 있다. 확정 급여 방식은 일정 수준의 연금을 보장하는 방식이고, 확정 기여금 방식은 기여금의 양을 미리 정하는 방식이다.
- 오늘날, 대부분의 사회보장제도는 심각한 재정문제를 겪는다. 사회보장에 재정문제를 유발하는 요인의 예로 인구의 고령화, 대상자와 프로그램의 확대, 의료비의 증가, 실업자의 증가, 새로운 생활 양식의 등장이 있다.
- 미래에 사회보장에서 더 많이 지출하여야 하는 상황에 대비해서, 많은 국가에서는 사회보장을 개선할 방법을 찾는다. 이 경우, 연금제도의 재정문제가 특히 심각하다. 그러나 공적 연금의 재정문제를 현실적으로 해결할 수 있는 일반적 방법은 연금을 받을 수 있는 나이를 늦추는 것, 기여금을 납부하는 기간을 늘리는 것, 연금의 양을 줄이는 것밖에 없다.

5. 사회보장의 나아갈 방향

1) 일반적 방향

사회보장에서는 보상과 관련된 대부분의 비용을 부담하고 있다. 마찬가지로 사회보장에서는 의료 및 재활과 관련된 비용도 부담하고 있다. 이에 따라 사회보장은 급여를 단순히 제공하는 역할에서 벗어나 적극적으로 관여하는 역할을 하는 방향으로 나아갈 필요가 있다. 이런 탓에, 국제사회보장협회는 사회보장 프로그램에서 예방하는 전략을 더 크게 강조할 것을 권장한 바 있다 (International Social Security Association, 2015).

그리고 사회보장의 대상자와 범위를 확대하는 것은, 앞으로 중요한 과제가 될 것으로 보인다. 특히 사회보장의 대상자를 확대하는 것은, 사회보장이 이루어야 할 중요한 과제가 되고 있다(International Social Security Association, 2020a; International Labor Organization, 2017). 그러므로 사회보장은 대상자와 범위를 확대하는 데 꾸준히 주목할 필요가 있다.

또한 앞으로 사회보장은 여러 가지 어려움을 맞이할 것으로 예상되고 있다. 이런 어려움들 중에는 현재에는 크게 예상하지 못한 어려움이 있을 수도 있다. 예를 들어, 2020년에 전 세계에서 발생한 코로나 바이러스 사태는 의료와 고용과 소득 등의 영역에서 이전에 크게 예상하지 못했던 어려움을 유발한 바 있다. 그러므로 사회보장은 현재의 문제점뿐만 아니라 미래에 예상되는 새로운 문제점에도 항상 주목할 필요가 있다.

2) 역동적 사회보장과 관련된 방향

앞에서 제시한 여러 문제점에 대처하면서 사회보장이 앞으로 나아갈 방향과 관련해, 최근 들어서 '역동적 사회보장(dynamic social security)'이라는 용어가 사용되고 있다. 역동적 사회보장에서 장기적으로 추구하는 목표는, 기본적인 현금급여와 기본적인 의료서비스를 모든 사회구성원이 이용할 수 있는 기회를 갖도록 해주는 데 있다.

그리고 역동적 사회보장의 경우, 한편으로는 사회보장과 관련된 기관이 앞으로 제 역할을 잘하도록 하면서, 다른 한편으로는 통합적이고 적극적인 사회보장정책을 더 새롭게 활용하는 데 주목하고 있다. 역동적 사회보장에서는 이용할 수 있고, 적절하고, 지속될 수 있고, 효과적인 사회보장 조직과 프로그램이 중요하다는 점을 강조하고 있다. 또한 역동적 사회보장의 경우, 한편으로는 현대의 복지국가에서 사회보장을 더 질이 높게 운영하고자 하면서, 다른 한편으로는 사회보장의 성과를 더 좋게 하고자 한다(International Social Security Association, 2020a; Diamond & Lodge, 2014).

사회보장과 관련된 분야에서 활동하는 전문가들이 사회보장의 방향에 대해 토의한 후에 기념 촬영하는 모습 : 역동적 사회보장에서는 복지국가에서 사회보장을 더 질이 높게 운영하고자 한다.
출처 : 유호석 님 제공.

정리

- 사회보장은 적극적으로 관여하고, 대상자 · 범위를 확대하고, 미래의 새로운 문제점에 주목할 필요가 있다.
- 사회보장 영역의 여러 문제점에 대처하면서 사회보장이 앞으로 나아갈 방향과 관련해, '역동적 사회보장'이라는 용어가 사용된다. 역동적 사회보장에서는 이용할 수 있고, 적절하고, 지속될 수 있고, 효과적인 사회보장 조직과 프로그램이 중요하다는 점을 강조한다.

참·고·문·헌

국가법령정보센터(2020). http://www.law.go.kr/.

국민건강보험공단(2005a). 건강보험제도안내. www.nhic.or.kr/alim/notice2/popup_notice.html.

__________(2005b). 사회보장과 의료보장. 서울 : 국민건강보험공단.

__________(2008a). 국민연금이란? www.nps.or.kr.

__________(2008b). 국민연금의 도입과 발전. www.nps.or.kr.

__________(2008c). 국민연금의 특징. www.nps.or.kr.

__________(2008d). 연금급여. www.nps.or.kr.

__________(2020a). 노인장기요양보험제도. http://www.longtermcare.or.kr/npbs/e/b/101.

__________(2020b). 장기요양보험 용어사전. http://www.longtermcare.or.kr/npbs/e/b/601.

김태성 · 성경륭(2000). 복지국가론. 서울 : 나남.

김한주(1985). 한국의 사회보장. 서울 : 법문사.

노동부 · 근로복지공단(2008). 산재 · 고용보험 실무편람. 서울 : 근로복지공단.

노병일(1998). 비교사회복지의 장 · 단점. 사회과학논문집, 17(2), 243-259.

____(1999). 사회보장론. 서울 : 대학출판사.

____(2006). 취약 지역의 사회적 배제. 서울 : 다운샘.

____(2013). 빈곤론. 경기 : 양서원.

____(2014). 현대 산업복지론(제2판). 경기 : 공동체.

____(2018a). 사회복지정책론(제2판). 경기 : 공동체.

____(2018b). 사회문제론. 경기 : 양서원.

____(2020a). 노인복지론. 서울 : 동문사.

____(2020b). 아동복지론(제4판). 경기 : 공동체.

노병일 · 노대겸(2017). 가족정책론. 경기 : 정민사.

노병일 · 손정환(2011). 비정규직 근로자의 사회적 배제가 정신건강에 미치는 영향 - 건설직 일용근로자의 우울을 중심으로. 한국사회복지학, 63(1), 113-135.

노병일 · 오영선(1999). 실업자 원조의 정신보건적 측면. 사회과학논문집, 18(1), 109-132.

노인장기요양보험(2008). 자주 묻는 질문(FAQ). www.longtermcare.or.kr/portal/site/nydev/MENUITEM_FAQ.

보건복지가족부(2008). 노인장기요양보험 : 오해와 진실. 서울 : 보건복지가족부.

보건복지부(2000). FAQ. http://blss.mohw.go.kr.

______(2020). 아동수당. http://www.ihappy.or.kr/info/intro.php.

보건복지부 · 국민건강보험공단(2007). 노인장기요양보험제도.

송근원 · 김태성(1995). 사회복지정책론. 서울 : 나남.

오사카 시(n.d.). 개호보험(한국어판). 일본 오사카시.

원석조(2006). 사회복지정책론. 경기 : 공동체.

윤찬영(2007). 사회복지의 이해. 경기 : 학현사.

이서영(2009). 일본 개호보험제도의 동향. 보건복지포럼, 10월, 90-99.

장인협(1986). 사회복지개론. 서울 : 서울대학교 출판부.

조영훈(2010). 보편주의 사회프로그램의 성장과 쇠퇴. 아태연구, 17(1), 85-102.

조추용 · 조석연 · 신창식 · 변보기 · 노병일 · 김준환(2011). 사회복지법제론(2판). 서울 : 교육과학사.

최은영 · 권순만 · 김찬우 · 강주희(2005). OECD 국가의 노인장기요양서비스 체계 비교와 정책적 함의. 서울 : 한국보건사회연구원.

최종고(1995). 사회법. 한국민족문화대백과사전. http://encykorea.aks.ac.kr/Contents/Item/E0026130.

한국사회복지협의회 편(1993). 사회복지사전. 서울 : 한국사회복지협의회.

4대사회보험 정보연계센터(2020a). 사회보장 정의. http://www.4insure.or.kr/ins4/ptl/guid/itrd/SoclGurnDefLayout.do.

________________________(2020b). 사회보험 정의. https://www.4insure.or.kr/ins4/ptl/guid/insu/SoclInsuDefLayout.do.

Abel-Smith, B.(1994). The Beveridge Report: Its origins and outcomes. In Beveridge and Social Security: An International Retrospective, edited by J. Hills, J. Ditch, and H. Glennerster. Oxford, UK: Oxford University Press.

____________(2015). Social security: Government program. http://global.britannica.com/topic/social-security-government-program.

Akerstrom, L. A.(2017). 10 things that make Sweden family-friendly. https://sweden.se/society/10-things-that-make-sweden-family-friendly/.

Alcock, P.(1997). Understanding Poverty (2nd ed). London: Macmillan.

Alcock, P., Erskine, A., and May. M. eds.([1998] 1999). The Student's Companion to Social Policy. Oxford, UK: Blackwell.

Anonymous(2003). [Book review of] Concepts and Strategies for Combating Social Exclusion: An Overview. International Labour Review, 142(3), 387-388.

Asian Development Bank(2003) Social Protection. Philippines: Asian Development Bank.

Ba, A. D.(2020). Asian financial crisis. https://www.britannica.com/event/Asian-financial-crisis.

Baker, M.(2003). Family policy. International Encyclopedia of Marriage and Family (on-line edition). http://www.encyclopedia.com/doc/1G2-3406900160.html.

Baldwin, P.(1995). Promotion of welfare. In Encyclopedia of Democracy, edited by S. M. Lipset. London: Routledge.

Barker, R. L.(2003). The Social Work Dictionary (5th ed). Washington D.C.: NASW Press.

BBC(2008). William Beveridge (1879~1963). www.bbc.co.uk/history/historic_figures/beveridge.

Belgian Working Group(2015). Social Protection for Everyone. Brussel, Belgium: Belgian Working Group.

Bertelsmann Stiftung(2019). We're getting older - and poorer? https://www.bertelsmann-stiftung.de/en/our-projects/kommunen-gestalten-den-demographischen-wandel/project-topics/old-age-poverty/.

Beveridge, W.(1942). Social Insurance and Allied Services. London: Her Majesty's Stationery Office.

Blanchard, F.(1983). Preface. In Into the Twenty-First Century: The Development of Social Security. Geneva, Switzerland: International Labor Organization.

Blank, R. M.(2002). Evaluating welfare reform in the United States. Journal of Economic Literature, 40(4), 1105-1162.

Bonoli, G., George, V. and Taylor-Gooby, P.(2000). European Welfare Futures: Towards a Theory of Retrenchment. Cambridge, UK: Polity.

Bryson, L.(1992). Welfare and the State: Who Benefits? London: MacMillan.

Caldera, S.(2009). Social security: Ten facts that matter. Fact Sheet 154 (AARP Public Policy Institute).

Carson, M. and Clark, J.(2013). Asian financial crisis. https://www.federalreservehistory.org/essays/asian_financial_crisis.

Citizen's Income Online(2009). What Is a Citizen's Income? http://www.citizensincome.org/faqs/fq_0017208.shtml.

Child Trends Data Bank(2005). Long-term welfare dependence. http://www.childtrendsdatabank.org/.

Corcoran, M.(2000). Adulthood poverty. In Vol. 6 of Encyclopedia of Psychology, edited by A. E. Kazdin. Washington D.C. and New York: American Psychological Association and Oxford University Press.

Cousins, C.(1999). Society, Work and Welfare in Europe. London: MacMillan.

Cox, C. and Pardasani, M.(2017). Aging and human rights: A rights-based approach to social work with older adults. Journal of Human Rights and Social Work, 2(3), 98 - 106.

Cubanski, J., Koma, W., Damico, A. and Neuman, T.(2018). How many seniors live in poverty? Issue Brief, November.

Dattalo, P.(2007). Borrowing to save: A critique of recent proposals to partially privatize social security. Social Work, 52(3), 233-242.

de Haan, A.(1999). Social exclusion: Towards a holistic understanding of deprivation." www.dse.de/ef.

Deacon, A.(2002). Perspectives on Welfare: Ideas, Ideologies and Policy Debates. Buckingham, UK: Open University Press.

Deleeck, H., Bosch, K. and Lathouwer, L.(1992). Poverty and the Adequacy of Social Security in the EC. Hampshire, UK: Avebury.

Department of Social Security(1994). Social Security Statistics. Norwich, UK: HMSO.

Diamond, P. and Lodge, G.(2014). Dynamic social security after the Crisis: Towards a new welfare state? International Social Security Review, 67(3-4), 37 - 59.

DiNitto, D. M.(2007). Social Welfare: Politics and Public Policy (6th ed). Boston, MA: Pearson.

Direction de la Sécurité Sociale(2008). Les Chiffres Clés de la Sécurité Sociale (Edition 2007). Paris: Direction de la Sécurité Sociale.

Ditch, J.([1998] 1999). Income protection and social security. In The Student's Companion to Social Policy, edited by P. Alcock, A. Erskine, and M. May. Oxford, UK. Blackwell.

Dixon, J.(1999). Social Security in Global Perspective. Westport, CT: Praeger.

Dixon, J. and Kim, H. S.(1992). Social welfare under socialism. In Social Welfare in Socialist Countries, edited by J. Dixon and D. Macarov. London: Routledge.

Dumont, J.(1992). Les Systèmes de Protection Sociale en Europe. Paris, France: Economica.

Duncan, C. J. and Brooks-Gunn, J.(2000). Family poverty, welfare reform, and child development. Child Development, 71(1), 188-196.

Eardley, T, Bradshaw, J., Ditch, J., Gough, I. and Whiteford, P.(1996). Social Assistance in OECD Countries: Synthesis Report. Paris: HMSO.

Economist(2000). Poverty in America. Economist, May 20, 27-29.

Eitzen, D. S. and Zinn, M. B.(2000). Social Problems (8th ed). Needham Heights, MA: Allyn and Bacon.

Encyclopaedia Britannica(2020a). Industrial Revolution. https://www.britannica.com/event/Industrial-Revolution.

____________________(2020b). Poverty. https://www.britannica.com/topic/poverty.

____________________(2020c). Pension. http://www.britannica.com/EBchecked/topic/450286/pension.

European Commission(2008). Long-Term Care in the European Union. Bruxelles: European Commission.

Evans, M. and Piachaud, D.(1996). Social security in Britain: The challenge of needs versus costs. In Challenges to Social Security: An International Exploration, edited by J. Midgley and M. B. Tracy. Westport, CT: Auburn.

Eyles, J. and Donovan, J.(1990). The Social Effects of Health Policy. Hant, UK: Avebury.

Featherstone, B.(2006). Rethinking family support in the current policy context. British Journal of Social Work, 36(5), 5-19.

Financial Services Regulatory Authority of Ontario(2017). Glossary of pension terms. https://www.fsco.gov.on.ca/en/pensions/pension-plan-guide/Pages/Glossary.html.

Forder, A.(1984). Explanations of poverty. In Theories of Welfare, edited by A. Forder, T. Caslin, G. Ponton, and S. Walklate. London: Routledge and Kegan Paul.

Forsakringskassan(2006). Social Insurance: General Information about Social Insurance. Forsakringskassan.

_____________(2013). Child Allowance and Large Family Supplement. Forsakringskassan.

Freeman, M.(1983). The concept of children's rights. In Providing Civil Justice for Children, edited by H. Geach and E. Szwed. London: Edward Arnold.

Friedlander, W. A.(1975). International Social Welfare. Englewood Cliffs, NJ: Prentice Hall.

Furniss, N and Tilton, T.([1977] 1979). The Case for the Welfare State: From Social Security to Social Equality. Bloomington, IN: Indiana University Press.

Gallie, D.(1994). Conclusion: Towards a new underclass? In Long-Term Unemployment, edited by O. Benoit-Guilbot and D. Gallie. New York: Pinter.

George, V. and Miller, S.(1995). Squaring the welfare circle. In Social Policy Toward 2000, edited by V. George and S. Miller. London: Routledge.

Ghilarducci, T.(2018). America's unusual high rates of old-age poverty and old-age work. Forbes, March 2.

Giddens, A.(1998a). The Third Way revealed. Economist, September 19-25, 54.

__________(1998b). The Third Way: The Renewal of Social Democracy. Oxford, UK: Polity.

Gilardi, F., Fuglister, K. and Luyet, S.(2009). Learning from others: The diffusion of hospital financing reforms in OECD countries. Comparative Political Studies, 42(4), 549-573.

Gilbert, N. and Terrell, P.(2014). Dimensions of Social Welfare Policy (8th ed). Essex, UK: Pearson Education, Inc.

Glennerster, H.(1997). Paying for Welfare Towards 2000 (3rd ed). Hertfordshire, UK: Prentice-Hall Europe.

Glickman, D.(2013). America's invisible poor. US News & World Report, May 1.

Gongcheng, Z. and Scholz, W.(2019). Global Social Security and Economic Development: Retrospect and Prospect. Geneva, Switzerland: International Labour Organization.

Gordon, M. S.([1988] 1994). Social Security Policies in Industrial Countries. New York: Cambridge University Press.

Gough, I.([1979] 1981). The Political Economy of the Welfare State. London: MacMillan.

Gruber, J. and Wise, D. A.(1999). Introduction and summary. In Social Security and Retirement around the World, edited by J. Gruber and D. A. Wise. Chicago, IL: University of Chicago Press.

Holzmann, R., Sherburne-Benz, L. and Tesliuc, E.(2003). Social Risk Management: The World Bank's Approach to Social Protection in a Globalizing World. Washington D.C.: The World Bank.

HowStuffWorks(2008). A brief history of social security. http://people.howstuffworks.com.

International Labor Organization([1952] 2020). Social Security (Minimum Standards) Convention. http://ilolex.ilo.ch:1567.

International Labor Organization(1984). Into the Twenty-First Century: The Development of Social Security. Geneva: ILO.

International Labor Organization(2000). Social Protection, Societies under Strain. World of Work No. 36.

International Labor Organization(2008). Setting Social Security Standards in a Global Society. Geneva, Switzerland: International Labor Office.

____________________(2014). World Social Protection Report 2014/15: Building Economic Recovery, Inclusive Development and Social Justice. Geneva, Switzerland: ILO.

____________________(2017). World Social Protection Report 2017 - 19: Universal social protection to achieve the Sustainable Development Goals. Geneva, Switzerland: ILO.

____________________(2020). Social protection. https://www.ilo.org/global/topics/social-security/lang--en/index.htm.

International Social Security Association(2008). Social security financing. www.issa.int/aiss/Topics/Social-security-financing#.

____________________(2015). Annual Review. Geneva, Switzerland: ISSA.

____________________(2016). 'Stepping it up' for gender equality: Social security's vital role. https://www.issa.int/resources.

____________________(2020a). Social security: A fundamental human right. https://ww1.issa.int/Understanding%20social%20security.

____________________(2020b). Coronavirus - Social security responses. https://ww1.issa.int/coronavirus.

Irwin, J. L.(1994). Modern Britain: An Introduction (3rd ed). London: Routledge.

Karger, H. J. and Stoesz, D.(1990). American Social Welfare Policy: A Structural Approach. New York: Longman.

____________________(1993). Retreat and retrenchment: Progressives and the welfare state. Social Work, 38(2), 212-219.

____________________(2006). American Social Welfare Policy: A Pluralist Approach (5th ed). Boston, MA: Allyn and Bacon.

Keithley, J.(1989). United Kingdom. In Social Welfare in Developed Market Countries, edited by J. Dixon and R. P. Scheurell. London: Routledge.

Kildal, N.(2001). Workfare Tendencies in Scandinavian Welfare Policies. Geneva, Switzerland: International Labor Organization.

Kingson, E. R.(2011). Social security program. In Volume 4 of Encyclopedia of Social Work (20th ed). Washington, DC and New York: NASW Press and Oxford University Press.

Kingson, E. R. and Schulz, J. H.(1997). Should social security be means-tested? In Social Security in the 21st Century, edited by E. R. Kingson and J. H. Schulz. New York: Oxford University Press.

Lasch, L.(1972). Toward a theory of post-industrial society. In Politics in the Post-Welfare State, edited by M. Hancock and G. Sjoberg. New York: Columbia University Press.

Lowrey, A(2019). Give People Money: How a Universal Basic Income Would End Poverty, Revolutionize Work, and Remake the World. New York: Broadway Books.

Macarov, D.(1995). Social Welfare: Structure and Practice. Thousand Oaks, CA: Sage.

Makihara, K.(1994). The silvering of Japan. Time, November 14, 36-42.

Marshall, T. H.(1981). The Right to Welfare and Other Essays. New York: Free Press.

Mashaw, J. L.(1997). Disability: Why does the search for good programs continue? In Social Security in the 21st Century, edited by E. R. Kingson and J. H. Schulz. New York: Oxford University Press.

Mauldin, J.(2019). The coming pension crisis is so big that it's a problem for everyone. Forbes, May 20.

May, E.([1980] 1993). Social policy and the poor: Fifty years of looking ahead. Public Welfare, Winter, 32-34.

McLoyd, V. C.(2000). Childhood poverty. In Encyclopedia of Psychology, edited by A. E. Kazdin. Washington D.C. and New York: American Psychological Association and Oxford University Press.

Meredith, S.(2020). The coronavirus crisis could pave the way to universal basic income. CNBC, April 16, https://www.cnbc.com/2020/04/16/.

Midgley, J.(1996). Challenges facing social security In Challenges to Social Security: An International Exploration, edited by J. Midgley and M. B. Tracy. Westport, CT: Auburn.

Millar, J.(2004). Social security: Means and ends. In Understanding Social Security: Issues for Policy and Practice, edited by J. Millar. Bristol, UK: Policy Press.

Ministry of Health and Welfare (Japan)(2008). Social security policies in Japan. www1.mhlw.go.jp..

Moran, M.(1994). Health care policy. In Social Policy in Germany, edited by J. Clasen and R. Freeman. New York: Harvester.

Nolan, B.(1986). The Distribution of social security transfers in the UK. Journal of Social Policy, 15(2), 185-204.

Offe, C.(1984). Contradictions of the Welfare State. Cambridge, MA: MIT Press.

Organization of Economic Cooperation and Development(2008). Are We Growing Unequal? Paris, France: OECD Publishing.

Orshansky, M.([1978] 1993). Measuring poverty. Public Welfare, Winter, 27-28.

Pampel, F. C.(1992). Social security systems. In Encyclopedia of Sociology, edited by E. Borgartta and M. Borgartta. New York: MacMillan.

Partington, M.([1983] 1989). Family allowances. In MacMillan Student Encyclopedia of Sociology, edited by M. Mann. London: MacMillan.

Patterson, J. T.(1986). America's Struggle Against Poverty 1900~1985. Cambridge, MA: Harvard University Press.

Pierson, C.(2007). Beyond the Welfare State: The New Political Economy of Welfare (3rd ed). University Park, PA: Pennsylvania State University Press.

Pieters, D.(1993). Introduction into the Basic Principles of Social Security. Deventer, The Netherlands: Kluwer Law International.

_________(2006). Social Security: An Introduction to the Basic Principles (2nd ed). Hague, The Netherlands: Kluwer Law International.

Pinker, R.(1986). Social welfare in Japan and Britain: A comparative view. formal and informal aspects of welfare. In Comparing Welfare States and Their Futures, edited by E. Oyen. Hants, UK: Grower.

Ploug, N and Kvist, J.(1996). Social Security in Europe: Development or Dismantlement? The Hague, Netherlands: Kluwer Law International.

Premier Reseau Ouvert sur les Services Publics en Europe(2006). La protection sociale en Europe: Glossaire. www.unilim.fr/prospeur/fr/prospeur/ressources/protection/glossaire.htm.

Ramesh, M.(1995). Social security in South Korea and Singapore: Explaining the differences. Social Policy and Administration, 29(3), 228-240.

Rank, M. R. and Hirschl, T. A.(1999). The likelihood of poverty across the American adult life span. Social Work, 44(3), 201-216.

Ravallion, M.(2015). Workfare. Handbook of Income Distribution, https://www.sciencedirect.com/topics/social-sciences/workfare.

Rejda, G. E.(1988). Social Insurance and Economic Security (3rd ed). Englewood Cliffs, NJ: Prentice-Hall.

__________(1999). Social Insurance and Economic Security (6th ed). Uppler Saddle River, NJ: Prentice-Hall.

Ridge, T.(2004). Benefiting children?: The challenge of social security support for children. In Understanding Social Security: Issues for Policy and Practice, edited by J. Millar. Bristol, UK: Policy Press.

Rimlinger, G. V.(1971). Welfare Policy and Industrialization in Europe, America and Russia. New York: John Wiley.

Ringen, S.(1988). Direct and indirect measures of poverty. Journal of Social Policy, 17(3), 351-365.

Robson, W. A.(1976). Welfare State and Welfare Society: Illusion and Reality. London: George Allen and Unwin.

Sainsbury, R.(1999). The aims of social security. In Introduction to Social Security: Policies, Benefits and Poverty, edited by J. Ditch. London: Routledge.

Silverman, G.(1995). Ageing Asia. Far Eastern Economic Review, March 2, 50-55.

Singletary, M.(2020). Even before coronavirus, Social Security was staring at a shortfall. Washington Post, May 25.

Smith, N.(2020). Neoliberalism. https://www.britannica.com/topic/neoliberalism.

Social Security Administration(1999). Social Security Programs throughout the World - 1999. Washington D.C.: GPO.

Social Security Administration(2007). Social Security: A Brief History. Washington, D.C.: Social Security Administration.

____________________(2008). The Future of Social Security. Washington D.C.: GPO.

____________________(2015). Social Security Programs Throughout the World: Asia and the Pacific. Washington, DC: SSA.

Spicker, P.(2020). An introduction to social policy. www.spicker.uk/social-policy/socpol.htm.

Standing, G.(2000). Globalisation and Flexibility: Dancing around Pensions. Geneva, Switzerland: International Labour Organisation.

Stoesz, D.(2007). Bootstrap capitalism: Sequel to welfare reform. Families in Society, 88(3), 375-378.

Stoesz, D. and Karger, H. J.(1990). Welfare reform: From illusion to reality. Social Work, 35(2), 141-147.

Taylor-Gooby, P.(2004). New risks and social change. In New Risks, New Welfare: The Transformation of the European Welfare State, edited by P. Taylor-Gooby. Oxford, UK: Oxford University Press.

The Wisdom Years(2017). Glossary. http://wisdom.unu.edu/en/glossary/index.html.

Thompson, L. H.(1994). The advantages and disadvantages of different social welfare strategies. Social Security Bulletin, 57(3), 3-11.

Tice, C. J., and Perkins, K.(2002). The Faces of Social Policy: A Strengths Perspective. Pacific Grove, CA: Brook/Cole.

Timms, N. and Timms, R.(1982). Dictionary of Social Welfare London: Routledge and Kegan Paul.

Tinson, A., Aldridge, H., Born, T. B. and Hughes, C.(2016). Disability and Poverty. London, UK: Joseph Rowntree Foundation.

Tracy, M. B.(1996). Conclusion: Responding to the challenge. In Challenges to Social Security: An International Exploration, edited by J. Midgley and M. B. Tracy. Westport, CT: Auburn.

U.S. Census Bureau(2009). Poverty: Definitions. http://www.census.gov/hhes.

Vaux, G.(2004). Social security. Research Matters, 17, 65-72.

Veit-Wilson, H. J.(1987). Consensual approaches to poverty lines and social security. Journal of Social Policy, 16(2), 183-211.

Walker, R.(2005). Social Security and Welfare: Concepts and Comparisons. Berkshire, UK: Open University Press.

Walls, B. L.(2016). Aging conference reveals poverty's impact on older adults. https://www.aarp.org/politics-society/advocacy/info-2016/effect-of-poverty-on-older-adults.htm.

Walz, T. and Tracy, M. B.(1994). Should social security be made voluntary? In Controversial Issues in Social Policy, edited by H. J. Karger and J. Midgley. Needam Heights, MA: Allyn and Bacon.

Weldon, F.(2006). 캐나다의 아동빈곤 감소를 위한 아동복지수당 제도. 국제사회보장동향, 10월, 40-45.

Wikipedia(2020a). Overseer of the Poor. https://en.wikipedia.org/wiki/Overseer_of_the_poor.

________(2020b). Social security. http://en.wikipedia.org/wiki/Social_security.

________(2020c). William Beveridge. https://en.wikipedia.org/wiki/William_Beveridge.

________(2020d). Workhouse. https://en.wikipedia.org/wiki/Workhouse

Wilensky, H. L., Luebbert, G. M., Hahn, S. R. and Jamieson, A. M.(1985). Comparative Social Policy: Theories, Methods, Findings. Berkeley, CA: University of California Press.

Workers World(1997). Workfare and Dr. King. Workers World, January 23, http://www.hartford-hwp.com.

Workfare Watch(1996). Workfare in Ontario: A statement by the Workfare Watch project. http://worldchat.com/public/tab/wrkfrw.

World Bank(1993). World Development Report. New York: Oxford University Press.

World Health Organization(2017). Mental health of older adults. https://www.who.int/news-room/fact-sheets/detail/mental-health-of-older-adults.

______________________(2020). What is healthy ageing? https://www.who.int/ageing/healthy-ageing/en/.

Young, P.(1989). Mastering Social Welfare (2nd ed). London: MacMillan.

Zastrow, C.(2010). Introduction to Social Work and Social Welfare: Empowering People (10th ed). Belmont, CA: Brooks/Cole.

Zukowski, M.(1994). Pensions policy in Poland after 1945: Between 'Bismarck' and 'Beveridge' traditions. In Beveridge and Social Security: An International Retrospective, edited by J. Hills, J. Ditch, and H. Glennerster. Oxford, UK: Oxford University Press.

찾·아·보·기

인 명

기든스 ······ 72
길더 ······ 287

대처 ······ 290

라운트리 ······ 231
레닌 ······ 107
레이건 ······ 290
루스벨트 ···· 16, 26, 66, 68, 264

맬더스 ······ 263
머레이 ······ 264

베버리지 ······ 17, 30, 105, 208, 211, 231, 241, 244, 287
블레어 ······ 72, 266
비스마르크 ······ 63, 89

스탈린 ······ 287

엘리자베스 ······ 241
오바마 ······ 136
오션스키 ······ 232

처칠 ······ 68

케네디 ······ 223, 231

내 용

가상 소득 ······ 253
가족 ······ 115
가족수당 ······ 205
강제노동 ······ 275
개인적 형평 ······ 101
개인책임 및 근로기회조정법 ······ 270
개호보험 ······ 191, 196
거택 보호의 원칙 ······ 247
경제발전 ······ 288
경제적 불안정 ······ 39
고령화 ······ 298
고용 ······ 289
고용보험 ······ 172
고용재해 프로그램 ······ 150
고용주 맨데이트 ······ 32
공개 정의 방식 ······ 153
공공 고용 프로그램 ······ 188
공공부조 ······ 35, 62, 81, 87, 140, 223, 234
공공부조의 원칙 ······ 243
공공부조의 특징 ······ 238
공공사업 ······ 268
공제조합 ······ 136
공평 ······ 210
과실 실업 ······ 181
교육 보조금 ······ 216
구빈원 ······ 266
국가 책임의 원리 ······ 245
국가부조 ······ 31
국민기초생활보장법 ··· 232, 286
국민기초생활보장제도 ······ 73, 76, 267
국민보건서비스 제도 ······ 138
국제노동기구 ······ 19, 25, 31, 38, 70
국제노동기구 제102호 협약 ······ 38, 70
국제사회보장협회 ······ 18, 24
국제통화기금 ······ 73
궁핍 ······ 70
근로 능력 ······ 263
근로 능력 상실 ······ 154
근로 능력 상실의 정도 ······ 154
근로 우선 ······ 271
근로 의욕 ······ 286, 290
근로자 보상 프로그램 ······ 150
금전부조의 원칙 ······ 247
급여 적절성의 원칙 ······ 106
기본 소득 ······ 47, 87
기여금 재정 방식 ······ 294
기여적 급여 ······ 47
기준 및 정도의 원칙 ······ 247
길드 ······ 38, 70

네 가지 자유 ······ 68
노령 ······ 44
노령연금 ······ 117
노인 ······ 129, 283
노인장기요양보험 ······ 76
노인장기요양보험법 ······ 197
뉴딜정책 ······ 66

단기적 빈곤 ······ 228
대공황 ······ 16, 65
데모그랜트 ······ 32
도덕적 해이 ······ 287

목록 방식 153
목적세 293
무과실 원칙 157
무분별 평등의 원리 246
미국 사회보장청 19
미수급 49, 256
민간 의료보험 148
민간보험 99
민생위원 61

바우처 250
박탈 227
박탈 관점 226
박탈적 빈곤 226
범주적 급여 46
베버리지 보고서 17, 69, 237
보족성의 원리 246
보편적 급여 46
복지 개혁 270
복지국가 13, 72
부가 급여 124
부과 방식 296
부분 적립 방식 296
분류의 원칙 106
비용부담 급여 46, 214
빈곤 39, 58, 81, 208, 223
빈곤 갭 233
빈곤가족에게의 일시 부조 270
빈곤과의 전쟁 223, 258
빈곤법 61, 286
빈곤선 229
빈곤의 특성 228
빈곤의 함정 257, 276

사회 안정 85
사회 연대 86
사회 연대 수당 87
사회보상 34
사회보장 급여 45
사회보장 엘리트 161
사회보장 프로그램의 분류 51
사회보장기본법 20, 23, 35, 76
사회보장법 65
사회보장에 관한 법률 76
사회보장의 경제적 기능 78
사회보장의 기능 77
사회보장의 목적 24
사회보장의 사회적 기능 85
사회보장의 역사 54
사회보장의 정의 16
사회보장의 정치적 기능 88
사회보장의 중요성 13
사회보장의 형태 30
사회보험 16, 31, 35, 64, 83, 93, 239
사회보험 급여 47
사회보험의 목적 95
사회보험의 원칙 105
사회보험의 장점 104
사회보험의 정의 93
사회보험의 특징 96
사회부조 31, 234
사회부조(공공부조) 급여 48
사회서비스 35
사회수당 32, 34, 83, 205
사회안전망 23
사회적 배제 19, 227
사회적 보호 22
사회적 위험 26, 37
사회적 유대 26
사회적 적절성 101
사회주의 107
사회주의자 88
사회타협 이론 158
사회투자국가 72
산업재해 150
산업재해 프로그램 150
산업재해급여 164
산업재해보상보험 150
산업혁명 58
상대적 방법 233
상대적 빈곤 229
상호부조 기금 136
새로운 사회적 위험 42
생산적 복지 267
생애주기 재분배 80
생존권 보장의 원리 245
생존적 빈곤 226
생활보호법 76
석유파동 71, 282
세계인권선언 70
세금 재정 방식 295
세대 단위의 원칙 247
소득 재분배 21, 80
소득대체 급여 46, 214
소득보조 급여 46
소득조사 31
수발보험 196
수정 적립 방식 296
수직적 재분배 80
수평적 재분배 80
스웨덴 121, 241
시민 소득 47
시민혁명 58
시장 305
신빈곤법 62
신사회위험 42
신자유주의 265
신청 보호의 원칙 247
신청주의 49
실업 18, 59, 87, 172, 237, 277
실업급여 283
실업보험 172
실업자 301

아동권리 ··· 209
아동급여 ··· 205
아동수당 ··· 18, 80, 205
아동수당제도 ··· 76, 212
아시아 재정 위기 ··· 72
엘리자베스 빈곤법 ··· 61
역동적 사회보장 ··· 307
연금 ··· 111
연금 프로그램 ··· 82
연금의 정의 ··· 111
연금제도 ··· 78, 113
열등 처우의 원칙 ··· 244
예산 기준 방법 ··· 233
오명 ··· 241, 275
워크페어 ··· 261
원외 구호 ··· 62
유엔 아동인권선언 ··· 211
유족연금 ··· 117
의료보장 ··· 133
의료보험 ··· 138
의료보험 프로그램 ··· 82
의료부조 ··· 140, 251
의료제도의 형태 ··· 137
의존 ··· 39, 190
의존 문화 ··· 267
이용자 비용 ··· 294
임시 부조 ··· 251
임의 기준 방법 ··· 232
임의보험 ··· 31

자동 안정장치 ··· 79
자립 성장의 원리 ··· 246
자발적 실업 ··· 181
자본주의 ··· 60
자산조사 ··· 31, 36, 239, 248, 253
자산조사식 급여 ··· 48
자산조사식 제도 ··· 33
자영업자 ··· 108
자원 관점 ··· 226
자율성 상실 ··· 39
자활사업 ··· 267
장기요양 ··· 189
장기요양보험 ··· 189
장기적·구조적 빈곤 ··· 228
장애아동 ··· 215, 217
장애연금 ··· 117
재분배 ··· 15, 26, 28, 98, 115, 295
재정문제 ··· 293
저축 ··· 290
저축금고 ··· 32
적극적 복지 ··· 72
적립 방식 ··· 296
적절성 ··· 258
적절한 일자리 ··· 183
전 산업사회 ··· 55
절대적 빈곤 ··· 229
정기 부조 ··· 251
정부 보조금 ··· 128, 293
정액 급여의 원칙 ··· 105
정액 기여금의 원칙 ··· 106
제2차 세계대전 ··· 16, 68
제3의 길 ··· 72, 266
조건부 수급자 ··· 271
종교기관 ··· 56
주관적 방법 ··· 233
직업병 ··· 152
직업위험 이론 ··· 158

총체적 빈곤 갭 ··· 233
최저 사회비용 이론 ··· 158
최저 생계비 ··· 230
최저 생계선 ··· 231
최저 생활 보호의 원리 ··· 246

코로나 바이러스 사태 ··· 73

평균 빈곤 갭 ··· 233
평생사회안전망 ··· 23
폐질 ··· 17, 38
포괄 수가제 ··· 143
포괄성의 원칙 ··· 106
푸드 스탬프 ··· 251
프롤레타리아 현상 ··· 59
피해자 과실의 원칙 ··· 156
필라델피아 선언 ··· 22
필요 즉응의 원칙 ··· 247

학교 ··· 216
학습연계 복지 ··· 268
한부모 가구 ··· 196
한부모가족 ··· 237, 301
합의적 방법 ··· 233
핵가족 ··· 58
행위별 수가제 ··· 143
행정 간소화의 원칙 ··· 106
허위의식 ··· 88
현금급여 ··· 45, 250
현물급여 ··· 45, 250
형평 ··· 244
확대가족 ··· 59
확정 급여 방식 ··· 297
확정 기여금 방식 ··· 297

5대 악 ··· 69

IMF 사태 ··· 73

저/자/약/력

■ **노병일(盧炳一)**

대전 출생
서울대학교 졸업(학사)
공주대학교 대학원 졸업(사회복지학 석사)
미국 뉴욕주립대학교 대학원 졸업(사회학 박사)
대전대학교 지역협력연구원장 역임
중앙공무원 사회복지학 시험문제 출제위원, 시험문제 선정위원 역임
전국 종합사회복지관 평가위원 역임
전국 지역아동센터 평가위원 역임
사회복지공동모금회 대전광역시 지부 배분위원 역임
대전광역시 사회복지위원, 건강가정위원 역임
현재 대전대학교 사회복지학과 교수

〈주요 저서〉
『노인복지론』(2020)
『아동복지론』(2000, 2002, 2007, 2012, 2016, 2020)
『청소년복지론』(2인 공저, 2019)
『아동권리와 복지』(2018)
『사회복지정책론』(2011, 2016, 2018)
『사회문제론』(2013, 2018)
『가족정책론』(2인 공저, 2017) [대한민국학술원 우수학술도서 선정]
『현대 사회복지의 이해』(2017)
『학교사회복지론』(2015)
『현대산업복지론』(2007, 2014)
『사회복지조사론』(5인 공저, 2010, 2014)
『빈곤론』(2013)
『사회복지관련 지역 · 예술자원의 활용과 취약집단』(편저, 2011)
『지역사회정신보건정책 및 서비스』(3인 공저, 2007)
『취약지역의 사회적 배제』(2006)
『East Asian Cooperation in the Glocal Era』(영문 공저, 2006)
『지역 노인의 사회적 지지와 우울』(2인 공저, 2005)
『주거빈곤층의 삶과 터전』(2인 공저, 2004)

〈주요 논문〉
“장기요양보험 등급외자 노인의 우울 유발 요인”
“인구 고령화의 여파 : 베르베르의 〈황혼의 반란〉을 중심으로”
“비정규직 근로자의 사회적 배제가 정신건강에 미치는 영향”
“지역사회빈곤과 사회적 유대가 도시주민의 우울증에 미치는 영향에 대한 다수준 분석”
“도시노숙자의 삶의 질 예측 요인”
“자원봉사가 정부역량에 미치는 영향”
“지역사회 의료기관 거주 정신장애인의 삶의 만족도에 영향을 미치는 개인 · 가족 · 기관 요인”
“사회적 지지의 수준과 차원이 노인 우울에 미치는 영향”
“사회적 지지와 지역사회 사회자본이 미취학 아동의 자기효능감에 미치는 영향에 관한 탐색적 연구”
“The Development and Prospect of East Asian Welfare Systems”

사회보장론 [제4판]

|저자| 노병일

|1판 1쇄| 발행 2009년 3월 5일
|2판 1쇄| 발행 2010년 7월 15일
|2판 3쇄| 발행 2014년 1월 25일
|3판 1쇄| 발행 2016년 8월 15일
|4판 1쇄| 발행 2020년 8월 20일
|4판 2쇄| 발행 2023년 9월 5일

|발행인| 김동훈
|발행처| 공동체

|주소| 경기도 고양시 일산동구 호수로 358-39
동문타워 I 905호(백석동)
|전화| 031) 814-3000(대표)
|팩스| 031) 814-3100
|홈페이지| http://www.compub.co.kr
|전자우편| compub@naver.com
|출판등록| 2005년 10월 6일
|등록번호| 제396-2005-36호

|ISBN| 979-11-6105-766-8
정가 18,000원

memo.

memo.